财务共享中心
实训教程

基于用友NCC财务共享服务信息系统

主　编◎刘海燕

副主编◎胡雅婷　郭姝彤　王　靖

清华大学出版社
北　京

内 容 简 介

本书是以用友 NCC（NC Cloud）财务共享服务信息系统为蓝本编写的数字化时代财务管理系统的相关案例教程，以满足财务共享服务专业人才培养的需求。全书分为 3 篇，共 9 章，系统介绍了财务共享服务中心概论、财务共享服务中心的规划与设计、EER 费用共享、PTP 采购管理–应付共享、OTC 销售管理–应收共享、TR 资金结算共享、财务共享作业绩效、财务共享作业稽核以及中国财务共享服务中心总体发展概述。同时，本书收集了用友集团近年来参与的多家大型集团企业的财务共享建设案例，并融入了编者团队多年教学经验，对学生了解财务共享与实际业务，以及借助财务共享服务平台提升企业财务管理水平非常有帮助。

本书适合作为高等院校财务管理、会计、审计、工商管理、信息管理等相关专业的教学用书。

图书在版编目（CIP）数据

财务共享中心实训教程 ：基于用友 NCC 财务共享服务信息系统 ／ 刘海燕主编.

北京 ：清华大学出版社, 2025. 8.

ISBN 978-7-302-69943-9

Ⅰ. F232

中国国家版本馆 CIP 数据核字第 2025G6B499 号

责任编辑：贾旭龙　张凤丽
封面设计：刘　超
版式设计：楠竹文化
责任校对：范文芳
责任印制：曹婉颖

出版发行：清华大学出版社
　　　　网　　　址：https://www.tup.com.cn，https://www.wqxuetang.com
　　　　地　　　址：北京清华大学学研大厦 A 座　　　　邮　　编：100084
　　　　社　总　机：010-83470000　　　　　　　　　　邮　　购：010-62786544
　　　　投稿与读者服务：010-62776969，c-service@tup.tsinghua.edu.cn
　　　　质量反馈：010-62772015，zhiliang@tup.tsinghua.edu.cn
印　装　者：三河市人民印务有限公司
经　　　销：全国新华书店
开　　　本：185mm×260mm　　　　印　　张：13.75　　　字　　数：276 千字
版　　　次：2025 年 9 月第 1 版　　　　　　　　　　　印　　次：2025 年 9 月第 1 次印刷
定　　　价：59.80 元

产品编号：101182-01

前 言

Preface

近年来，以大数据、云计算、人工智能、物联网、区块链等为代表的各种新技术不断涌现，大大推动了集团企业的财务管理变革。中国经济转型与产业升级的加速，使得中国企业主导规划和建设的财务共享服务中心的技术在全球新商业格局的背景下日渐清晰，相关解决方案也逐渐成熟起来。在新的环境下，财务共享服务是集团企业财务变革和财务转型的必经之路。如今，越来越多的大型集团公司开始建设财务共享服务中心，用友NCC（NC Cloud）财务共享服务信息系统在各大企业中的应用也越来越广泛。因此，编者以用友NCC财务共享服务信息系统为蓝本，编写数字化时代财务管理系统的相关案例教程，以满足财务共享服务专业人才培养的需求。

本书分为3篇，共9章，其中准备篇：第1章从财务管理的变革需求，引出财务共享服务的概念、模式，具体介绍了财务共享服务中心实训系统用友NCC的相关基本操作和案例企业鸿途集团的基本情况。应用篇：第2章系统地概括了共享服务框架的搭建，详细介绍了财务共享服务中心的组织关系和财务共享服务中心构建的具体方法；第3章～第8章，结合企业真实案例场景，介绍了EER费用共享、PTP采购管理-应付共享、OTC销售管理-应收共享、TR资金结算共享、财务共享作业绩效、财务共享作业稽核等几大模块的日常业务处理流程。拓展篇：第9章展望未来，介绍了中国财务共享服务中心总体发展现状、面临的挑战及数字化转型需求。附录重点介绍了财务共享服务的拓展项目——财务共享下采销联盟链创新应用虚拟仿真实验项目，验证区块链技术在财务共享服务中的应用。

本书收集了用友集团近年来参与的多家大型集团企业的财务共享服务中心建设案例，并融入了编者团队的多年教学经验，非常适合作为高等院校财务管理、会计、审计、工商管理、信息管理等相关专业的教学用书，对于学生了解财务共享与实际业务，以及借助财务共享服务平台提升企业财务管理水平非常有帮助。当然，对于企业的财务和信息管理人员来说，这也是一本不错的参考书，希望能为公司财务的创新和发展增添活力。

本书在编写过程中得到吉利学院和新道公司的大力支持，特此表示衷心的感谢。由于编者水平所限，书中难免存在不妥之处，希望读者予以指正。

编　者

2025 年 3 月

目 录
Contents

第3篇 拓展篇

第 1 篇

准 备 篇

第**1**章　财务共享服务中心概论

知识导读

　　近年来，越来越多的大型集团公司出于提升集团管控力、使信息标准统一、优化财务资源利用等目的，开始建设财务共享服务中心。从 2005 年中兴通讯建立国内第一家"财务共享中心"至今，我国已有超过 1 000 家财务共享服务中心建立。本章主要介绍财务共享服务中心的相关理论，并介绍了用友 NCC（NC Cloud）财务共享服务信息系统的基本操作，因为本实训教程就是依托该系统进行实操的。

学习目标

➤ 掌握财务共享服务的概念
➤ 熟悉财务共享服务中心的模式
➤ 熟悉财务共享服务中心常见的 IT 技术与信息系统
➤ 掌握财务共享服务中心实训系统用友 NCC 的相关基本操作
➤ 了解案例企业鸿途集团的基本情况

1.1　认知财务共享服务

1.1.1　财务共享服务的内涵

1. 共享服务

（1）共享服务的起源。共享服务的起源可以追溯到 20 世纪 60 年代和 70 年代，当时企业开始将部分非核心业务外包给第三方服务提供商，以节省成本和提高效率。这些服务通常包括人力资源、财务、信息技术和采购等方面。

　　随着技术的发展和全球化趋势的加强，共享服务在 20 世纪 80 年代和 90 年代得到了更广泛的应用。在这些年间，一些大型企业开始在其内部建立共享服务中心，以更好地管理和协调其不同部门和业务之间的资源和流程。1986 年，美国通用电气公司（简称 GE）

首次成立了"客户业务服务组织"，该组织被视为共享服务的早期模型；1998 年，芭芭拉·奎因等编撰的书《分享服务：挖掘公司财富》（*Shared Services：Mining for Corporate Gold*）出版，首次定义公式"共享服务=以客户为中心+服务收费"；2004 年，布莱恩、伯杰伦主编的书《共享服务精要》（*Essentials of Shared Services*）提出，共享服务是一种将一部分现有的经营职能集中到一个新的半自主的业务单元的合作战略，并设有专门的管理机构，目的在于提高效率、创造价值、节约成本以及提高母公司对内部客户的服务质量。

随着互联网和云计算技术的普及，共享服务的形式也在不断演变。今天，共享服务不仅包括企业内部的共享服务中心，还包括在线平台和应用程序，从而让个人和企业都能够共享资源和服务，例如共享办公空间、共享经济和物流等。

（2）共享服务的概念。共享服务是指在一个组织内部，不同部门之间共享资源和知识，以提高效率和降低成本。共享服务通常由一个中央服务团队提供，包括各种业务服务，如人力资源、财务、采购、IT 等，这些服务可以为组织内部的不同部门提供支持。共享服务模式在大型企业和组织中越来越普遍，因为它可以让企业更加专注于核心业务，通过共享服务，企业可以实现标准化、集中化和优化，从而提高整体效率和业务水平，同时降低运营成本。共享服务还可以在不同企业之间实现，这被称为跨企业共享服务，可以为企业提供更广泛的资源和服务选择，从而提高市场竞争力。

2. 财务共享服务

（1）财务共享服务的概念。财务共享服务是指公司将其财务功能中的某些业务流程、数据或系统资源分享给内部或外部的利益相关者，以实现更高效、更灵活的财务运营。这种服务可以包括财务数据的共享、财务软件的使用、财务流程的标准化等方面。通过使用财务共享服务，企业可以将资源用于更高价值的活动，同时降低财务管理成本。共享服务还可以帮助企业实现更好的财务控制和合规性，同时提高响应速度和灵活性。

财务共享服务通常由专门的服务提供商提供，这些服务提供商拥有广泛的财务专业知识和技术知识，可以提供高质量的服务和支持。此外，越来越多的大型集团公司也开始探索建立专属的财务共享服务机构：财务共享服务中心。

（2）财务共享服务的实质。财务共享服务是依托信息技术，以财务业务流程处理为基础，以优化组织结构、规范工作流程、提升管理效率、降低运营成本和创造服务价值为目的，将不同地域、不同法人、同一时间范围内的会计业务拿到一个平台来统一报账、统一核算和报告，从而保证会计记录和报告的标注规范和结构统一的管理模式。

3. 财务共享服务中心

（1）财务共享服务中心的概念。财务共享服务中心（financial shared services center，FSSC）是一种业务模式，旨在通过集中处理财务业务，提高企业效率和降低成本，也简称"财务共享中心"。在财务共享服务中心中，企业可将财务业务集中到一个单独的中心，例如一个部门或子公司，这个中心再为所有相关企业提供服务。

财务共享服务中心可以提供包括账务处理、财务报告、税务申报、预算管理、采购、支付等在内的一系列财务服务。通过集中处理这些任务，企业可以减少重复劳动，减少人员需求，降低运营成本。此外，财务共享服务中心还可以提供更好的财务监管和控制。它可以确保所有财务交易都经过审批，并建立标准的流程和程序来确保财务操作的准确性和一致性。

从集团层面来讲，财务共享服务中心是集团将分散在各成员单元的同质化、重复性和易于标准化的财务工作剥离出来进行集中处理的组织，由财务共享服务中心为成员单位提供财务相关服务。财务共享服务中心在企业中使用前后的比较，如图 1-1 所示。

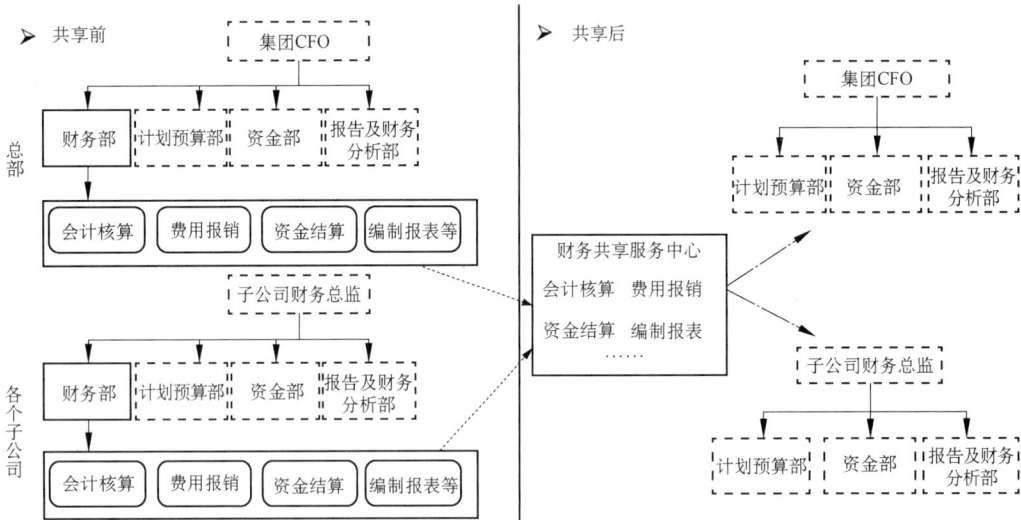

图 1-1　财务共享服务中心在企业中使用前后的比较

（2）财务共享服务中心的定位。财务共享服务中心（FSSC）是集团的财务服务平台，是各成员单位的会计业务运作中心、财务管理中心和服务中心。FSSC 可为各分/子公司业务部门、分/子公司财务部及集团财务部提供财务复核、会计核算、资金支付等服务。财务共享服务中心的定位，如图 1-2 所示。

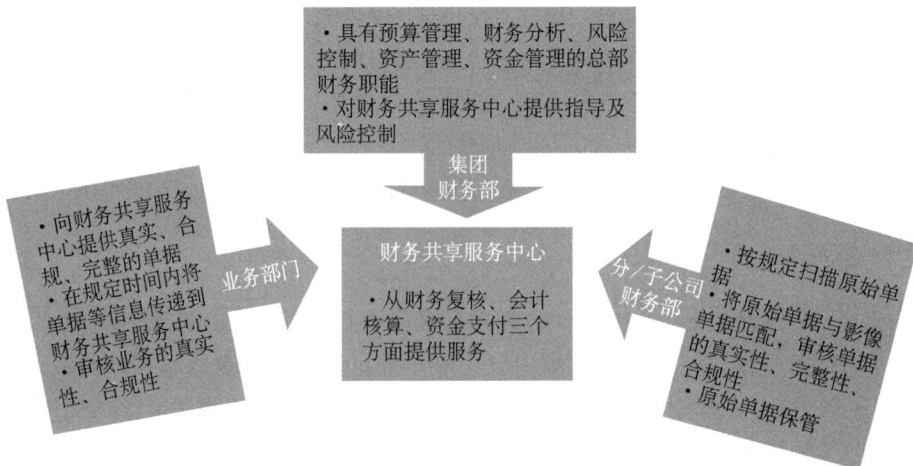

图 1-2　财务共享服务中心的定位

1.1.2　财务共享服务中心的产生动因

企业集团化促使集团财务管理面临新挑战，集团财务管理被迫进行转型。而财务共享服务中心是实现财务管理转型的基础与起点。

1. 财务共享服务中心产生的内因

随着中国经济的深入发展，中国集团化经营的企业规模及数量都在快速发展，中国企业在世界财富 500 强中所占席位不断增加就是一个很好的例证。另外，随着"一带一路"倡议的广泛实施，很多中国企业在"走出去"的同时，也必然面对集团化经营的管理问题，在传统的财务管理模式下，每一个具有独立法人地位的业务单元都要设置一个独立的财务部门，配备财务及会计人员。在集团化经营的情况下，这种传统的财务管理模式会面临很多困难，具体如下。

（1）企业财务成本不断增加。随着业务的持续发展，集团企业会不断增加新的业务单元，有时也会关闭一些不再符合集团战略的业务单元。如果按照传统的财务管理模式，每个业务单元都需要设置独立的财务部门和财务人员，无论是新增还是关闭业务单元，都会产生大量的成本，必然对公司的发展产生不利影响。

（2）集团管控难以统一。不同地区甚至不同国家的业务单元，其财务管理和资源配置往往各自为政，没有统一的标准和规范，企业集团难以对所有分子公司实现统一管控，难以做大做强、实现扩张。

（3）集团知情权受到挑战。因为缺乏统一的标准和信息系统平台支撑，多级业务单元的财务信息难以快速统一汇总。处在不同地域的业务单元，如果其财务和绩效数据得不到快速、正确的反映，股东就无法预测投资结果，进而减少投资，这会使企业的扩张受阻。

（4）经营和财务风险不断增加。企业对于整个集团的财务状况，如负债情况的把控可能比较弱，再加上一些财务情况未能在财务报表中反映出来，一旦有一点危机，则可能引发爆炸式连锁灾难。另外，如果各个子公司都自主把控资金，集团就无法清楚每一个子公司每一时刻的具体资金动向，如果子公司发生流动性风险，甚至出现破产危机，对集团声誉的伤害会很大。

2. 财务共享服务中心产生的外因

（1）经济全球化。自 20 世纪末以来，经济全球化对中国的影响与日俱增。经济资源在全球范围内追求高效率重新配置，给中国企业带来了巨大的机会，也带来了很大的挑战。集团化企业往往不得不面对全球的竞争，财务人员也必须尽快从维持企业价值的角色向创造企业价值的角色转变。要想完成这一转变，首先就要将耗费传统财务人员 80% 的时间和精力的基础财务工作进行剥离，逐步实现标准化、集中化，财务共享服务中心便应运而生。

（2）企业全球化。2013 年 9 月和 10 月，习近平总书记分别提出建设"新丝绸之路经济带"和"21世纪海上丝绸之路"（即"一带一路"）的合作倡议，加速了中国企业"走出去"的步伐。中国企业要想在世界经济竞争格局中生存下来并谋求发展，必须采取灵活的战略调整策略，快速响应环境的变化。因此，集团财务组织必须具备全球化运营管理专业技能，加强企业集团的管控能力。而财务共享服务中心有助于中国企业将成熟的基础财务工作能力快速复制到海外新的业务单元，并将海外业务单元本地化服务的财务人员解放出来，全力支持海外业务的发展。

（3）管理思想与模式转变。从政府监管的思想与模式看，政府监管方式产生了巨大的变化，如国家税务总局的金税三期工程和电子税务局建设、中国人民银行的电票系统建设和推广、电子发票和电子合同的普及应用、电子会计档案法律依据的逐步建立与完善等，使得企业信息系统与政府监管和服务系统之间的无接触式互联网连接愈发便捷，传统意义上必须由业务发生地财务人员完成的财务工作，也可以纳入远程财务共享服务的范围内，从而为财务共享服务中心的建立创造了良好的外部环境。

从企业集团财务管理趋势看，社会化实时电子商务交易、银企直联的网银服务、基于移动互联网和集团全体员工的业务数据多端接入，使业务和财务的边界不再是一份份手把手传递的物理原始凭证，而变成了可以全球即时交换的二进制数据，企业集团必须基于一个集中的数据中心进行统一财务管理，财务共享服务中心就是实现数据处理中心统一财务管理的一种机制。

（4）科技发展。近年来移动互联网、云计算、大数据、人工智能、区块链等技术快速发展，正渗透进企业经济活动的方方面面，企业众多的业务场景正在经历向数字化转型的过程。企业集团的业务范围分布广泛，业务与财务协同向来比较困难，而业务场景的数字化转型及全球互联技术的成熟，使得采用财务共享服务的方式，集中向全球范围的业务单元提供业财融合的财务服务成为可能。

1.1.3　财务共享服务中心的模式

财务共享服务中心的模式又称为财务共享服务中心的构建模式，是指集团企业在建立财务共享服务中心时的一种决策，主要解决如下这些问题。

● 集团整套共需建设多少个财务共享服务中心？

● 每个财务共享服务中心将向哪些业务单元提供服务？

● 各财务共享服务中心与集团财务部之间、多个财务共享服务中心之间是怎样的隶属或数据汇集关系？

目前，我国财务共享服务中心模式在总体上可以分为单中心模式和多中心模式两种。顾名思义，单中心模式是指集团只建立一个财务共享服务中心，而多中心模式是指建立多个财务共享服务中心。单中心模式又可细分为标准模式、业态模式和区域模式等；多中心模式又分为分散模式、联邦模式、专业化中心模式等。我国财务共享服务中心建设模式，如表1-1所示。

表 1-1　我国财务共享服务中心建设模式

总体分类		细分
财务共享服务中心模式	单中心模式	标准模式
		业态模式
		区域模式
	多中心模式	分散模式
		联邦模式
		专业化中心模式

1. 单中心模式

单中心模式是指集团只设立一个财务共享服务中心，采用统一的一套信息系统，集团可实时访问所有业务单元的数据，并进一步实现实时合并财务报表。这是财务共享服务中心的理想模式。

（1）标准模式。此模式是集团 FSSC 向所有纳入财务共享服务范围的业务单元提供无差别的标准化服务。这种模式适用于业务单元没有差异化需求的企业，以及希望在较小范围内进行财务共享服务试点的企业。国家开发银行、陕西移动、中国国旅等企业集团采用的就是这种模式。单中心模式之标准模式下的 FSSC 组织架构图，如图 1-3 所示。

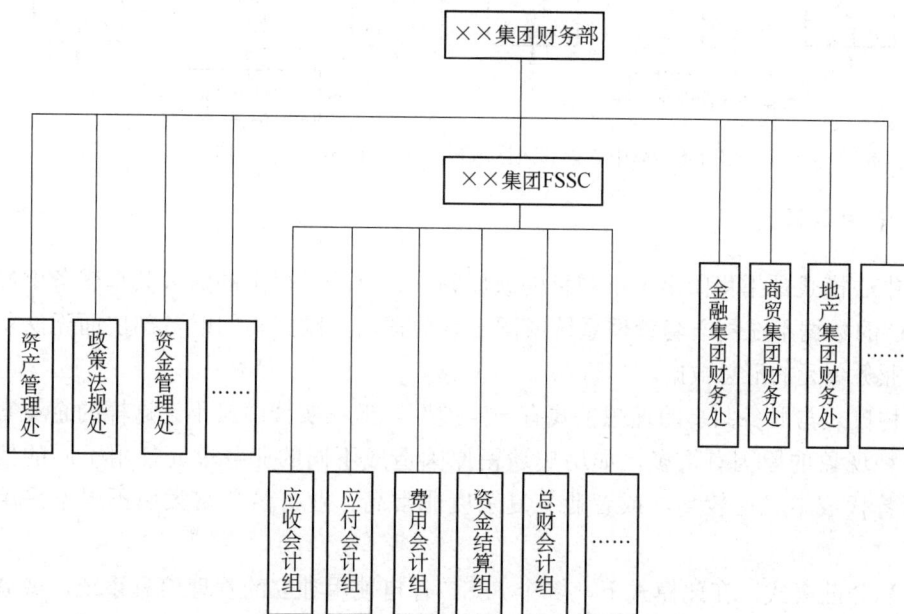

图 1-3　单中心模式之标准模式下的 FSSC 组织架构图

（2）业态模式。此模式下，集团设立一个财务共享服务中心，但是将纳入财务共享服务范围的业务单元按照业态进行分类，分别由单一 FSSC 中的不同分组（有时也称作"分中心"）提供与业态相关的特色化财务共享服务。这种模式适用于多业态并存且每种业态内的业务单元数量众多的大型企业集团。单中心模式之业态模式下的 FSSC 组织架构图，如图 1-4 所示。

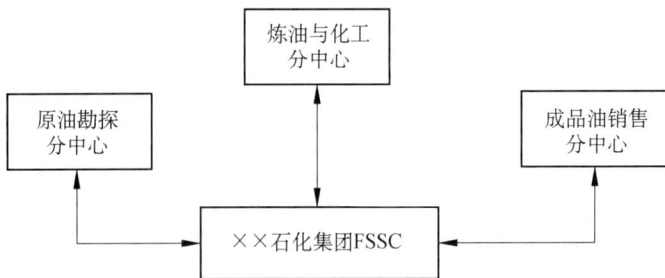

图 1-4 单中心模式之业态模式下的 FSSC 组织架构图

（3）区域模式。此模式下，集团设立一个财务共享服务中心，但是将纳入财务共享服务范围的业务单元按照地理区域进行分类，分别由单一 FSSC 中的不同分组（有时也称作"分中心"）提供与区域相关的本地化财务共享服务。这种模式适用于集团业务单元地域分布广泛、每个地域内的业务单元数量较多，或因语言或文化等原因本地化服务需求比较高的大型企业集团。平安保险、碧桂园、中石化等企业集团采用的就是这种模式。单中心模式之区域模式下的 FSSC 组织架构图，如图 1-5 所示。

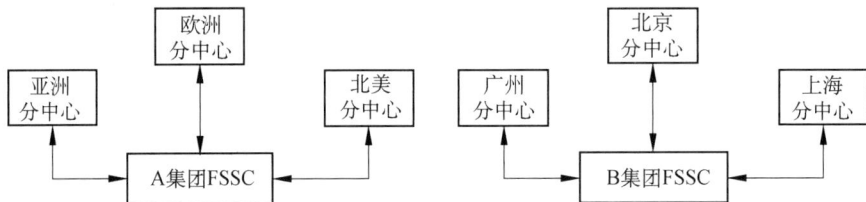

图 1-5 单中心模式之区域模式下的 FSSC 组织架构图

2. 多中心模式

多中心模式是指集团出于不同目的或原因，设立一个以上的财务共享服务中心，每个 FSSC 的数据不在同一套管理系统或同一套数据内，因此集团财务部层面无法实时查看所有业务单元的汇总数据。

这种模式与财务共享的理想模式有一定差距，但在实践中又不乏这样的企业案例。造成这种现象的原因有很多，如历史遗留原因造成不同的业务单元使用不同的信息系统，而替代成本又比较高，或者业务复杂度非常高、业务量非常大而不得不采用多个 FSSC。

（1）分散模式。在此模式下，多个 FSSC 各自使用独立的管理信息系统，或者共用一套管理信息系统，但相互之间没有关联及协作关系。这种模式多应用于对子集团采取战略管控或财务管控的超大型集团。这类集团对公司的业务经营采用分权化管理，子集团的经营自主权比较高，对于母集团来说，更多是通过合并财务报表来体现投资控股关系。中国铝业、中国移动等采取了这种模式。多中心模式之分散模式下的 FSSC 组织架构图，如图 1-6 所示。

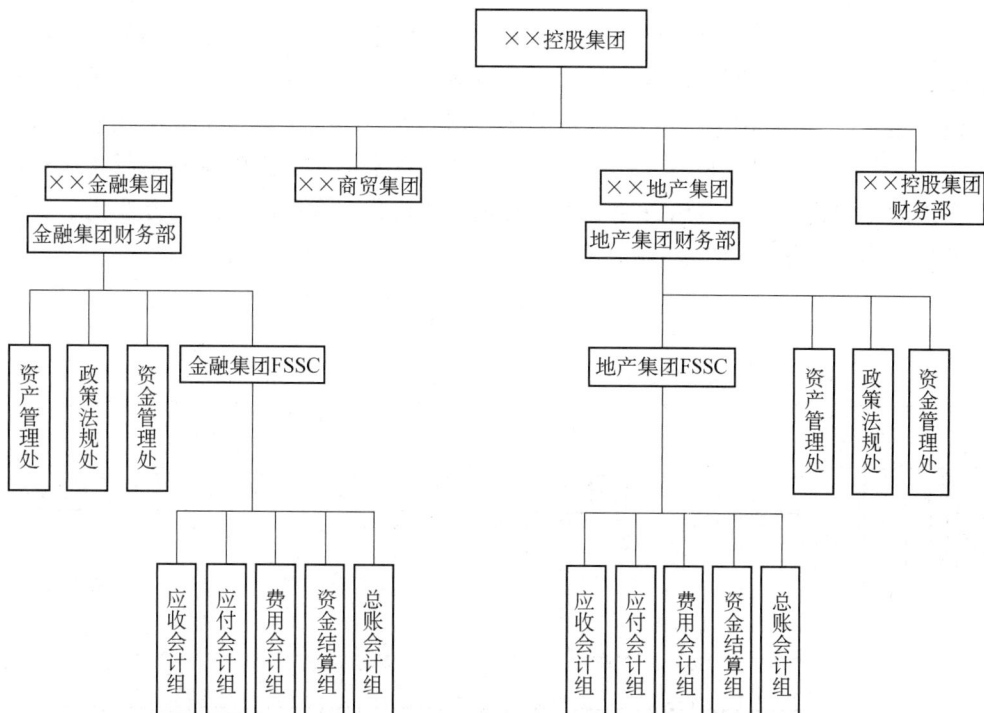

图 1-6 多中心模式之分散模式下的 FSSC 组织架构图

（2）联邦模式。此模式按业态或区域建立多个 FSSC，但是共用一套管理信息系统，且日常还存在一定的业务或数据协同，集团财务部有对所有 FSSC 的管理权限。这种模式多为考虑实际情况后所采用的过渡性财务共享服务中心建设方案，将来一般会合并为一个。如鞍钢集团（由鞍山钢铁公司和攀枝花钢铁公司合并而成）、TCL 集团采用的就是这种模式。多中心模式之联邦模式下的 FSSC 组织架构图，如图 1-7 所示。

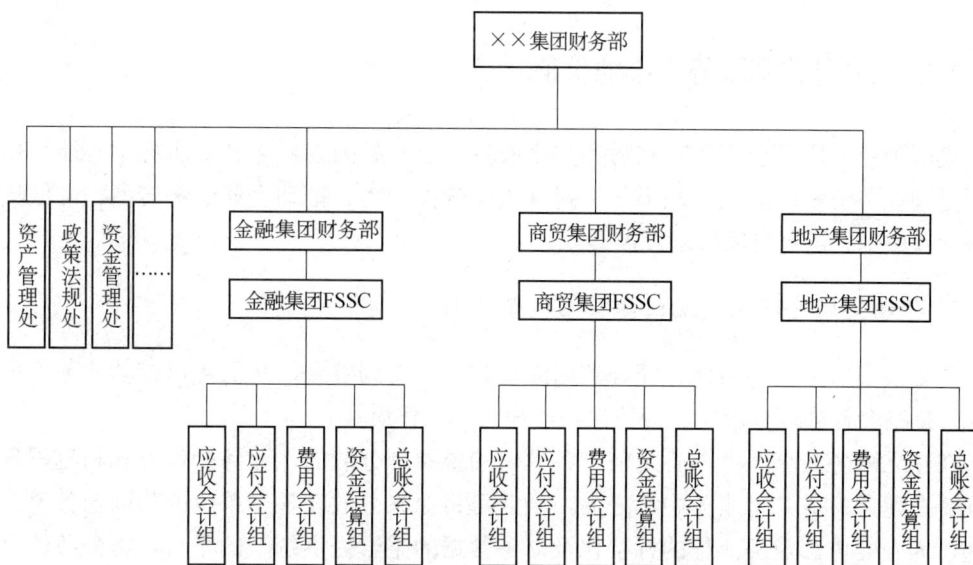

图 1-7 多中心模式之联邦模式下的 FSSC 组织架构图

（3）专业化中心模式。在财务共享服务领域，所谓的"专业"是指服务的内容，如"应收共享""应付共享""资金结算共享""税务共享"等。专业化中心模式是指按照服务的内容建立财务共享服务中心，每个财务共享服务中心提供某一个或某几个不同的专业服务。这种模式适用于某些专业服务（如税务、资金等）的工作量特别巨大或有独立管理需求的企业集团，如海尔集团采用的就是这种模式。多中心模式之专业化中心模式下的 FSSC 组织架构图，如图 1-8 所示

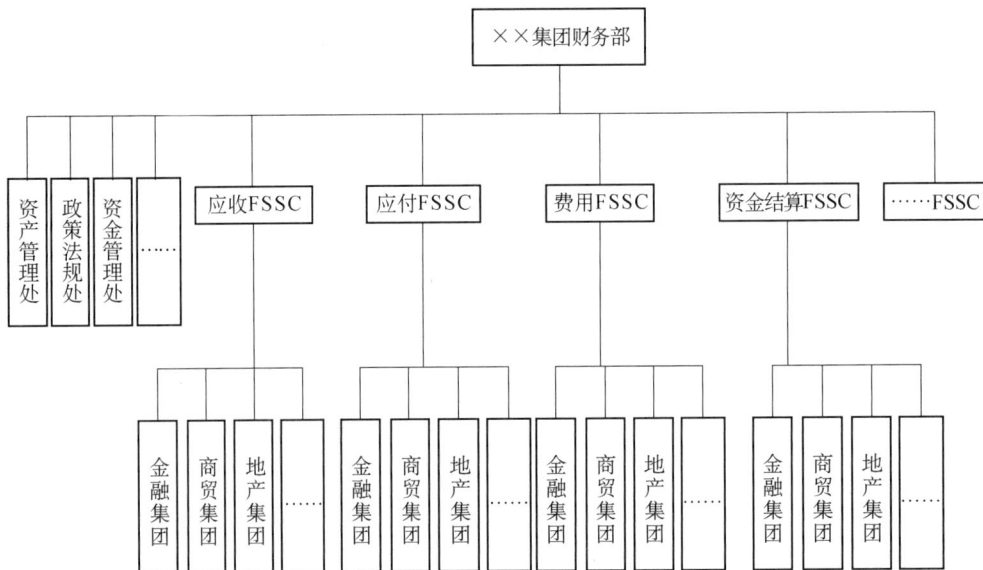

图 1-8　多中心模式之专业化中心模式下的 FSSC 组织架构图

根据调查研究发现，目前我国企业在建立 FSSC 时，大部分企业会选择单中心模式，本实训教程所使用案例——鸿途集团也是选择的单中心模式。

1.1.4　财务共享服务中心的价值

集团企业之所以会选择建立财务共享服务中心，是因为财务共享服务中心能够推动集团处理业务流程标准化和规范化、提升集团管控能力、推动企业财务转型、降低集团财务运营成本、满足集团战略发展要求。

1. 推动集团处理业务流程标准化和规范化

财务共享服务中心的建立使分散的活动和资源得到整合，从而可以推动业务流程标准化，提高会计处理标准化、规范化程度和会计工作质量。

在建立财务共享服务中心之前，各单位的资源是分散的，业务操作方式和流程各不相同。在建立财务共享服务中心之后，企业可将原来分散在各个单位的相同业务整合到一起，为企业内部业务流程的标准化及财务数据的整合提供统一的平台，将分散的会计业务集中在"会计工厂"处理，从而把复杂的工作变得更简单、更标准，分工也更细。

2. 提升集团管控能力

各业务单元的业务财务经一体化后实现流程统一，并固化在共享服务信息系统中，可以显著降低业务单元的舞弊风险；通过业务财务一体化处理，可以降低财务数据采集过程中的人为干预，使财务数据更加可靠；所有的业务在集中的共享服务系统中运营，集团总部可随时查看和追溯各业务单元的财务和业务数据，实现线上实时监控。

3. 推动企业财务转型

在建立财务共享服务中心之前，各企业的财务职能部门和会计人员要用大量的时间忙于日常核算、结算等事务性、重复性的工作。很多会计业务需要会计人员手工完成，占用了企业财务部门大量的人力资源。

在建立财务共享服务中心之后，企业财务部门可以从传统的财务事务性管理工作中解脱出来，将具体负责基础会计业务的财务人员集中在财务共享服务中心专注于会计业务服务，企业财务部门和更多的财务人员可以更加专注于为企业和业务单元的价值创造提供支持，全力做好公司生产经营预算、分析、管控、资本投资项目和资产运作效率的监控等价值管理工作，从而更好地支持企业决策，支持公司改革和发展。

4. 降低集团财务运营成本

财务共享服务中心通过整合内部资源，精简、优化业务流程，可以有效降低财务运营成本，提高工作效率。在资源和业务共享之前，虽然员工的工作量很有可能不饱和，但是仍然需要为每个单位设置和配备相应的职能部门、岗位和人员，而将资源和业务集中到财务共享服务中心之后，一个人可以同时为多家单位提供相同业务的处理服务，从而在业务量不变的情况下，实现了业务人员的减少或者业务量增加而人员不增加。在实施共享服务之后，业务流程和规则进行了标准化管理，同时，流程优化消除了多余的协调以及重复的、非增值的劳动，大大地提高了工作效率，也间接地降低了成本。另外，业务流程操作通过细化、标准化和 IT 自动化，某些岗位对操作人员的学历、技能等要求可相应降低。

5. 满足集团战略发展要求

随着集团全球化、跨区域扩张发展，企业生产经营规模和业务发展不断加快，出现了分散在各地业务单位的财务人员的数量、行为方式、行为规则不统一，业务处理不标准等问题，这给企业管理提升增添了很大难度。

通过财务共享服务，会计核算职能被集中到财务共享服务中心处理，这有助于推动集团企业内部业务调整和新业务全球发展，企业对新增加的业务单位只派少量的从事管理的财务人员即可有效控制机构和人员的增加。因此，财务共享服务可以快速地支持整个公司业务规模的变化，包括并购、重组、剥离等，实现管理模式的快速复制，为新组织提供高效、标准、成熟的专业服务，快速支持集团业务的壮大和发展。财务共享服务还可以加强公司对新并购企业在财务组织、管理、流程等方面的资源优化和快速变革的整合能力，支持财务标准化及财务管控的快速实现。

因此，我国越来越多的企业会选择建立属于自己的财务共享服务中心，未来我国财务共享服务中心一定会蓬勃发展。

1.2 实践教学平台操作指南

本书配套的实践教学平台是用友集团新道科技股份有限公司的"DBE-财务共享服务实践教学平台 1.0"（简称 D-FSSC1.0）。其中，DBE 的含义是"数字商业环境（digital business environment），意味着 D-FSSC1.0 的实训环境是数字化企业所处的商业社会环境，所使用的财务共享服务系统也是支撑企业财务数字化的信息系统；1.0 是实践教学平台的版本号。

在此模块中，本书将介绍几个 D-FSSC1.0 的基本操作及分组作业提交操作的操作方法。对更多的系统操作，读者可参考实践教学平台的在线帮助。

1.2.1 基本操作

1. 登录操作

（1）网址、浏览器。打开浏览器（推荐使用谷歌 Chrome 浏览器）并输入每个学校的教学系统安装网址，进入 D-FSSC1.0 的登录页面，如图 1-9 所示。具体网址由教师告知学生，每个学校服务器的安装地址都不同。

图 1-9 DBE-财务共享服务实践教学平台 1.0（D-FSSC1.0）登录页面

【重要提醒】安装在每个学校的 D-FSSC1.0 带有学校的名称或 logo，与本书中的实训系统插图会略有不同，但操作步骤和方法不会有差别。

（2）用户名、密码。输入用户名，初始登录默认密码为"111111"，单击"登录"按钮。学生的用户名默认是学生的学号，以教师导入学生名单时所使用的用户名单为准，授课教师在第一节课程开始时会告知学生，因此学生不需要去注册，直接登录即可。为了方便学生记忆，以及后期操作账号切换，因此不建议学生修改密码，使用初始默认密码即可。

2. 进入教学班级

学生成功登录进入新道 DBE 财务共享实践教学平台，在"首页"部分会罗列出学生参加新道 DBE 系列课程的全部教学班级。找到本课程和学生所对应的教学班图标，单击"进入班级"按钮，如图 1-10 所示。

图 1-10　新道 DBE 教学班入口

3. 新道 DBE 财务共享实训平台

学生来到相应教学班后，进入新道 DBE 财务共享实训平台，平台中共有六大菜单，分别是学习中心、学习资源、课程作业、团队管理、成绩管理和快捷入口。

（1）学习中心。"学习中心"菜单呈现的主要是本实训课程的教学项目，包括前期认知课程、认知财务共享服务、财务共享服务规划与设计、中期端到端业务流程和期末财务绩效、财务稽核，以及后期实训总结，如图 1-11 所示。

（2）学习资源。"学习资源"菜单呈现的主要是在整个实训课程中，"学习中心"部分各实训项目下的教学资料，包括 PPT、Word 文档等资料，都可以在"学习资源"菜单中快速找到，如图 1-12 所示。

（3）课程作业。"课程作业"菜单呈现的是"学习中心"菜单各实训项目下系统预置的需要学生分组完成的各项实训任务，且每个小组只需要组长提交一份作业即可，不需要反复提交，学生可在"课程作业"菜单中查看本小组作业完成情况，也可查看小组作业得分，以及根据老师安排完成对其他小组作业的互评，如图 1-13 所示。

（4）团队管理。"团队管理"菜单与"学习中心"＞"A-认知课程"＞"02.团队组建"＞"4.团队组建"部分内容相同，D-FSSC1.0 平台是采用分组角色扮演的方式进行学

图 1-11　新道 DBE 财务共享实训平台的学习中心页面

图 1-12　新道 DBE 财务共享实训平台的学习资源页面

图 1-13　新道 DBE 财务共享实训中心的课程作业页面

习，因此学生可根据老师设置的分组要求，自愿完成团队组建，并且选出组长并告知老师，由老师进行组长指定，共同完成团队组建工作；为自己的团队选择一张代表性图片，并设置团队名称和团队口号，由组长在上述两个菜单的任意一个菜单中完成相应内容的设置工作，如图 1-14 和图 1-15 所示。

图 1-14　新道 DBE 财务共享实训平台的团队管理页面

图 1-15　新道 DBE 财务共享实训平台的学习中心团队组建页面

（5）成绩管理。"成绩管理"菜单呈现的是根据老师提前设置的四大部分成绩构成比例，通过各实训项目的学习，在每个板块中学生的得分以及总得分情况，可帮助学生参考自己的得分，如图 1-16 所示。

（6）快捷入口。"快捷入口"菜单呈现的是本实训中会涉及的 11 个可以快速进入的入口，如图 1-17 所示。最后一个"帮助"入口，里面详细列示了 D-FSSC1.0 学生端的操作方法与步骤，可以供学生参考，建议学生反复阅读，如图 1-18 所示。

图 1-16　新道 DBE 财务共享实训平台的成绩管理页面

图 1-17　新道 DBE 财务共享实训平台的快捷入口页面

图 1-18　新道 DBE 财务共享实训平台的帮助中心页面

1.2.2　分组隔离数据

在 D-FSSC1.0 平台，学生可采用分组角色扮演的方式进行学习，每个组的学习数据用系统中一个独立的数据空间来存放。为了让不同组的同学能够以互不影响的方式操作教学平台，对于一些可能会产生冲突的数据，用以下规则进行区隔。

在实训过程中，如果需要编制或录入合同编号、供应商编码等信息，不同组别的同学要在原始凭证或实训资料中所给出数据的后面加上组别标识。

1. 非固定长度数据

非固定长度数据，除第 1 组同学外，其余各组同学在系统教学资源中给定的数据后面分别增加组号 2，3，…，如"鸿途集团"（属于第 1 组）、"鸿途集团 2"（属于第 2 组）。

2. 固定长度数据

固定长度数据（如"发票号码"固定为 8 位），则各组（含第 1 组）同学将在系统教学资源中给定的数据后 2 位分别替换为组号 01，02，…，如"08239701"（属于第 1 组）、"08239715"（属于第 15 组）。

3. 系统预置

系统预置的企业名称、客户名称、供应商名称、员工姓名等信息，已经按照分组添加了组别标识。

项目实训

1. 随堂测验

本测验是对每个学生的个人测试，检验学生在学习本项目后对财务共享服务的基本概念和理论知识的掌握情况。

以学生的身份登录 D-FSSC1.0 教学系统并进入教学班，单击最左侧的"学习中心"菜单，在左侧的"教学项目"区域单击"C.财务共享服务规划与设计"，系统将列出本教学项目下所有的教学场景及教学任务，如图 1-19 所示。

【重要提示】

图 1-19 中的"去做任务"按钮若为灰色，则不可单击，表示因教学安排或其他原因教师尚未下发该教学任务，学生提醒任课老师下达教学任务即可。

找到教学场景"03.财务共享服务介绍"下的"财务共享"教学任务，单击"去做任务"按钮，D-FSSC1.0 教学系统将进入任务执行窗口。在做随堂测验前，学生可先去"2.FSSC 概念"部分查看"财务共享服务中心"相关介绍 PPT，进行理论知识学习，然后在顶部导航栏中单击"1.随堂测验"这一教学步骤，如图 1-20 所示，然后单击"开始答题"按钮进行随堂测验。学生随堂测验一旦开始，不能中途停止，且要在规定的 15 分钟内完成答题，每位同学均只有一次答题机会。教学步骤完成后，单击图 1-20 右上角的"完成"按钮，以便教师端能够随时监控每个学生及学习小组的任务完成进度情况。

图 1-19　第一次随堂测验教学场景入口

图 1-20　第一次随堂测验答题页面入口

注意：D-FSSC1.0 教学系统中所有的学习及实训任务启动过程都与图 1-19 和图 1-20 类似，本书后续操作部分将不再赘述。

2. 课后小组任务

在 D-FSSC1.0 教学系统学生端的学习中心，进入教学任务"B. 认知财务共享服务＞04. 财务共享服务黑科技＞财务共享"的执行界面，如图 1-21 所示。每个学习小组的每名组员自学"2. FSSC 与 IT""3. 用友黑科技"这两个页签内容，然后组长组织本组组员分工完成一篇介绍 FSSC 新科技的 PPT 文档，并由组长上传提交。

图 1-21　第一次小组任务执行界面

1.3　案例企业介绍

1.3.1　案例企业背景

1. 企业简介

鸿途集团股份有限公司（以下简称"鸿途集团"）始创于 1987 年，总部设在郑州。经过三十余年的发展，集团已成为集水泥、旅游、铸造为主体的多元化股份制企业。2018 年，鸿途集团以 160 亿元的营业收入进入 2018 年中国企业 500 强，位列第 380位。各板块的营业收入为：水泥 80 亿元、旅游 32 亿元、铸造 24 亿元、焦化 22.4 亿元、其他 1.6 亿元。新三年，集团提出"产业多元化、产品专业化、管理现代化、市场国际化"的总体发展战略，借助现代化、信息化手段，全力打造"数字鸿途"。2019年年初，集团制定了当年营业收入提高 20% 的经营目标，即将实现 192 亿元的总营业收入。

鸿途集团水泥有限公司（以下简称"鸿途水泥"）是国家重点支持的前三家水泥企业（集团）之一，是工业和信息化部重点支持兼并重组的五大水泥企业之一。2011 年 12 月23 日，鸿途水泥在香港交易所主板成功上市。截至目前，鸿途水泥总产能超 1.5 亿吨，旗下公司覆盖河南、辽宁、山东、安徽、山西、内蒙古、新疆、天津等地。集团积极适应国家及行业政策的变化，通过先进的技术装备、合理的区域布局、充足的资源储备、规范的管理及品牌优势，致力于环境保护及可持续发展，集团得以实现快速发展，并维持及加强河南和辽宁两省的市场领导地位。

2．共享前集团的组织架构

鸿途集团在实施财务共享服务前，已成为集水泥、旅游、铸造为主体的多元化股份制企业。鸿途集团在实施财务共享前的组织架构，如图 1-22 所示。

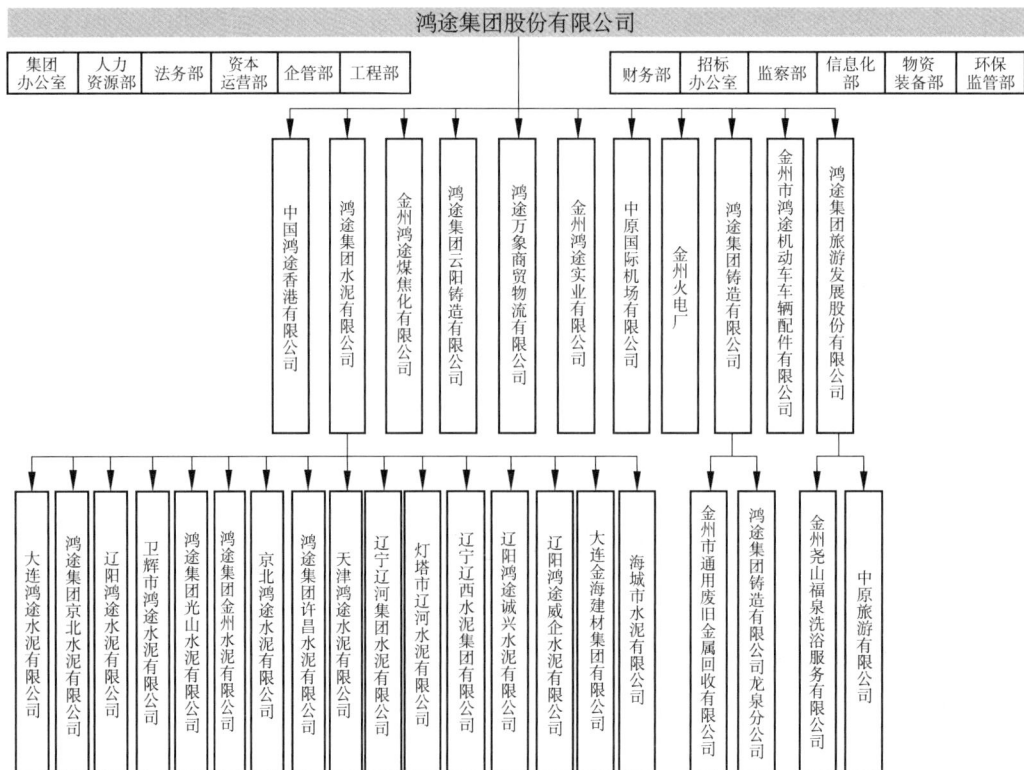

图 1-22　鸿途集团在实施财务共享前的组织架构

1.3.2　鸿途集团的财务管理现状

1．鸿途集团的财务组织现状

鸿途集团的财务组织管理架构，如图 1-23 所示。

（1）集团财务，即鸿途集团财务部，直接向集团财务副总裁汇报，制定集团财税和资金管理制度，并对各业务单元的财会工作进行管理和指导。根据财务工作职能，下设预算与考核管理处、税务与资金管理处、信息化与综合处、结算审核处、会计核算处、资产管理处。

（2）板块财务。各行业板块的子集团或子公司所设置的多个财务部，完成本行业板块各业务单元的财务工作。

（3）基层财务。由各业务单元下属的分公司设置的非专职财务助理人员，在板块财务人员的指导下完成本地一些辅助性财务工作。

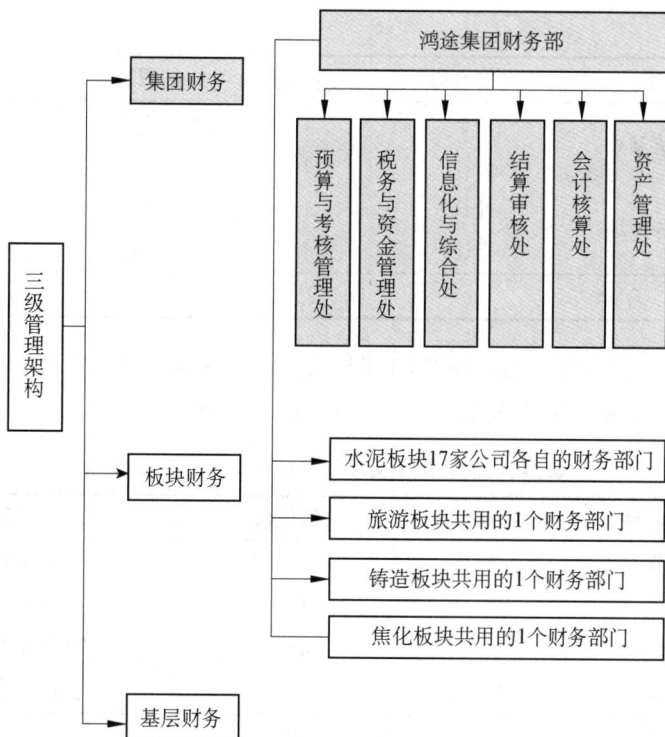

图 1-23 鸿途集团的财务组织管理架构

2. 鸿途集团的财务岗位及人员现状

（1）财务岗位与人员。

① 基层财务。基层财务都是由非专职人员兼任财务助理岗，辅助处理财务工作，因此下文中未将他们纳入财务岗位人员统计表。

② 集团财务。根据鸿途集团人力资源管理制度，所有员工都有一个明确的职级。M表示管理或职能岗，P 表示专业技术岗；职级数值越小，表示级别越高。鸿途集团财务部的岗位设置、人员数量、职级和职责统计表，如表 1-2 所示。

表 1-2　鸿途集团财务部的岗位设置、人员数量、职级和职责统计表

序号	处室	岗位名称	人员数量	职级	职责
1	财务总监室	财务总监	1	M3	财务战略
2	预算与考核管理处	预算与考核管理	6	M4、M5	预算管理业绩考核
3	税务与资金管理处	税务与资金管理	4	M4、M5	纳税筹划资金运作
4	信息化与综合处	信息化与综合处	7	M4（处长）、M6	信息化与财务监督
5		处长	1	M4	付款复核
6	结算审核处	会计	1	M6	付款审核
7		出纳	1	M7	资金支付

续表

序号	处室	岗位名称	人员数量	职级	职责
8	会计核算处	处长	1	M4	费用复核
9		会计	1	M6	费用核算
10	资产管理处	处长	1	M4	资产管理政策
11		会计	1	M6	资产核算
	合计		25		

③ 板块财务。鸿途集团板块财务组织与人数统计表如表 1-3 所示，鸿途集团水泥板块财务人员的岗位名称、职责及职级统计表如表 1-4 所示。

表 1-3　鸿途集团板块财务组织与人数统计表

序号	行业板块	财务部数量	人员数量	备注
1	水泥	17	140	每个法人组织 1 个财务部
2	旅游	1	50	共用 1 个财务部
3	铸造	1	45	共用 1 个财务部
4	焦化	1	40	共用 1 个财务部
	合计		275	

表 1-4　鸿途集团水泥板块财务人员的岗位名称、职责及职级统计表

序号	岗位名称	职责	职级	人员数量*
1	财务经理	财务分析	M4	17
2	总账会计	总账核算	M6	17
3	采购会计	应付审核 应付对账	M6	17
4	结算会计	费用核算	M6	17
5	销售会计	应收审核 应收对账	M6	17
6	资产会计	资产核算	M6	15
7	成本会计	成本分析 成本核算	M6	0
8	税务会计	税务核算	M6	8
9	出纳	收款付款	M7	15
10	预算会计	预算编制	M6	8
	合计			140

* 表示有些岗位只在部分业务单元设置，未纳入合计。

（2）财务人员与工作分布情况。经过调研发现，鸿途集团的财务管理岗位（财务总监、财务经理或处长、管理监督岗）占比较低，大量财务人员从事销售对账、发票处理、采购入账、结算审核等基础性工作。财务人员基础工作繁忙，对供应、生产、销售

以及产品检验等环节不是很熟悉。财务人员对其他岗位工作不了解，为财务管理和财务分析带来了很大障碍。集团层面和下属公司财务人员都没有很好地按职能进行专业化分工，造成基础核算工作开展很好，但决策支持工作开展较差的局面。在财务分析工作方面，当前财务分析工作主要集中在传统分析、成本分析，对其他分析不多，导致财务人员分析建模能力较差，与生产经营的结合度不好，对风险预警、经营预测指导性不高。

3. 鸿途集团的财务管理现状分析

鸿途集团的财务管理系统部分处于基础应用阶段，例如核算向管理会计延伸、供应链向产业链延伸、信息化向智能化延伸等，都存在大幅提升空间，尽管应用深度在行业中处于领先地位，但从"数字鸿途"的战略发展方向看，尚有提高空间。

集团各级财务组织的定位模糊，集团财务人员整体聚焦基础核算工作，管理会计职能的发挥有所不足。

（1）财务会计基础工作。

① 会计核算标准化、入账规则统一化、业务流程标准化和自动化有待提高。

② 业务、财务分工与职责边界有待进一步厘清。

③ 业务流程需增加监控点。

④ 成本核算需减少因成本会计能力差异造成的成本核算标准、成本分析质量差异。

（2）战略财务与决策支持能力。

① 财务管理需要从风险控制、效率提高进一步向业务支持和决策分析转变。

② 需要培训、提升基层财务人员的能力和水平，做好业务决策、财务监督、管理会计工作。

（3）财务管控体系建设。

① 从依靠人工审批控制向利用系统工具自动控制转变。

② 从业务源头上解决下属企业普遍存在的业务处理与财务控制界限模糊、分工不清、多环节重复现象。

4. 鸿途集团的财务管理转型需求

作为企业集团管理最重要的管理活动，财务管理是影响企业战略实现的重要因素，在打造"数字鸿途"的总体信息化发展战略指引下，鸿途集团在财务管理上进行了前沿探索，为了支撑鸿途集团三年规划的发展战略目标——实现"产业转型、主业聚焦、做大做强"，集团财务提出从"财务监督型"向"价值创造型"转变，通过"管办分离，人员分层，流程优化，统一平台，集中规模化处理"，建立标准、高效、专业、低成本的以服务为导向，关注客户满意度的财务共享服务中心，建立"战略财务、业务财务和共享财务"三位一体的财务运营管理新模式，支撑集团快速发展、战略转型、聚焦主业、做大做强，实现财务业务流程化和标准化，提高财务工作质量和效率，降低财务运营风险，降低财务运营成本，实现经济效益最大化。鸿途集团的财务共享服务中心的建设目标，如图 1-24 所示。

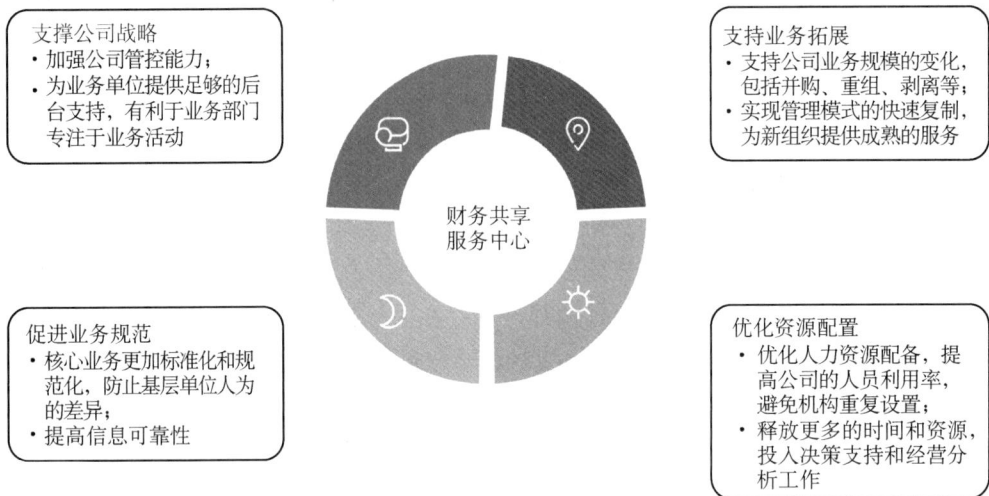

支撑公司战略
· 加强公司管控能力；
· 为业务单位提供足够的后台支持，有利于业务部门专注于业务活动

支持业务拓展
· 支持公司业务规模的变化，包括并购、重组、剥离等；
· 实现管理模式的快速复制，为新组织提供成熟的服务

财务共享服务中心

促进业务规范
· 核心业务更加标准化和规范化，防止基层单位人为的差异；
· 提高信息可靠性

优化资源配置
· 优化人力资源配备，提高公司的人员利用率，避免机构重复设置；
· 释放更多的时间和资源，投入决策支持和经营分析工作

图 1-24 鸿途集团的财务共享服务中心的建设目标

按照"总体规划、分步实施、先易后难、持续改进"的原则，先试点后推广，逐步扩大财务共享服务范围，将集团公司境内外所有具备条件的企业和财务业务纳入财务共享服务范围，建成标准、集成、高效的财务共享服务中心，促进降本增效，规范运营管理，提升公司价值，支持公司发展。

鸿途集团的财务共享服务中心的分阶段建设目标图，如图 1-25 所示。

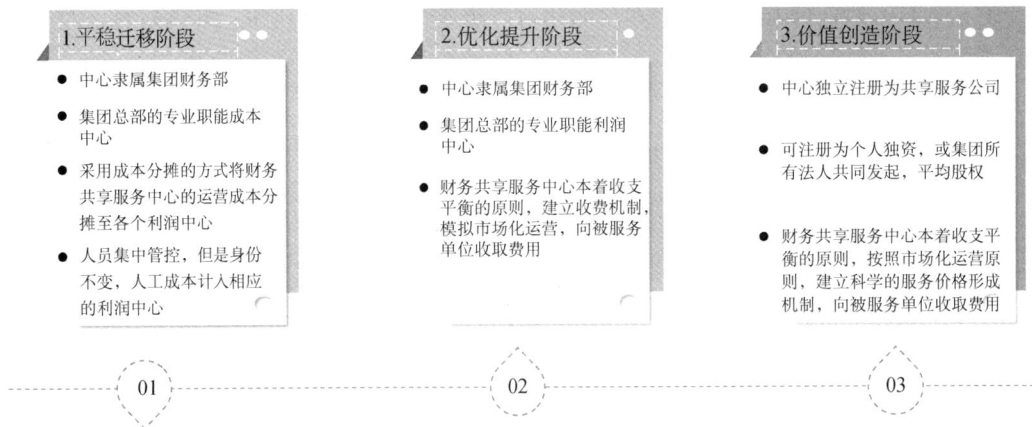

1.平稳迁移阶段
● 中心隶属集团财务部
● 集团总部的专业职能成本中心
● 采用成本分摊的方式将财务共享服务中心的运营成本分摊至各个利润中心
● 人员集中管控，但是身份不变，人工成本计入相应的利润中心

2.优化提升阶段
● 中心隶属集团财务部
● 集团总部的专业职能利润中心
● 财务共享服务中心本着收支平衡的原则，建立收费机制，模拟市场化运营，向服务单位收取费用

3.价值创造阶段
● 中心独立注册为共享服务公司
● 可注册为个人独资，或集团所有法人共同发起，平均股权
● 财务共享服务中心本着收支平衡的原则，按照市场化运营原则，建立科学的服务价格形成机制，向被服务单位收取费用

01   02   03

图 1-25 鸿途集团的财务共享服务中心的分阶段建设目标图

（1）平稳迁移阶段。2018 年 7 月—2019 年 7 月，通过财务共享服务中心试点工作，总结财务共享服务中心的建设规律、实施方法和步骤；2019 年 7—12 月，把集团具备条件的企业及业务全部平稳迁移到财务共享服务中心。

（2）优化提升阶段。1~2 年优化提升，形成规范高效的业务流程，实现总部集中管控、内部市场化运营、规范化、低成本的财务共享服务中心运营模式。

（3）价值创造阶段。2~3 年卓越运营后，通过不断统一优化业务流程、深化共享以

及财务大数据的分析应用，力争达到能为成员企业提供增值服务的、高效率的、国际一流水平的财务共享服务中心，实现价值提升的目标。

思考题：

1. 在财务共享服务中心发展过程中，促使企业进行财务共享的关键要素有哪些？
2. 小组讨论财务共享服务中心未来的发展方向。

第 2 篇

应 用 篇

第 **2** 章　财务共享服务中心的规划与设计

知识导读

　　财务共享服务中心的规划与设计，主要通过介绍财务共享服务中心的组织关系和财务共享服务中心构建的具体方法，培养学生利用沙盘推演案例企业财务共享服务中心的规划与设计过程的能力，希望学生能在系统中维护财务共享服务中心的服务组织范围的变动信息，在系统中建立多组织体系和组织间的业务委托关系，最后培养学生运用辩证唯物主义世界观和方法论学习财务知识，培养学生在工作中勇于担当的工作态度。

学习目标

　　➢ 能够根据企业案例资料抽取企业财务共享服务中心建设相关的关键信息，并用沙盘工具进行企业初始状态摆盘
　　➢ 熟悉财务共享服务中心选址的规划和评估方法
　　➢ 掌握财务共享服务中心的"三定"概念
　　➢ 熟悉"三角财务组织"（战略财务、业务财务、共享财务）的总体职责划分
　　➢ 理解端到端业务流程设计原则
　　➢ 能够在系统中建立多组织体系和组织之间的业务委托关系

2.1　认知 FSSC 规划方法及沙盘初始状态摆盘

2.1.1　FSSC 规划与构建方法选择

　　财务共享服务中心是一项长期的、系统的、动态的建设过程。案例公司现有的经营环境、制定的战略目标、运营模式、企业财务制度和财务管理战略、企业信息系统建设程度等，均会对财务共享服务中心的建设产生重大影响。

为了构建财务共享服务中心，首先需要确定案例公司财务共享服务的定位和目标，然后需要对案例公司的关键因素进行评估和规范。影响财务共享体系建设成功与否的因素包括：地点（site）、流程（process）、组织人员（organization & people）、政策法规（regulatory & legal）、技术（technology）、服务关系管理（service relationship management）六要素，简称 SPORTS。财务共享服务中心构建要素的决策过程示意图，如图 2-1 所示。

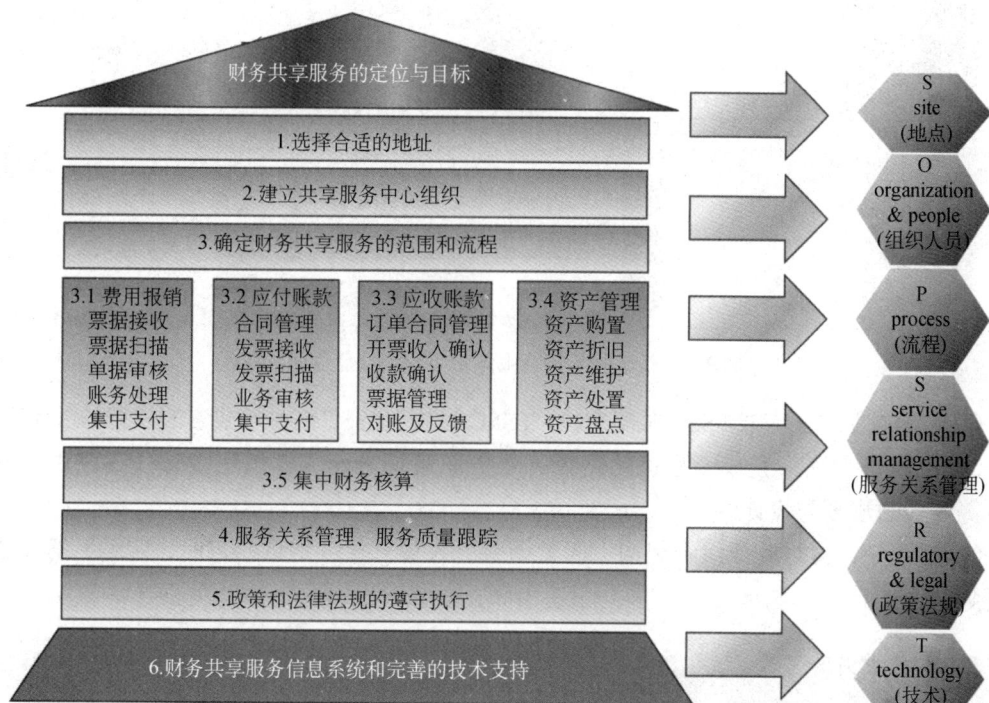

图 2-1　财务共享服务中心构建要素的决策过程示意图

2.1.2　FSSC 规划与构建沙盘认知

1．沙盘盘面

（1）挂盘。挂盘适用于没有专门沙盘实训空间的院校。在学生机房的座位旁分组设置白板，将磁性沙盘盘面垂直吸附在白板上，辅助以能在盘面上可靠固定的磁性卡片。

（2）摆盘。摆盘适用于有专门沙盘实训空间的院校。沙盘实训桌面上没有干扰物，学生将摆盘盘面平铺在沙盘实训桌面上，辅助以质量足够大、不会被学生无意识挪动的卡片。

（3）盘面主要元素。两种盘面除材质不同外，在布局上也略有差别，但组成要素基本一致，以下内容以挂盘为例进行学习。该沙盘以财务共享服务中心构建方法论为依据，将盘面提炼为"三区九要素"，具体包括战略规划区、流程规划区、组织规划区三个区域。新道财务共享服务中心规划沙盘盘面，如图 2-2 所示。

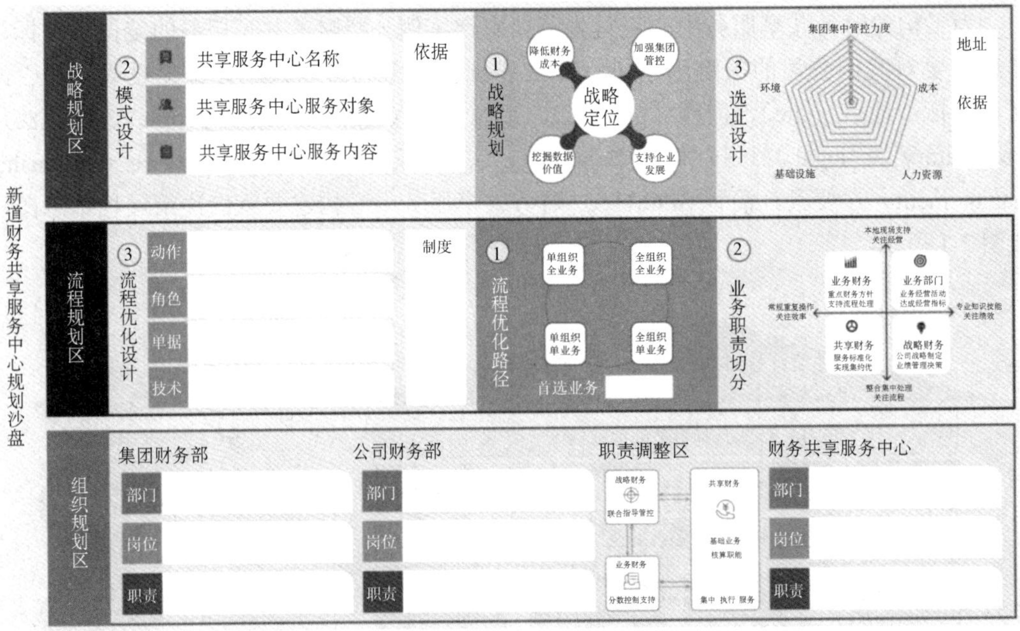

图 2-2　新道财务共享服务中心规划沙盘盘面

① 战略规划区。完成 FSSC 战略定位、FSSC 模式、FSSC 选址等要素的规划与设计。

② 流程规划区。完成流程优化路径、业务职责切分、流程优化设计（含制度与技术）等要素的规划与设计。

③ 组织规划区。完成组织架构、职责调整、人员三定（定责、定岗、定编）等要素的规划与设计。

2. 沙盘卡片

沙盘的三个规划区所使用的卡片，用不同的分类色条来区分。战略规划区卡片分类色条为红色；组织规划区卡片分类色条为橙色；流程规划区卡片分类色条为蓝色。沙盘卡片的样式及相关信息如图 2-3 所示，沙盘卡片清单如表 2-1～表 2-3 所示。

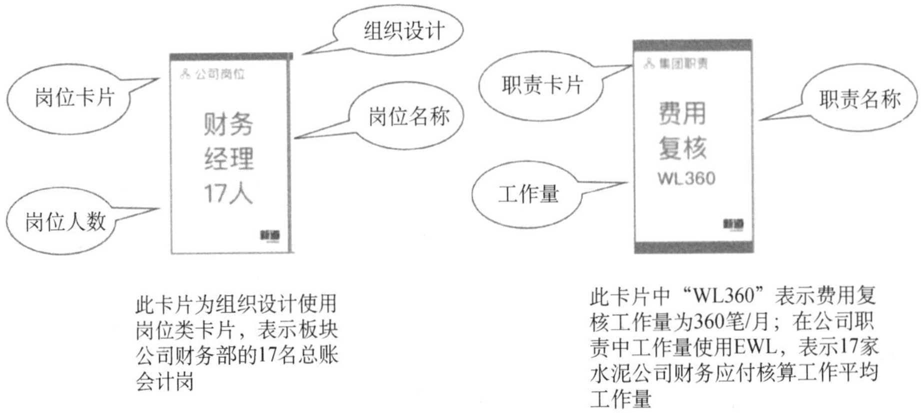

图 2-3　沙盘卡片的样式及相关信息

表 2-1　沙盘卡片清单 1

战略规划区：28 个				小计
职能定位	成本中心	利润中心	财务服务公司		3
建设模式	单中心	多中心-业态	多中心-区域	专长中心	4
服务对象	鸿途集团水泥有限公司	鸿途集团水泥有限公司	金州鸿途煤焦化有限公司	鸿途集团万象商贸物流有限公司	12
	鸿途集团水泥中部区公司 4 家	鸿途集团铸造板块公司 4 家	鸿途集团水泥北部区公司 12 家	鸿途集团旅游板块公司 3 家	
	中国鸿途（香港）有限公司	金州区火电厂	金州鸿途实业有限公司	中原大福国际机场有限公司	
服务内容	费用共享	采购到应付共享	销售到应收共享	总账报表共享	6
	固定资产共享				
选址设计	大连	郑州	天津		3

表 2-2　沙盘卡片清单 2

组织规划区：80 个							小计
集团部门	预算与考核管理处	税务与资金管理处	信息化综合处	结算审核处	会计核算处	资产管理处	6
集团岗位	财务总监	预算与考核管理处（ ）人	税务与资金管理处（ ）人	信息化综合处（ ）人	会计核算处长	核算会计	11
	出纳	资产会计	计算会计	资产管理处长	结算审核处长		
集团职责	财务战略	预算管理与业绩考核	纳税筹划与资金运作	信息化与财务监督	资产管理政策	费用复核 WL360	12
	费用核算 WL360	资产核算 WL25	资金支付 WL650	付款审核 WL650	付款复核 WL650	财务政策	
公司部门	鸿途集团水泥财务部	鸿途集团旅游财务部（50 人）	鸿途集团铸造财务部（45 人）	鸿途集团煤焦化财务部（50 人）			4
公司岗位	财务经理（ ）人	总账会计（ ）人	采购会计	结算会计	销售会计	资产会计	10
	税务会计（ ）人	预算会计（ ）人	出纳（ ）人	成本会计（ ）人			
公司职责	费用核算 EWL353	应收审核 EWL294	应收对账 EWL23.5	预算编制 EWL3	资产核算 EWL23.5	成本核算 EWL0.3	总账核算 EWL13	13
	财务分析	成本分析	税务筹划	应付核算 EWL353	应付对账 EWL29.4	收款付款 EWL639.7	
FSSC部门							8

续表

组织规划区：80个	小计
FSSC 岗位	8
FSSC 职责	8

表 2-3　沙盘卡片清单 3

	流程规划区：132个											小计
单据	实物单据 X6	影像单据 X4	电子档案									13
角色	业务人员	业务经理	分管副总裁	本地财务	财务经理	本地出纳	本地归档员	FSSC 财务审核岗	FSSC 财务复核岗	FSSC 出纳	FSSC 归档员 / 扫描员	12
动作	填单报账	业务审批 X2	财务审核	财务复核	线下支付	录入凭证	本地纸质档案归档					17
	线上业务审批	影像扫描	本地财务初审	自动生成单据	自动生成凭证	线上集中结算	档案邮寄	纸质档案归档	电子档案归档			
技术	财务共享服务平台	资金结算系统	财务核算系统	商旅服务平台	影像管理系统	银企直联	电子档案	移动报账	企业报账平台	税务云	电子发票	15
										财务机器人	采购云 / 业务系统 / 条码/二维码	
制度与审核依据	费用制度：报销业务范围	费用制度：报销填报时间	费用制度：住宿标准	费用制度：出差补助	费用制度：出差借款	费用制度：报销支付时间	费用制度：报销支付银行	审核依据：影像与纸质原始凭证一致性	审核依据：业务真实性			26
	应收制度：应收入账依据	应收制度：应收入账要求	应收制度：应收信用等级	应收制度：结算银行账户	应收制度：结算方式	应收制度：应收账龄区间	应收制度：应收坏账比例	应收制度：应收结算日期				
制度与审核依据	应付制度：应付对账日期	应付制度：应付对账方式	应付制度：应付入账步骤	应付制度：应付入账要求	应付制度：应付暂估入账	应付制度：应付账款付款流程	应付制度：应付账款付款时间	应付制度：结算方式				
采购到付款（PTP 业务）	签订采购订单	审批采购订单	采购入库	录入采购发票	审批应付单	审核应付单	审核记账凭证	生成应付账龄分析表	审定采购财务政策	扫描发票上传	提交付款单 / 提交应付单 / 审批付款单 / 审核付款单 / 支付应付款	15
销售到收款（OTC 业务）	录入销售订单	审批销售订单	销售发货出库	录入销售发票	扫描发票上传	提交应收单	审核应收单	审核记账凭证	生成应收账龄分析表	录入收款单	扫描银行回单并上传 / 审核收款单 / 确认收款结算	13
固定资产业务	审核政策合规性	初步审核申请单	资产相关账务处理	资产折旧入账	制定固定资产管理政策							6

续表

流程规划区：132个									小计
费用业务	制定费用政策与制度	填制报销单	业务审批	本地初审报销凭证	审核报销凭证	报销支付	审核记账凭证	报表　分析	9
总账报账业务	预提需求审核	预提需求申请	月结关账	会计政策	月结申请	财务制度			6

2.1.3　沙盘初始状态摆盘

1. 初始状态摆盘的含义

初始状态摆盘，是指将本集团的现状信息在沙盘盘面上进行复盘。初始状态摆盘既是一个熟悉沙盘盘面和卡片的过程，又是一个复习和加深对案例企业现状的理解的过程。

2. 战略规划区初始状态摆盘

根据案例企业的现状数据，填写如表 2-4 所示的企业基础信息表。

表 2-4　企业基础信息表

名称	年营业收入	财务人员数量	财务人员效率	财务管理人员数量	财务管理人员占比
集团合计					
板块（业务单元）1					
板块（业务单元）2					
板块（业务单元）3					
…					
集团财务部门					

注：财务人员效率=年营业收入/财务人员数量

3. 组织规划区初始状态摆盘

集团财务初始状态摆盘：根据案例资料，将共享前案例企业的集团财务部门组织结构进行摆盘，包括部门、岗位、职责，统计现有财务角色的人数并将其写在角色卡片的括号内。初始状态摆盘示例-组织规划区，如图 2-4 所示。

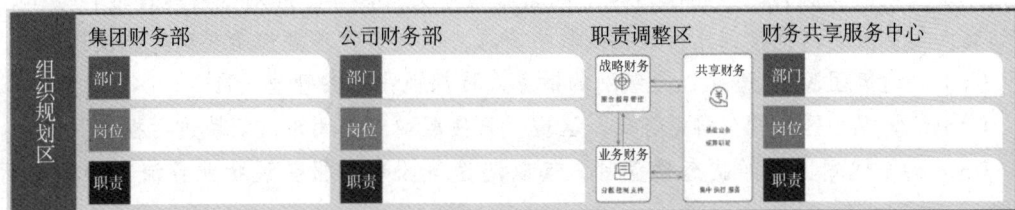

图 2-4　初始状态摆盘示例-组织规划区

公司财务初始状态摆盘：在"公司财务部"区域内，将各板块或各业务单元财务组织现状进行摆盘，包括部门、岗位、职责全部卡片。摆放完毕，统计现有财务角色的人数并将其写在角色卡片的括号内。示例如图 2-4 所示的右侧区域。

4. 流程规划区初始状态摆盘

财务核算流程初始状态摆盘：在"流程优化设计"区域共享前，案例企业的财务核算业务流程摆放完毕，包括动作、角色、单据、技术卡片。初始状态摆盘示例-流程规划区，如图 2-5 所示。

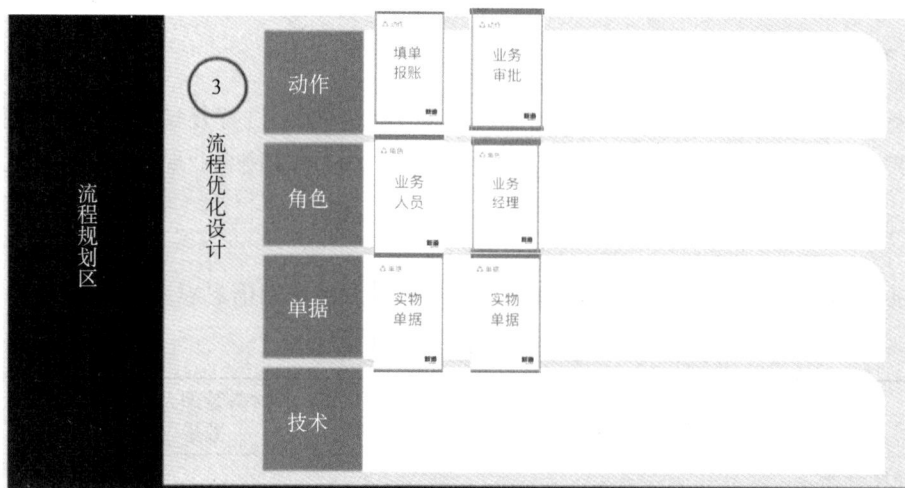

图 2-5　初始状态摆盘示例-流程规划区

项目实训

1. SPORTS 模型的含义讨论

分组讨论：组长组织本组队员两两结对，交叉提问 SPORTS 每个字母的含义。

2. 沙盘卡片清点

分组实训：组长向教师申请盘面和卡片，分发给每个规划区的负责人，规划区的负责人组织其他组员，对照表 2-1 进行沙盘卡片清点。

3. 鸿途集团初始摆盘

分组实训：组长将组员指派给每个规划区的负责人，每个规划区内部再进行分工，例如有人负责快速浏览案例资料的在线教学资源，有人负责沙盘初始摆盘。假设：

（1）鸿途集团 M5（含）以上级别的财务人员都视作财务管理人员。

（2）组织规划区的"公司财务部"区域，只按照鸿途集团水泥板块进行摆盘。

（3）流程规划区初始状态摆盘时，仅以鸿途集团费用报销现状业务流程为例进行摆盘。

2.2　FSSC 战略规划沙盘推演

2.2.1　FSSC 战略定位选择

FSSC 战略定位有以下几个方面，企业需要根据自身的战略来进行优先级排序和选择。

1. 加强集团管控

以这种战略定位的财务共享服务中心更侧重于其管理职能，即通过制定统一的流程制度、建设统一的管理信息系统，形成集团集中化和标准化管理模式，整合财务管理和风险控制资源，对集团下属公司实施财务全程化、实时性监控，以提高集团的综合掌控能力，支撑集团公司的发展战略。

2. 降低财务成本

通过对基础性、事务性工作的集中处理，一个财务人员可以处理几个公司的相同岗位的业务，从而在业务量不变的同时减少财务人员，使原来由成百上千人在不同的子公司完成的工作由一个财务共享服务中心完成，从而提高了财务核算的效率，降低了原本分散在各单位工作量的处理费用，节约了人工成本。

3. 支持企业发展

公司在新的地区建立子公司或收购其他公司后，财务共享服务中心能马上为这些新建的子公司提供服务。同时，使公司管理人员更集中精力在公司的核心业务上，而将其他的辅助功能通过财务共享服务中心提供的服务完成；使更多财务人员从会计核算中解脱出来，能够为公司业务部门的经营管理和高层领导的战略决策提供高质量的财务决策支持，促进核心业务发展。

4. 挖掘数据价值

随着企业体量的增大、层级的增多，管理决策的复杂性也越来越大，因此，财务人员需要发挥更多的管理职能，才能为决策层提供具有参考价值的决策分析数据和报表。财务核算也必须更加细致化和专业化，才能为企业提供更加具有管理价值的财务分析数据，而 FSSC 就是企业集团集聚数据资源的最佳平台。

2.2.2　FSSC 建设目标确定

FSSC 建设首先应该立足财务本身，与公司财务管理战略目标保持一致，纵向服务于公司发展战略，横向匹配公司 IT 信息化建设战略规划，在此基础上明确 FSSC 战略定位，定义 FSSC 建设的短期目标、中期目标和长期目标。某公司 FSSC 建设的目标，如表 2-5 所示。

表 2-5　某公司 FSSC 建设的目标

类别	1～2 年短期目标	3～5 年中期目标	6～10 年长期目标
公司发展战略	向平台化管理转型，提升效率	并购扩张，全球化	持续盈利，稳健增长
财务战略规划	从核算监督向管理型财务转型	搭建财务共享服务平台，支持业务扩张、并购整合	从管理型向价值提升型转变
IT 信息化规划	达到企业级应用水平，业账税系统贯穿	实现集团集成性应用，业务税系统一体化	升级到社会级应用，实现企业内外系统互联互通
FSSC 战略定位	集团管控	集团管控兼财务服务	财务服务兼集团管控
FSSC 建设目标	标准化建设，推动企业财务转型（责任中心）	财务内包服务，降本增效（成本中心）	协议费用，提供"财务内包+外包服务"（利润中心）

2.2.3　FSSC 推进路径选择

财务共享服务的引入是一次财务革命，因此在 FSSC 建设中，不同企业会采用不同的建设路径。一般有两种推进路径：先试点后推广，即从单业务或单组织试点，逐步推广到全业务或全组织；一次性建设，即一次性在全业务、全组织范围内建设 FSSC。两种 FSSC 推进路径的比较及选择建议，如表 2-6 所示。

表 2-6　两种 FSSC 推进路径的比较及选择建议

推进路径	先试点后推广	一次性建设
适用客户群	管控力度较弱，执行力适中的集团企业；业务类型多样，业态较多，核算相对比较复杂，地域分布比较广的集团企业；处于稳定期的集团企业	管控力度较强，执行力比较高的集团企业；业务类型不是很多样，不是很复杂，业态较少，核算相对比较简单的集团企业；信息系统相对单一，不存在太多异构系统对接问题的集团企业
优点	逐步推广，先点后面，易于控制风险；试点期变动较小，不会造成大的震荡，有益于变革推进；试点成功后可大规模快速复制	一鼓作气，能够造成大的声势，引起高层高度重视，对项目推进有帮助；不会产生多次实施造成的人员疲惫厌倦的负面情绪；一次性建设完成共享信息系统，应用价值高
缺点	对于试点机构的选择要慎重，既要考虑业务的全面性，也要考虑执行力、机构分布、管理现状、信息化现状等实际问题；业务在发展过程中，存在未知的可能性，试点完成后，推广时业务可能发生变化	需要做好全面可行的规划；制订好科学严格的项目计划和管理制度；对于项目管理要求高；对于信息化基础要求高；沟通面广，需要加强共享中心内部管理、建立呼叫中心等沟通渠道

企业在选择 FSSC 建设的推进路径时，最好先做项目可行性研究与分析。结合企业

现状，进行必要性、可行性分析。选择最具有代表性的机构进行试点，并制订好相应的推进计划。

2.2.4　FSSC 组织职能定位选择

以 FSSC 的组织职能定位来看，财务共享服务中心可以经历以下三个发展阶段。

（1）成本组织。财务共享服务中心隶属于集团总部，可在集团原财务部门下设立一个一级部门。FSSC 只对集团内部提供财务核算的工作，不进行独立的业绩考核。但可以收集及分析工作流并模拟内部收费，用于 FSSC 考核。这是 FSSC 建立后短期内普遍被采用的组织定位。

（2）利润中心。建立集团内部模拟考核机制，财务共享服务中心主要为集团内部被服务组织提供服务且进行内部结算，此外，也可以对外部提供部分服务并获得收益。这是 FSSC 运营一段时间后的中期组织定位。

（3）财务服务公司。财务共享服务中心作为独立运营的法人公司，提供市场化服务并自负盈亏，不仅服务于集团内部，与内部所有被服务公司签订正式的服务收费协议，也可对外承接外包服务业务。这是 FSSC 的长期组织定位。

2.2.5　FSSC 模式选择

财务共享服务中心进行模式选择时，要考虑领导要求、财务管理变革的目标、FSSC 组织职能定位、共享运营的易操作性等多个因素。关于采用单中心模式还是多中心模式，方案对比如下。

1. 全集团建立一个 FSSC

优势：人员集中，有利于集中运营管理，易于集团管控职能的发挥，具有集中化的规模效益。

劣势：如果集团多区域、多业态的业务单元较多或业务量较大，则不易提供有效支持。

2. 全集团建立多个 FSSC

优势：易于提供本地化或不同业态差异化服务。

劣势：如果集团不同区域、不同业态的业务单元较少或业务量较小，则成本高，无法发挥集中化的规模效益；不便于管理，不利于集团管控职能的发挥。

2.2.6　FSSC 服务内容确定

财务共享服务中心的服务内容调研结果，如图 2-6 所示。

▼ 财务共享服务中心覆盖的业务流程

业务流程覆盖情况 | 业务流程覆盖数量

业务流程	覆盖率
费用报销	96.0%
采购到付款	76.1%
资金结算	72.1%
总账到报表	71.1%
固定资产核算	66.7%
成本核算	56.7%
订单到收款	56.2%
档案管理	51.2%
发票开具	43.1%
成本管理	36.3%
纳税申报	36.3%
预算管理	29.9%
绩效经营分析	18.4%
员工信用管理	16.9%

业务流程覆盖数量：
23.1% >10个流程
48.8% 6~10个流程
27.2% 2~5个流程
1个流程0.9%

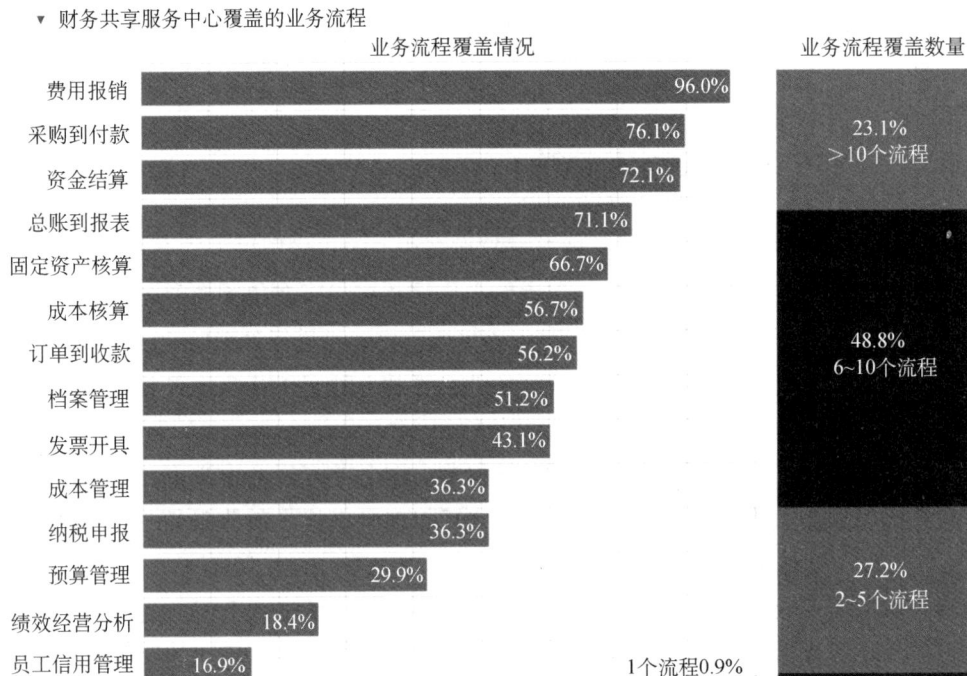

图 2-6　财务共享服务中心的服务内容调研结果

在判断一个业务或服务内容是否应该纳入集团财务共享服务中心时，考虑的因素或筛选的原则如下。

1. 集中管控的角度

（1）集中管理的必要性越高，越要优先纳入共享内容。
（2）集中管控力度的要求越大，越要优先纳入共享内容。
（3）业务的重要程度越高，越要优先纳入共享内容。
（4）业务如果可以异地处理，则要优先纳入共享内容。

2. 减少财务工作量的角度

（1）占财务工作时间较长的业务，要优先纳入共享内容。
（2）财务工作量较大的业务，要优先纳入共享内容。

3. 成本效益原则的角度

（1）要考虑纳入共享后管理成本的增幅，能否被共享带来的收益所弥补。
（2）考虑纳入共享后是否对管理水平的提高有帮助。

2.2.7　FSSC 选址的常用方法

确定财务共享服务中心所在地，需要考虑地区经济水平、公司运营模式等，选择的正确与否将直接影响能否充分共享及投资产出率，且制约业务执行情况。从总体上来看，这些选择受制于中心定位、运营模式、长远战略、企业规模大小等多个因素，还包括备选地的投入产出分析、高效益的人力数量、薪酬待遇、网络资源等基础设施、优惠政策等因素。

以上具体因素由总体因素决定，总体因素根据财务共享服务的战略定位确定，具体如下。

（1）若战略定位主要是控制成本，将更多考虑选址的成本因素，具体有人力成本等。其中，对于人力资源的成本要求也很低，不会过多投入。

（2）若战略定位主要是加强集团管控或提升业务服务质量，则人力成本可能就不是最重要的考量因素。

实际上，能够兼顾所有标准的办公地址基本不存在，因此在决策时应进行排序，选择最适合的即可。地震、飓风、洪水等自然灾害都有可能导致业务中断，必须在选址时加以考虑。

实际操作时，可以先确定几个备选城市，然后按照表 2-7 所示的 FSSC 选址决策分析表对每个备选城市进行数据资料收集、分项评分、加权汇总得出综合评分，以综合评分作为最终选址决策的重要依据。而因素的选取、权重的设计，均受到 FSSC 战略定位的重大影响。

项目实训

1. 鸿途集团 FSSC 战略规划实训

根据鸿途集团的案例资料及鸿途集团财务共享服务中心的建设目标，讨论并确定鸿途集团 FSSC 最重要的战略定位并在沙盘上用相应卡片标注，然后讨论并确定鸿途集团 FSSC 建设目标及推进路径。同时，将上述决策的依据、过程和结论由专人用会议纪要的形式加以记录。

2. 鸿途集团 FSSC 模式设计实训

根据鸿途集团的案例资料，讨论并确定鸿途集团建设财务共享服务中心所适用的模式，给 FSSC 命名并将所有（如果采用多中心模式）名称用即时贴书写，粘贴在沙盘盘面上的"战略规划区＞②模式设计＞共享服务中心名称"区域内。决策依据、过程和结论均记入会议纪要。

3. 鸿途集团 FSSC 职能定位设计实训

根据鸿途集团的案例资料，讨论并确定鸿途集团 FSSC 的组织职能定位，书写在即时贴上并粘贴到沙盘盘面上的 "战略规划区＞②模式设计＞依据"区域内。决策依据、过程和结论均记入会议纪要。

4. 鸿途集团 FSSC 服务对象及服务内容设计实训

根据鸿途集团的案例资料，讨论并确定鸿途集团建设财务共享服务中心的对象和内

表 2-7　FSSC 选址决策分析表

因素	方向	权重	影响因子	城市 1 相关性	城市 1 评分	城市 1 得分	城市 2 相关性	城市 2 评分	城市 2 得分	城市 3 相关性	城市 3 评分	城市 3 得分
成本（cost）	▲人力成本：考虑当地薪水水平、现有财务人员的搬迁安置成本等	7%	薪酬	参考因素 1. 政府相关网站 2. 权威机构报告 3. 招聘网站相关岗位薪资水平			参考因素 1. 政府相关网站 2. 权威机构报告 3. 招聘网站相关岗位薪资水平			参考因素 1. 政府相关网站 2. 权威机构报告 3. 招聘网站相关岗位薪资水平		
		5%	房价	参考因素 1. 政府相关网站 2. 权威机构报告 3. 房屋中介公司网站			参考因素 1. 政府相关网站 2. 权威机构报告 3. 房屋中介公司网站			参考因素 1. 政府相关网站 2. 权威机构报告 3. 房屋中介公司网站		
	▲交通成本：考虑人员业务沟通的往返差旅成本、单据运输或邮寄成本等	2%	铁路	参考因素 1. 政府相关网站 2. 权威机构报告			参考因素 1. 政府相关网站 2. 权威机构报告			参考因素 1. 政府相关网站 2. 权威机构报告		
		2%	公路	参考因素 1. 政府相关网站 2. 权威机构报告			参考因素 1. 政府相关网站 2. 权威机构报告			参考因素 1. 政府相关网站 2. 权威机构报告		
		2%	机场	参考因素 1. 政府相关网站 2. 权威机构报告			参考因素 1. 政府相关网站 2. 权威机构报告			参考因素 1. 政府相关网站 2. 权威机构报告		
	▲办公成本：考虑办公固定成本，如办公大楼购买成本或办公室租金	7%	房价或房租	参考因素 1. 政府相关网站 2. 权威机构报告 3. 房屋中介公司网站			参考因素 1. 政府相关网站 2. 权威机构报告 3. 房屋中介公司网站			参考因素 1. 政府相关网站 2. 权威机构报告 3. 房屋中介公司网站		

续表

因素	方向	权重	影响因子	城市 1			城市 2			城市 3		
				相关性	评分	得分	相关性	评分	得分	相关性	评分	得分
人力资源（human resources）	▲人员技能及知识水平：可通过市场调查、公开数据等渠道获得相关信息	3%	财务培训机构数量	参考因素 1. 政府相关网站 2. 权威机构报告			参考因素 1. 政府相关网站 2. 权威机构报告			参考因素 1. 政府相关网站 2. 权威机构报告		
	▲人才供给及流动性等：人才供给或人员流动性大会造成 FSSC 用人困难。例如，强生在苏州建立 FSSC 时就曾因为人员招聘困难，严重影响其业务的开展	10%	财经类院校数量	参考因素 1. 政府相关网站 2. 权威机构报告			参考因素 1. 政府相关网站 2. 权威机构报告			参考因素 1. 政府相关网站 2. 权威机构报告		
		2%	城市人口	参考因素 1. 政府相关网站 2. 权威机构报告			参考因素 1. 政府相关网站 2. 权威机构报告			参考因素 1. 政府相关网站 2. 权威机构报告		
基础设施（facilities）	▲IT 通信设备的可靠性：FSSC 的有效运营非常依赖强大的技术的支撑，这就要求稳定、安全、畅通的主干网络	8%	5G 试点城市	参考因素 1. 政府相关网站 2. 权威机构报告 3. 设备服务商报告			参考因素 1. 政府相关网站 2. 权威机构报告 3. 设备服务商报告			参考因素 1. 政府相关网站 2. 权威机构报告 3. 设备服务商报告		
	▲通信成本：较高的通信成本会抬高 FSSC 的运营成本，尤其是在一些通信网路不发达的地区	2%	信息化试点城市	参考因素 1. 政府相关网站 2. 权威机构报告 3. 设备服务商报告			参考因素 1. 政府相关网站 2. 权威机构报告 3. 设备服务商报告			参考因素 1. 政府相关网站 2. 权威机构报告 3. 设备服务商报告		

续表

因素	方向	权重	影响因子	城市 1			城市 2			城市 3		
				相关性	评分	得分	相关性	评分	得分	相关性	评分	得分
基础设施（facilities）	▲国际便利度：与国外市场联系是否方便，也是众多有海外业务的公司需要考虑的因素	2%	世界五百强在所在城市设立机构的数量	参考因素 1. 政府相关网站 2. 权威机构报告			参考因素 1. 政府相关网站 2. 权威机构报告			参考因素 1. 政府相关网站 2. 权威机构报告		
		1%	吸引外商投资的额度	参考因素 1. 政府相关网站 2. 权威机构报告			参考因素 1. 政府相关网站 2. 权威机构报告			参考因素 1. 政府相关网站 2. 权威机构报告		
	▲基础设施质量：考虑当地的高校、道路及其他配套设施的发展情况	1%	配套的教育资源	参考因素 1. 政府相关网站 2. 权威机构报告 3. 高校官网			参考因素 1. 政府相关网站 2. 权威机构报告 3. 高校官网			参考因素 1. 政府相关网站 2. 权威机构报告 3. 高校官网		
		1%	配套的医疗资源	参考因素 1. 政府相关网站 2. 权威机构报告			参考因素 1. 政府相关网站 2. 权威机构报告			参考因素 1. 政府相关网站 2. 权威机构报告		
环境（environment）	▲政府政策：如税收政策、发票管理政策、数据安全要求等	4%	税收及优惠政策（购买土地、引进人才、购房等）	参考因素 1. 政府相关网站 2. 权威机构报告			参考因素 1. 政府相关网站 2. 权威机构报告			参考因素 1. 政府相关网站 2. 权威机构报告		
		4%	所在城市政府政策是否支持金融、生产服务业发展	参考因素 “十四五”规划			参考因素 “十四五”规划			参考因素 “十四五”规划		

因素	方向	权重	影响因子	城市 1			城市 2			城市 3		
				相关性	评分	得分	相关性	评分	得分	相关性	评分	得分
环境（environment）	▲发展能力：如市场潜力。部分跨国企业选择将其 FSSC 建立在中国，就是看重中国巨大的市场容量 ▲城市竞争程度、人文环境等，在竞争较为激烈、压力比较大的城市	4%	城市发展能力	参考因素 1. 政府相关网站 2. 权威机构报告			参考因素 1. 政府相关网站 2. 权威机构报告			参考因素 1. 政府相关网站 2. 权威机构报告		
	▲客户群体集中度：目标市场区域	3%	面向客户服务	参考因素 1. 政府相关网站 2. 权威机构报告			参考因素 1. 政府相关网站 2. 权威机构报告			参考因素 1. 政府相关网站 2. 权威机构报告		
集团管控力度（centralized control）	▲与总部（或区域总部）的沟通便利程度	20%	选址在总部所在地									
	▲总部（或区域总部）的影响，如战略发展定位	10%	选址在主管单位所在地 / 客户所在地									

容，并将相关卡片分别摆放到沙盘盘面上的"战略规划区＞②模式设计＞共享服务中心服务对象"和"战略规划区＞②模式设计＞共享服务中心服务内容"区域内。决策依据、过程和结论均记入会议纪要。

5. 鸿途集团 FSSC 选址实训

从案例企业鸿途集团的业务版图来看，鸿途集团的业务主要集中在中原地区和辽宁省。因此，在进行财务共享服务中心选址工作时，鸿途集团初选了郑州、大连和天津这三个候选地点。

（1）每个小组的战略规划区负责人登录教学平台，在"快捷入口＞下载中心＞xlsx"处下载"财务共享选址的决策评分表"（即"财务共享选址的决策分析表"）模板，如图 2-7 所示。

图 2-7 "财务共享选址的决策评分表"下载界面

（2）团队通过各种渠道自行收集郑州、大连和天津这三个候选地点的相关信息，并在"财务共享选址的决策评分表"中进行分析和评分。

（3）在"财务共享选址的决策评分表"中，将分析结果使用雷达图在沙盘选址区域画出来，并将最终确定的财务共享服务中心选定的城市卡片放至沙盘盘面的对应区域。

2.3 FSSC 组织和人员规划沙盘推演

2.3.1 财务组织及部门设计

FSSC 战略定位有以下几个方面，企业需要根据自身的战略来进行优先级排序和选择。大型集团企业基于财务共享服务中心的财务管理体系建设蓝图，如图 2-8 所示，自下而上可以分为基础平台层、业务系统层、财务共享服务中心层、财务管理中心层、应用展现层。

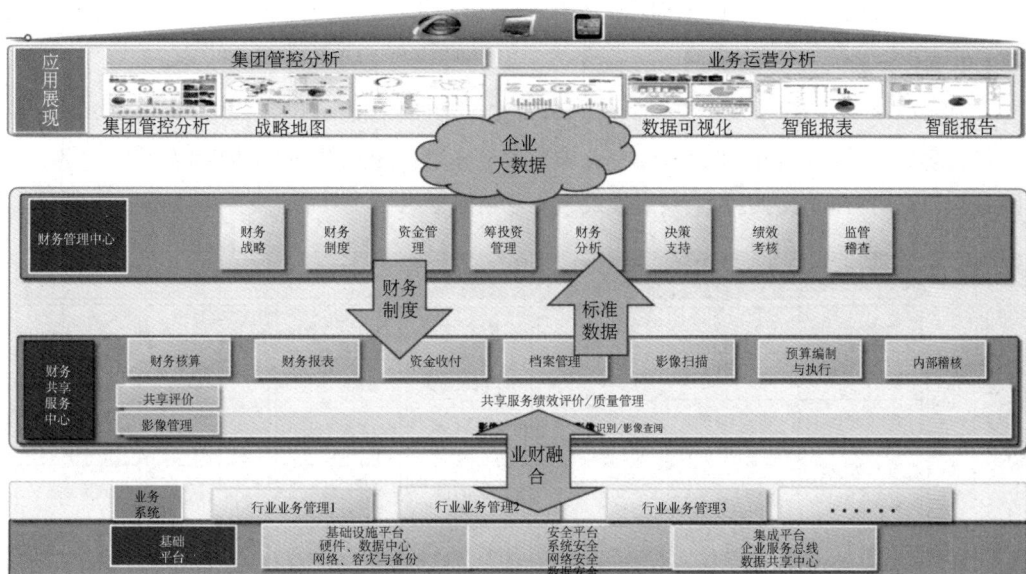

图 2-8　大型集团企业基于财务共享服务中心的财务管理体系建设蓝图

1. 基础平台层和业务系统层

大型集团企业的业务信息化和管理信息化基础一般较好,基础平台和业务系统一般都已经比较成熟,因此在建设财务共享服务中心时往往要保持这两层的稳定性和持续性。

2. 财务共享服务中心层

财务共享服务中心层负责共享财务职能,一般按财务共享的业务内容(如财务核算、财务报表、资金收付等)进行内部部门或作业组设置,在共享评价和影像管理等技术系统支撑下进行日常运营工作。

3. 财务管理中心层

财务管理中心层负责财务战略、财务制度、资金管理等战略财务职能和业务财务职能。

4. 应用展现层

应用展现层将下面各层的数据以实时、可视化分析或报告的形式,向各级管理者提供管理者驾驶舱。

2.3.2　FSSC 人员"三定"

FSSC 人员"三定"是指建立财务共享服务中心后,FSSC 财务人员的定责、定岗、定编。人员定责,就是在集团原来的财务职责划分的基础上,通过财务共享进行重新划分和调整，进一步明确 FSSC 的职责；人员定岗，就是确定 FSSC 具体的岗位设置；人员定编，就是确定 FSSC 中每个岗位的编制数量。

1. FSSC 定责

当基于财务共享的财务组织向三角财务组织（战略财务、业务财务、共享财务）转换后，势必要对相关岗位和职责进行调整，即依据三角财务组织转型，明确划分战略财务、业务财务与共享财务职能的边界。共享模式下的三角财务组织及其职责划分，如图 2-9 所示。

		财务会计				管理会计		
		财务运作	财务报告	资金管理	税务管理	经营绩效管理	预算与经营预测	成本管理
战略财务	指导	集团会计政策 集团会计流程 会计分录审核及批准 财务核算稽核	合并报表管理 法定披露要求 外部审计要求 财务报表合规性管理	集团现金流筹划 集团现金流调度 资金统一支付 集团资金解决方案	集团税务规划 税务合规性政策及流程 税务知识库	管理报告体系 KPI考核流程/规则/指标定义 激励政策	预算制定流程及规则 战略规划及战略目标的设定 预算模型设计 集团预算组织	成本战略 成本核算及管理流程 成本激励
业务财务	控制	授权及权限管理 财务运营协调 本地财务制度	本地财务报表合规性管理 财务报表内部检查 本地财务报表调整	本地现金流平衡 汇率控制	国家商务模式 税务合规性管理	经营业绩预测 经营业绩分析及推动	预算编制及申报 预算过程控制 预算分析考核	设计成本控制 项目成本控制 生产成本控制 费用控制
共享财务	执行	销售及应收流程 采购及应付流程 固定资产流程 工资流程 项目流程 特殊事项流程	定期关账 财务报表制作 内部往来清理 财务报表自查报告	银行对账 下达支付指令	税务核算 税务报表制作 税务检查支持	全程利润报表制作 责任现金流报表 发货报表制作 库存周转报表制作	预算执行数据加工 预算执行标准报表 费用分析报表	成本核算 成本报表

图 2-9 共享模式下的三角财务组织及其职责划分

（1）战略财务。集团财务部作为战略财务组织，负责集团运营监控和决策支持，行使对下属企业的财务管理职能，包括制定和监督财务会计政策，支撑集团投资决策，进行风险控制，对集团税务筹划、全面预算、成本进行统筹管理等管控型、专家型财务工作。

（2）业务财务，负责企业的经营性财务工作。各业务板块或业务单元的财务部门参与到业务全过程，作为业务前端合作伙伴及时发现经营问题，基于财务角度对业务过程进行支持和控制，承担业财融合职责。公司或板块总部财务部门受集团财务部门的直接领导，负责本公司及下属分支机构的财务监督、成本费用审核、总部纳税筹划、经营财务分析与决策支持等工作；分支机构财务部门负责财务业务监督控制、决策支撑和高附加值的财务工作。

（3）共享财务。财务共享服务中心负责集团各公司及分支机构的会计基础核算、费用核算、资金结算等规模型、重复性、可标准化处理的财务工作，要做到专业化、标准化、流程化、集约化。

2. FSSC 定岗

财务共享服务中心岗位的设置原则及设置模式，如图 2-10 所示。集团财务部、原板块及业务单位财务部的岗位中，如果职责保留则岗位保留，否则将取消相应岗位，人员待转岗。

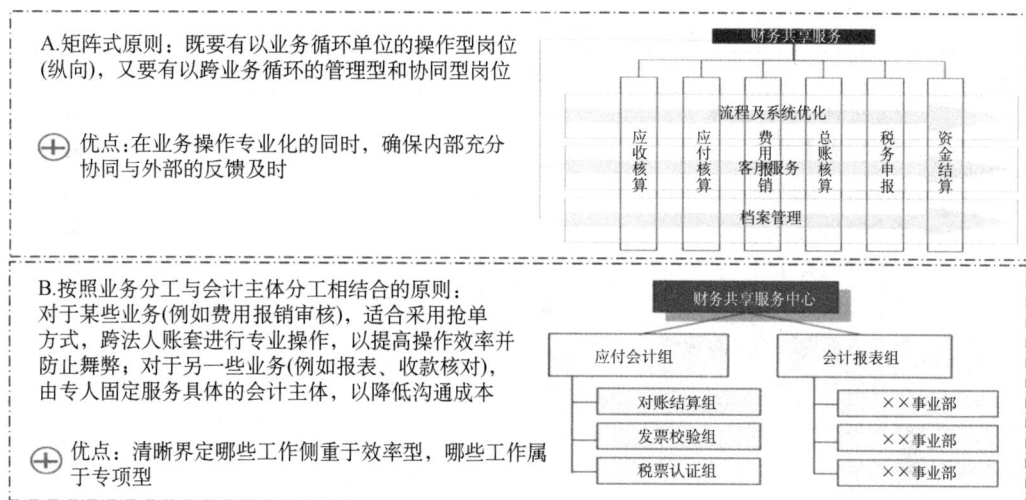

图 2-10　财务共享服务中心岗位的设置原则及设置模式

3. FSSC 定编

财务共享服务中心岗位人员配置测算方法有三种：业务分析法、对标评测法与数据测算法。

（1）业务分析法。业务分析法是基于业务性质和特点，并结合现有管理人员及业务人员的经验，进行分析评估，最终确定人员需求数量的方法。

（2）对标评测法。对标评测法是对于原先没有岗位设置，无经验值参考、无法进行数据测算的业务，选取相近口径其他单位的业务进行对标，并在此基础上进行估测。

（3）数据测算法。数据测算法又称作工时法，是在业务量和工作效率（人均业务量）确定的基础上，确定人员需求数量的方法。此方法适用于能够提取到可靠业务量，并能够对单笔业务量所用时间进行测量的项目。

模块实训

1. 鸿途集团 FSSC 组织及部门设计实训

（1）依据战略规划-模式-服务内容，设置鸿途集团财务共享服务中心的作业处理部门，将部门名称写在部门卡片上（或用即时贴书写并粘贴在部门卡片上），并放至沙盘盘面上的"组织规划区＞财务共享服务中心＞部门"区域内。决策依据、过程和结论均记入会议纪要。

（2）鸿途集团财务共享服务中心除作业处理部门外，另需设置运营管理部，将该部门名称写在部门卡片上（或用即时贴书写并粘贴在部门卡片上），并放至沙盘盘面上的"组织规划区＞财务共享服务中心＞部门"区域内。

2. 鸿途集团 FSSC 定责实训

鸿途集团设计了共享后的财务职能。鸿途集团共享后的财务职能，如表 2-8 所示。

表 2-8　鸿途集团共享后的财务职能

职能类别	职能细分	战略财务	板块财务	企业财务	共享财务
基础业务核算职能	交易处理与会计核算			△	▲
	财务报表管理			△	▲
	薪酬税务及财务其他事项			▲	△
	资金收付			△	▲
	票据与档案管理			△	▲
财务运行监控	财务政策与制度	▲	△		
	财务内部控制与风险管理	△	▲		△
	财务监督检查	▲	▲		
价值创造	投筹资管理	▲	△	△	
	资金运作	▲	△		
	纳税筹划	▲	△		
决策支持	财务战略	▲	△		
	全面预算管理	▲	△	△	
	业绩考核报告	▲	△	▲	
	公司经济运行监控	▲	△	▲	
	财务状况分析	▲	△	▲	

注：▲主导职能；△辅助职能。

（1）依据表 2-8，将鸿途集团现有的集团财务、公司财务职责卡片逐一进行职责类型判断，将规模型职责放入沙盘盘面上的"组织规划区＞职责调整区＞共享财务"区域内，将管控型职责放入沙盘盘面上的"组织规划区＞职责调整区＞战略财务"区域内，将经营型职责放入"组织规划区＞职责调整区＞业务财务"区域内。同时将决策依据、过程和结论记入会议纪要。

（2）对调整区职责卡片合并同类，与财务共享服务中心下设部门比对，将可纳入财务共享服务中心的职责卡片摆放到对应的 FSSC 部门下方职责区。

3. 鸿途集团 FSSC 定岗实训

鸿途集团按照业务分工原则确定 FSSC 的岗位列表。根据本模块的模块实训 1 结果以及集团共享前的岗位职级情况（表 2-1～表 2-3），设计鸿途集团 FSSC 的岗位名称和职级，并将岗位卡片放至沙盘盘面上的"组织规划区＞财务共享服务中心＞岗位"区域内，所属 FSSC 部门的正下方；在岗位摆放位置的正下方"职责"区域内，摆放 FSSC 岗位所对应的职责卡片。决策依据、过程和结论均记入会议纪要。

4. 鸿途集团 FSSC 定编实训

（1）实训任务。鸿途集团财务共享服务中心人员包括管理人员、业务人员、运营人员。其中，管理人员包括中心主任及各处长。业务人员采用工时法定编，运营人员采用对标评测法定编,管理人员采用业务分析法定编。

请依据后面的调研结果确定 FSSC 各岗位的编制数量,并在沙盘盘面上"组织规划区＞财务共享服务中心＞岗位"区域内的岗位卡片上填写编制人数。如果有新增岗位,可以补充摆放卡片,在卡片不足时可用即时贴替代。

编制的计算或确定过程,可用单独的电子文档进行记录。财务共享服务中心定编记录表格样例,如表 2-9 所示,学生可据此自主调整。

表 2-9　财务共享服务中心定编记录表格样例

部门	岗位	测算方法			全面上线	人均工作量	需求人数
		业务分析法	工时法	对标评测法	总工作量		
中心领导	主任	✓					1
销售核算处	处长	✓					1
应收审核岗			✓		5500	1000	6
……	……	……	……	……	……	……	42
营管处理处	处长	✓					1
呼叫服务岗				✓			1
票据综合岗			✓				1
质量稽核岗				✓			1

（2）调研结果。

① 鸿途集团财务工作总量调研结果。鸿途集团财务部月度基础核算工作的工作量统计,如表 2-10 所示;中部地区鸿途水泥相关财务工作月度工作量明细,如表 2-11 所示;北部地区鸿途水泥相关财务工作月度工作量明细,如表 2-12 所示。

表 2-10　鸿途集团财务部月度基础核算工作的工作量统计　　　　　　　单位:单/月

公司名称	应收核算	应收对账（月度发生业务的客户数量）	应付审核	应付复核	应付对账（月度发生业务的供应商数量）	费用核算	费用复核	资产核算	成本核算	总账报表	资金结算
鸿途集团股份有限公司	300	28	350	350	30	360	360	25	0.3	15	650

表 2-11　中部地区鸿途水泥相关财务工作月度工作量明细　　　　　　　单位:单/月

公司名称	应收核算	应收对账（月度发生业务的客户数量）	应付审核	应付复核	应付对账（月度发生业务的供应商数量）	费用核算	费用复核	资产核算	成本核算	总账报表	资金结算
鸿途集团股份有限公司	500	40	600	600	50	600	600	40	0.5	26	1087

公司名称	应收核算	应收对账（月度发生业务的客户数量）	应付审核	应付复核	应付对账（月度发生业务的供应商数量）	费用核算	费用复核	资产核算	成本核算	总账报表	资金结算
卫辉市鸿途水泥有限公司	400	32	480	480	40	480	480	32	0.4	21	870
鸿途集团光山水泥有限公司	400	32	480	480	40	480	480	32	0.4	21	870
京北鸿途水泥有限公司	150	12	180	180	15	180	180	12	0.2	8	326
鸿途集团许昌水泥有限公司	225	18	270	270	25	270	270	18	0.225	12	490

表 2-12 北部地区鸿途水泥相关财务工作月度工作量明细　　　　单位：单/月

公司名称	应收核算	应收对账（月度发生业务的客户数量）	应付审核	应付复核	应付对账（月度发生业务的供应商数量）	费用核算	费用复核	资产核算	成本核算	总账报表	资金结算
大连鸿途水泥有限公司	475	36	540	540	45	540	540	36	0.45	24	988
鸿途集团京北水泥有限公司	350	28	420	420	35	420	420	28	0.35	18	760
辽阳鸿途水泥有限公司	300	28	350	350	30	350	350	25	0.3	15	650
鸿途集团金州水泥有限公司	500	40	670	670	50	670	670	40	0.5	26	1182
天津鸿途水泥有限公司	250	20	300	300	25	300	300	20	0.25	13	543
辽宁辽河集团水泥有限公司	300	22	330	330	28	330	330	22	0.275	15	607
灯塔市辽河水泥有限公司	200	16	240	240	20	240	240	16	0.2	11	435
辽宁辽西水泥集团有限公司	125	10	150	150	13	150	150	10	0.125	7	272

续表

公司名称	应收核算	应收对账（月度发生业务的客户数量）	应付审核	应付复核	应付对账（月度发生业务的供应商数量）	费用核算	费用复核	资产核算	成本核算	总账报表	资金结算
辽阳鸿途诚兴水泥有限公司	175	14	210	210	18	210	210	15	0.175	9	380
辽阳鸿途威企水泥有限公司	175	14	210	210	18	210	210	16	0.175	9	380
大连金海建材集团有限公司	200	16	240	240	20	240	240	16	0.2	11	435
海城市水泥有限公司	275	22	330	330	28	330	330	22	0.275	14	600

假设：2019 年拟新建水泥公司纳入财务共享服务中心，各项工作月度工作量按 17 家平均工作量估算，即等于卡片中的 EWL 值。

② 同行业标杆企业调研结果。某同行业标杆企业的财务共享服务中心各岗位人均业务量，如表 2-13 所示。

表 2-13　某同行业标杆企业的财务共享服务中心各岗位人均业务量　单位：单/月

序号	1	2	3	4	5	6	7	8	9	10	11	12	13
业务类型	应收核算	应收对账（月度发生业务的客户数量）	应付核算	应付复核	应付对账（月度发生业务的供应商数量）	费用核算	费用复核	资产核算	存货成本核算	成本分析	总账报表	资金结算（收付款）	单据归档
人均业务量	1 000	2 000	800	2 000	16 000	1 000	2 000	500	80	160	80	2 000	7 000

注：该标杆企业财务共享服务中心交易处理人员规模为 50 人，运营组 4 人，可支撑财务共享服务中心日常运营工作开展。

2.4　FSSC 流程规划沙盘推演

2.4.1　流程优化路径设计

流程优化路径，是指企业采取怎样的计划，将财务共享的业务内容和服务对象组织范围逐步扩大。流程优化路径的选择，主要考虑以下因素。

（1）对现有业务、组织和人员的影响。影响范围和程度越大，推进的阻力就可能越大。

（2）人力资源和技能的就绪度。实施财务共享后，财务人员要尽量稳定，因此现有财务人员要能够胜任首批进行共享流程优化后的业务要求。

（3）财务共享的实施周期。首批纳入流程优化的业务和组织数量越多、复杂度越大，要求的实施周期就会越长。因此，确定流程优化路径，要考虑到集团对财务共享服务中心首次上线运营的时间要求。

（4）项目推进难度。不同的集团企业，其业务单元加入的方式有差别，集团对各个业务单元的控制力度不同。如果集团管控是以分权为主，集团企业财务共享推进的难度就较大，首批纳入流程优化的业务及组织数量就不能太大，否则二者叠加，共享项目推进就愈发困难。

（5）系统和基础设施就绪度。不同企业集团的业务单元的信息化管理基础千差万别。有些集团已经实现了主要业务系统的统一，推进财务共享的系统和基础设施就绪度较高，难度相对较小；有些集团的各个业务单元使用互不相同的业务系统或企业管理软件（如 ERP），推进财务共享的系统和基础设施就绪度较低，难度相对较大。系统和基础设施就绪度低的集团，首批纳入共享流程优化的业务及组织数量就不能太大。

假设用 1～4 这 4 个数字来表示不同的优化业务范围及组织范围组合，其中，"1"代表单一业务、单一组织实施共享，"2"代表单一业务、全组织实施共享，"3"代表全业务、单一组织实施共享，"4"代表全业务、全组织实施共享。常见的流程优化路径选择，如表 2-14 所示。

表 2-14　常见的流程优化路径选择

路径选择	概要描述
3-4	从单一公司开始试点，将全部业务纳入财务共享服务中心进行试点，等试点公司全部业务稳定运行后，再扩展到全部公司
2-4	将全部公司的某一业务纳入财务共享服务中心进行试点，等试点业务稳定运行后，再逐步将其他业务纳入财务共享服务中心
1-3-4	先将单一公司的某一业务纳入财务共享服务中心进行试点，等试点业务稳定运行后，再将试点公司的所有业务纳入财务共享服务中心，再扩大范围将其他子公司纳入财务共享服务中心
1-2-4	先将单一公司的某一业务纳入财务共享服务中心进行试点，等试点业务稳定运行后，再将这项试点业务推广到所有子公司，再逐步将其他业务纳入财务共享服务中心

2.4.2　纳入 FSSC 的业务流程选择与业务职责切分

FSSC 流程梳理和优化的核心，是对财务共享服务中心产生业务交互的流程进行重新评估与再造。借助财务共享服务中心所带来的组织和业务交互模式变革，可以改善企业在成本、服务质量与响应速度方面的绩效。

建设财务共享服务中心以后，业务流程的执行除了战略财务、业务财务、共享财务等部门会参与，业务单元的业务部门也会参与。业务职责切分，就是确定哪些业务流程、哪些流程步骤纳入财务共享服务中心来处理。这就需要首先确定哪些业务流程纳入财务共享服务范围，然后对纳入共享的业务流程进一步确定每个步骤（动作）归属哪个部门。

1. 纳入 FSSC 的业务流程选择

根据国内已有财务共享服务中心的建设经验，财务核算、费用共享、业财一体化、影像扫描、资金集中管控需要重点设计。财务共享重点设计的业务流程，如图 2-11 所示。

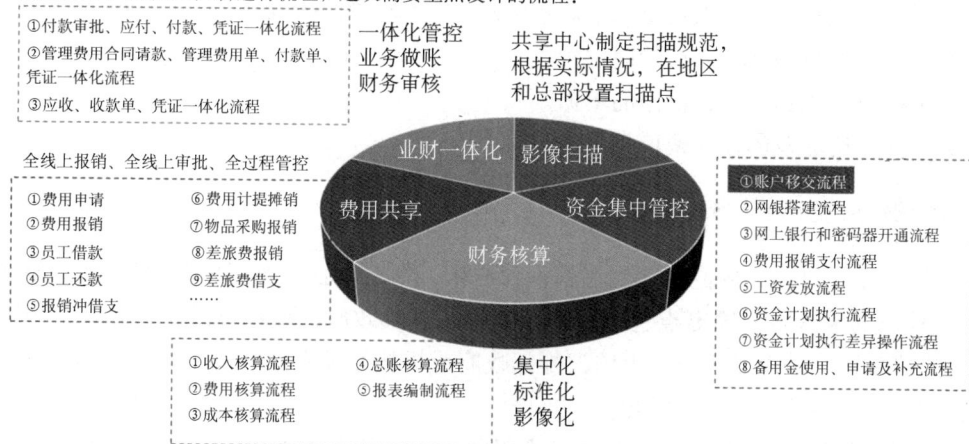

图 2-11　财务共享重点设计的业务流程

2. 业务职责切分

将拟纳入财务共享服务的业务流程细化到具体的流程步骤（活动），逐一分析每个活动的特征，并根据不同特征将活动切分到业务财务、共享财务、战略财务中的一个部门。

（1）活动是属于本地现场支持，还是可以远程集中处理。如果属于本地现场支持，或由现场驱动的某些流程活动，则倾向于属地化处理，即由业务财务或业务部门来处理；如果可以远程集中处理，则可以考虑交由共享财务或战略财务来处理。

（2）活动是关注业务经营，还是关注业务数据。如果是关注业务经营，则倾向于属地化处理，即由业务财务或业务部门来处理；如果关注业务数据，则可以考虑交由共享财务或战略财务来处理。

（3）活动是属于常规重复操作，还是需要专业知识技能支撑。属于常规重复操作，可由共享财务或业务财务来处理；需要专业知识技能支撑，可由业务部门来处理；需要专业的财务、税务和资金管理知识技能支撑，可以由战略财务（专家团队）来处理。

（4）纯事务性操作和初级层次的客户服务，可以纳入财务共享服务中心，实现财务共享服务的规模效益；更高层次的问题解决和升级流程，也可以考虑纳入财务共享服务中心，但通常需要进一步分析。

（5）财务治理、政策制定以及高端战略通常保留在战略财务；财务计划与分析等由业务伙伴推动的，保留在业务财务。

2.4.3 流程优化设计

1. 流程优化设计的简要过程

逐个选取纳入财务共享服务范围、需要进行优化的业务流程，根据业务职责切分和组织规划的结果，将该业务的现有流程转换为共享后的流程。转换时，要明确该流程在共享后所需要的配套制度，以及每一个流程活动（动作）的下述要素。

（1）角色：执行该动作人员的岗位角色。

（2）单据：输入的单据、输出的单据。

（3）技术：所涉及的技术或信息系统名称。

2. 流程优化设计的端到端原则

流程优化设计时，需要遵循端到端的设计原则。"端"是指企业外部的输入点或输出点，这些外部的输入点或输出点包括客户、市场、外部政府或机构以及企业的利益相关者。"端到端流程"是指以客户、市场、外部政府或机构以及企业的利益相关者为输入点或输出点的，一系列连贯、有序的活动的组合。

端到端业务流程设计应用到企业财务共享服务业务流程优化中，要遵循如下具体原则。

（1）业务组织与财务组织地域分离原则。

① 原始单据的传递。需要对影像扫描进行设计，包括制单人扫描、专岗扫描。

② 原始单据的归档。需要对档案管理进行设计，包括本地归档、共享中心归档、电子档案归档、纸质档案归档等。

③ 内控的管理要求。由地域分离带来的对内控的管理设计需要考虑。

（2）跨业务组织流程的标准化原则。实现业务形态不同、信息系统差异、审批流程差异、业务环节差异、主数据差异等的标准化。

（3）信息系统的现状与集成原则。尽量兼容企业现有的信息系统，并进行信息系统集成。有些企业的业务系统与FSSC系统已经实现一体化，即由同一套管理软件或管理信息系统同时完成业务操作及FSSC作业处理；但很多企业的业务系统已经存在比较长的时间，而FSSC的建设采用了异构（即不同的）系统，此时需要将FSSC系统与既有系统进行集成。

（4）新技术应用原则。共享服务模式是在信息技术支持下的管理变革，实现业务财务、共享财务的有效协同，推动财务管理向更高价值领域迈进。

项目实训

1. 鸿途集团财务共享流程优化路径设计实训

根据鸿途集团的业务范围、营业收入规模等，规划鸿途集团财务共享服务的流程优化路径，并在沙盘盘面上的"流程规划区＞①流程优化路径"区域内用彩笔标注出流程优化路径。同时，确定鸿途集团首选的财务共享流程优化业务，写在沙盘盘面上的"流程规划区＞①流程优化路径＞首选业务"区域。

2. 鸿途集团共享后业务职责切分实训

（1）沙盘推演。鸿途集团拟将采购到应付业务、销售到应收业务、费用报销业务、固定资产业务、总账报表业务纳入财务共享服务范围内。根据鸿途集团现状流程图，对上述每个流程步骤（动作）进行业务职责切分，归属到合适的责任部门，并将流程动作卡片依次摆放到沙盘盘面上"流程规划区＞②业务职责切分"区域的相应部门象限中。

（2）切分结果填报。将鸿途集团采购到应付业务、销售到应收业务、费用报销业务、固定资产业务、总账报表业务的业务职责切分结果，分别在表 2-15～表 2-19 中勾选标注。

表 2-15　采购到应付业务职责切分表

业务流程动作	业务部门	业务财务	共享财务	战略财务
签订采购订单				
审批采购订单				
采购入库				
录入采购发票				
审批应付单				
审核应付单				
审核记账凭证				
生成应付账龄分析表				
审定采购财务政策				
扫描发票上传				
提交付款单				
提交应付单				
审批付款单				
审核付款单				
支付应付款				

表 2-16　销售到应收业务职责切分表

业务流程动作	业务部门	业务财务	共享财务	战略财务
录入销售订单				
审批销售订单				
销售发货出库				
录入销售发票				
扫描发票上传				

续表

业务流程动作	业务部门	业务财务	共享财务	战略财务
提交应收单				
审核应收单				
审核记账凭证				
生成应收账龄分析表				
录入收款单				
扫描银行回单并上传				
审核收款单				
确认收款结算				

表 2-17　费用报销业务职责切分表

业务流程动作	业务部门	业务财务	共享财务	战略财务
制定费用政策与制度				
填制报销单				
业务审批				
本地初审报销凭证				
审核报销凭证				
报销支付				
审核记账凭证				
报表				
分析				

表 2-18　固定资产业务职责切分表

业务流程动作	业务部门	业务财务	共享财务	战略财务
审核政策合规性				
初步审核申请单				
资产相关账务处理申请				
资产相关账务处理				
资产折旧入账				
制定固定资产管理政策				

表 2-19　总账报表业务职责切分表

业务流程动作	业务部门	业务财务	共享财务	战略财务
预提需求审核				
预提需求申请				
月结关账				
会计政策				

续表

业务流程动作	业务部门	业务财务	共享财务	战略财务
月结申请				
财务制度				

3. 鸿途集团财务共享流程优化实训

针对初始状态摆盘所摆的财务核算流程（费用报销）做财务共享流程优化设计，要注意扫描设置、档案管理等，将优化后的财务核算流程（动作、角色、单据、技术或信息系统）以及流程支持性制度用卡片摆放到沙盘盘面的"流程规划区＞流程优化设计"区域。注意每个动作所对应的角色、单据、技术或信息系统要垂直对齐。

2.5　用友 NC Cloud 财务共享服务中心初始配置

在进行财务共享服务中心的规划与设计的同时，要确保能够有合适的财务共享服务信息系统来支持规划设计在企业落地实现。本模块以用友网络科技股份有限公司的新一代财务管理信息系统 NCC（NC Cloud）为例，学习企业财务共享服务中心的初始配置。

被组长指定为系统管理员角色的学生登录 D-FSSC1.0 后，从学习中心进入教学任务"C. 财务共享服务规划与设计＞06. 财务共享服务规划与设计＞构建测试"，单击"3. FSSC 构建配置"学习步骤页签，便可看到"系统管理员"的入口。单击该入口，系统将弹出"NCC 重量端"或"NCC 轻量端"选择按钮，如图 2-12 所示。

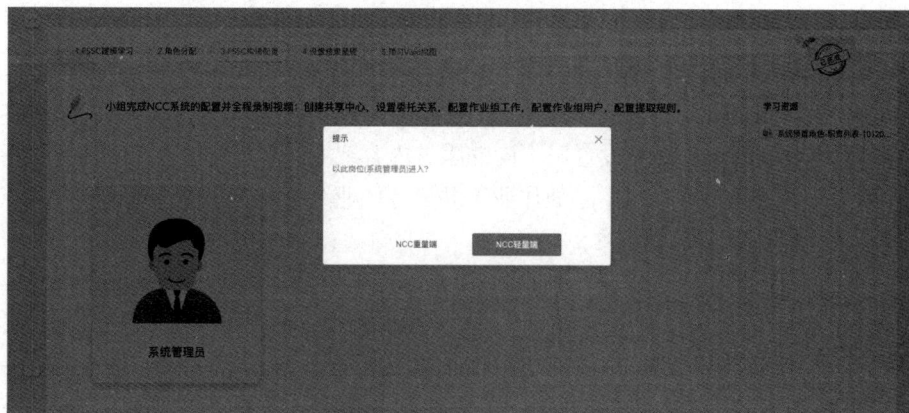

图 2-12　以系统管理员角色登录 NCC 轻量端

【特别提示】

NC Cloud 有些功能通过重量端实现，有些功能通过轻量端实现。所谓重量端，是指需要在客户端安装 UClient 程序才能访问 NC Cloud；所谓轻量端，是指可以直接用网络浏览器（如 Google Chrome 等）访问 NC Cloud。本教材所涉及的 NC Cloud 功能清单及其是属于重量端还是属于轻量端，可阅读"本课程所涉及的 NC Cloud 功能菜单"教学资源。

选择进入 NCC 轻量端后，可以看到如图 2-13 所示的界面。图 2-13 下方"共享中心委托关系"区域的内容，就是本模块即将学习的 FSSC 初始配置内容。

图 2-13　系统管理员登录 NCC 轻量端后的界面

2.5.1　NC Cloud FSSC 初始配置的内容

NC Cloud 财务共享服务中心配置的内容，主要包括以下几个方面。

1. 创建财务共享服务中心

指定企业的哪个组织作为财务共享服务中心。NC Cloud 支持多中心模式，即可以创建多个财务共享服务中心。

2. 设置委托关系

将具体业务单元（即 FSSC 服务对象）的具体业务（即 FSSC 服务内容）委托给财务共享服务中心，如将费用报销业务委托给费用共享中心。同一个业务单元可以将不同的业务委托给不同的共享中心处理，但同一业务单元的相同业务不能委托给多个共享中心。

3. 配置作业组工作

作业组是 FSSC 的一种组织设置，不同的服务内容或业务可以由不同的作业组来完成。配置作业组工作，就是设置共享中心的作业组并给各作业组分配工作内容或服务内容。

4. 配置作业组用户

每个作业组可以设置多名作业组长。每当有财务共享业务进入 FSSC 处理时，根据作业组工作的配置情况，该作业将进入每个唯一的作业组待处理作业清单（称作作业池或单据池），由对应作业组的用户提取后进行处理。提取规则就是作业组组员进行任务提取的规则，包括提取方式、提取阈值、每次提取数量等。

2.5.2　创建财务共享服务中心

单击图 2-13 中的"共享中心委托关系＞创建共享中心"入口，系统进入共享中心管理界面。单击右上角的"新增"按钮，弹出"共享中心管理"对话框，如图 2-14 所示。录入共享中心编码、名称，并选择该共享中心将其绑定到一个预置的业务单元，然后单击"保存"按钮进行保存。

图 2-14　创建共享中心并绑定预置的业务单元

2.5.3　设置共享委托关系

设置共享委托关系，是指设置共享中心的服务对象和服务内容。在图 2-13 中单击"共享中心委托关系>设置委托关系"入口，或单击"共享中心管理"（见图 2-14）页面顶部的相关页签链接，NC Cloud 轻量端将进入设置委托关系页面。在左上角的"财务共享服务中心"框中选中刚刚创建的财务共享服务中心，然后单击右上角的"新增"按钮，NC Cloud 将弹出"新增共享委托关系"对话框，如图 2-15 所示。在"业务单元"框中选中所有的服务对象（即纳入 FSSC 服务范围的业务单元），在下方选中所有的服务内容（如费用管理、应收管理等），然后单击"保存"按钮进行保存。

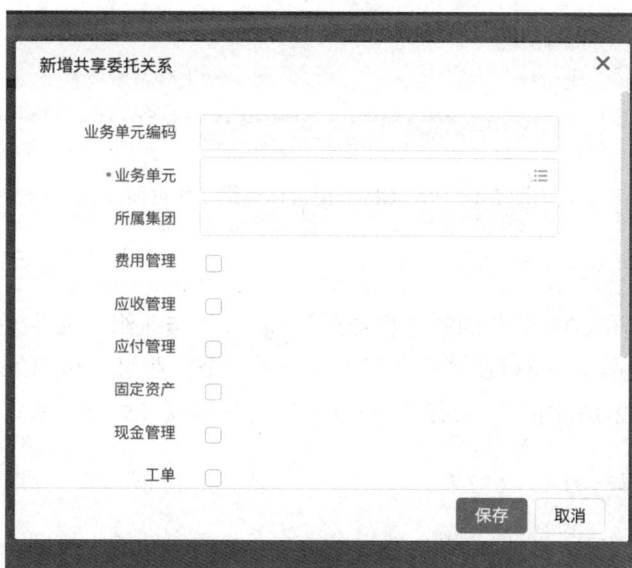

图 2-15　NC Cloud 新增共享委托关系

NC Cloud 支持的财务共享服务内容及业务单据，如表 2-20 所示。

表 2-20   NC Cloud 支持的财务共享服务内容及业务单据

序号	服务内容	业务单据
1	费用管理	费用申请单、费用预提单、借款单、报销单、还款单、费用调整单
2	应收管理	应收单、收款单
3	应付管理	应付单、付款单
4	现金管理	付款申请单、付款结算单、划账结算单、收款结算单
5	收付款合同	收款合同、付款合同
6	总账	凭证单
7	固定资产	新增资产审批单、固定资产变动单、资产减少单
8	工单	预制工单、自定义发布的工单
9	基础数据	供应商申请单、供应商银行账户申请单
10	资产	资产变动、资产减少、资产报废

2.5.4   配置作业组工作

在图 2-13 中单击"共享中心委托关系＞配置作业组工作"入口，或单击"共享中心管理"（见图 2-14）页面顶部的相关页签链接，NC Cloud 轻量端将进入"配置作业组工作"页面，如图 2-16 所示。在左上角的"财务共享服务中心"框中选择刚刚建立的财务共享服务中心。

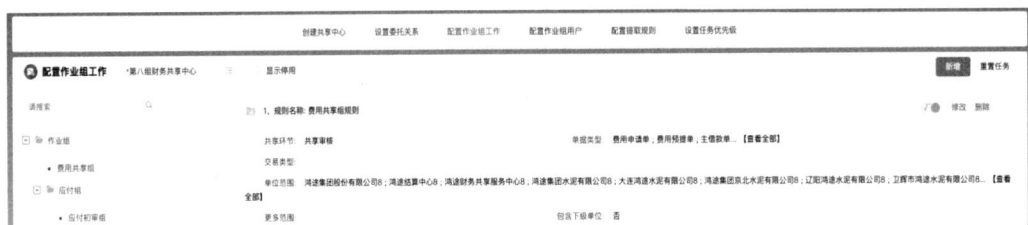

图 2-16   NC Cloud 配置作业组工作页面

1. 创建作业组

将鼠标移动到图 2-16 中左侧的"作业组"项目，"作业组"文字后面将出现"⊕"操作链接。单击该链接，便可在"作业组"下新增一个作业组。NC Cloud 支持建立多级的作业组，如在图 2-16 中的"应付组"下还可以建立新组（如应付初审组等）。

2. 设置作业组规则

在图 2-16 中选中某一个作业组，然后单击右上角的"新增"按钮，NC Cloud 轻量端便弹出"新增作业组规则"对话框，如图 2-17 所示。

图 2-17　新增作业组规则

（1）规则名称。为了便于记忆，可以在作业组的名称后面加上"规则"二字。

（2）共享环节。NC Cloud 支持财务共享服务中心作业处理的两级审核。如果是单级审核或两级审核的初审作业组，则共享环节选"共享审核"；如果是复审作业组，则共享环节选"共享复核"。

（3）单据类型。NC Cloud 的财务共享服务作业分配是以流转的业务单据为标准，单据类型设置就是将单据类型与作业组建立关联，一旦业务单据流转到 FSSC 处理环节，NC Cloud 就按照这个设置将单据分配到恰当的作业组单据池内。如果作业组是按照共享服务内容（如应付管理、费用管理等）设置的，则单据类型可参照表 2-17 来设置。

（4）交易类型。如果同一类单据还要根据交易类型的不同而细分到不同的工作组进行处理，则可以设置交易类型。

（5）单位范围。这里的单位是指共享服务对象，即财务共享服务的委托方（业务单元）。如果同一种业务单据要按照所属业务单元（共享服务对象）的不同而细分到不同的工作组进行处理，则可以设置单位范围。

（6）包含下级单位。如果选中，则"单位范围"中所选择的业务单元的下属业务单位的单据与本业务单元的单据将由同一个作业组来处理。

（7）更多范围。NC Cloud 还提供了多种丰富的作业组单据分配条件。

2.5.5　配置作业组用户

在图 2-13 中单击"共享中心委托关系＞配置作业组用户"入口，或单击"共享中心管理"（见图 2-14）页面顶部的相关页签链接，NC Cloud 轻量端将进入"作业组用户配置"页面。在左上角的"财务共享服务中心"框中选择新建立的财务共享服务中心，系统将列出该 FSSC 已经创建的作业组列表，单击一个作业组行、"操作"列中的"＋组员"链接，NC Cloud 将弹出"作业组用户配置"对话框，如图 2-18 所示。选中要配置的用户，单击下方的"确定"按钮进行保存。

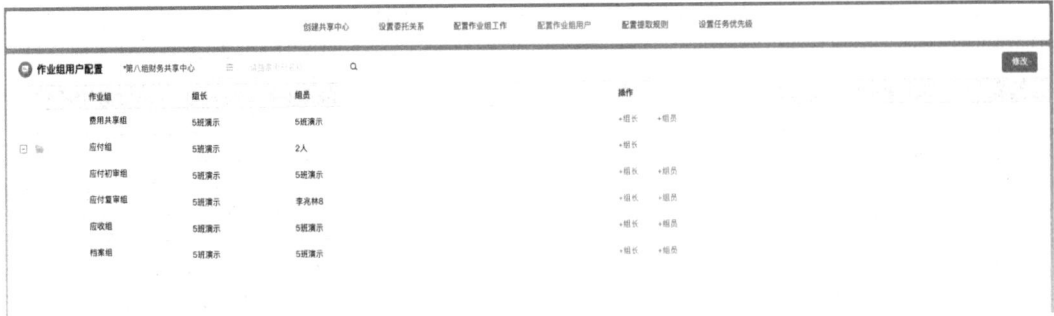

图 2-18　配置作业组用户

2.5.6　配置提取规则

在图 2-13 中单击"共享中心委托关系 ＞配置提取规则"入口，或单击"共享中心管理"（见图 2-14）页面顶部的相关页签链接，NC Cloud 轻量端将进入"提取规则"页面。在左上角"财务共享服务中心"框中选择新建立的财务共享服务中心，单击"新增"按钮，NC Cloud 轻量端将弹出"新增提取规则"对话框，如图 2-19 所示。

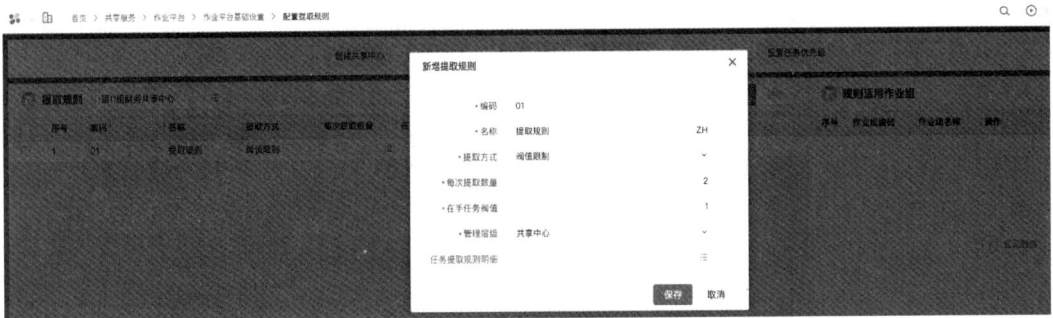

图 2-19　新增提取规则

1. 提取方式

对作业人员提取任务时的控制方式，NC Cloud 支持以下三种控制方式。

（1）不限制提取。作业人员可以无限次地提取任务。

（2）处理完毕后提取。作业人员必须把当前任务处理完后才能提取下一步任务。

（3）阈值限制。当作业人员当前在手任务数量不大于阈值时，可再次提取。

2. 每次提取任务量

即作业人员每次可以提取到手的最大任务数。

3. 在手任务量阈值

该字段与提取方式配合使用，当提取方式限制选择"阈值限制"时，限制在手任务量必填，且必须为正整数；当提取方式限制选择其他两种方式时，限制在手任务量不可用。

4. 管理层级

该提取规则的适用范围支持两种级次：①共享服务组织，适用于整个财务共享服务中心内的所有岗位。②岗位，适用于该规则所包含的岗位。如果两个层级都定义了，优先匹配岗位级。

【特别提示】

一个共享服务组织只能定义一条共享服务组织层级的提取规则；每个共享服务中心都必须定义相应的提取规则，当某岗位的作业人员匹配不到提取规则时，他在作业平台将无法提取任务。

项目实训一

鸿途集团财务共享服务中心初始配置实训

1. 鸿途集团 FSSC 规划与设计结果

经过财务共享服务中心建设项目组的多方论证，鸿途集团 FSSC 规划与设计的结论如下。

（1）鸿途集团采用单中心模式，财务共享服务中心的名称确定为"鸿途财务共享服务中心"（简称"鸿途 FSSC"），隶属于集团财务部。D-FSSC1.0 中已经预置了一个同名的业务单元。

（2）建设初期的服务对象确定为水泥板块的 17 家子公司，每家子公司都委托鸿途FSSC 提供同样的服务内容，包括费用管理、应收管理、应付管理、固定资产管理、现金管理、总账管理、收付款合同管理、资产管理、基础档案管理。

（3）鸿途 FSSC 作业组设置及作业组工作职责，如表 2-21 所示。所有作业组均只有初审环节，不设置复核环节。

表 2-21　鸿途 FSSC 作业组设置及作业组工作职责

作业组编码	作业组名称	作业组职责及单据类型
01	应付组	处理应付账款付款类单据：应付单、付款单、主付款结算单
02	应收组	处理应收账款收款类单据：应收单、收款单、主收款结算单
03	费用组	处理费用报销类单据：主报销单
04	档案综合组	处理基础数据及收付款合同类单据：供应商申请单、供应商银行账号申请单、收款合同、付款合同

（4）鸿途 FSSC 的作业组组员用户信息，如表 2-22 所示。

表 2-22　鸿途 FSSC 的作业组组员用户信息

用户编码	用户名称	作业组	角色
z0**001	张春艳	应付组	应付初审岗角色
z0**002	王希	应收组	应收审核岗角色

续表

用户编码	用户名称	作业组	角色
z0**003	龚紫琪	费用组	费用初审岗角色
z0**006	丁军	档案综合组	档案综合岗角色

（5）鸿途 FSSC 确定了共享服务组织层级的提取规则，规则编码为自主设置，规则名称为"鸿途 FSSC 提取规则"，提取方式为"处理完毕后提取"，每次提取数量为 1。

2. 实训任务

每个小组在 D-FSSC1.0 上完成鸿途集团财务共享服务中心的初始设置工作，具体如下。

（1）创建"鸿途 FSSC"并绑定预置的同名业务单元。

（2）设置鸿途 FSSC 与水泥板块所有子公司之间的共享委托关系。

（3）配置鸿途 FSSC 作业组工作与作业组用户。

（4）配置鸿途集团 FSSC 单据提取规则。

项目实训二

鸿途集团财务共享服务规划与设计高阶方案撰写与提交

以小组为单位，从 D-FSSC1.0 学生端的"快捷入口＞下载中心"下载"财务共享服务中心高阶方案设计汇报模板"，如图 2-20 所示，然后小组讨论并撰写方案汇报 PPT。撰写完成后，由组长单击"学习中心＞C.财务共享服务规划与设计＞06.财务共享服务规划与设计＞案例呈现＞"教学任务下的"去做任务"按钮，然后选择"2.终稿分享"步骤页签，如图 2-21 所示，单击"点击上传"按钮上传本组方案汇报的 PPT 文档。

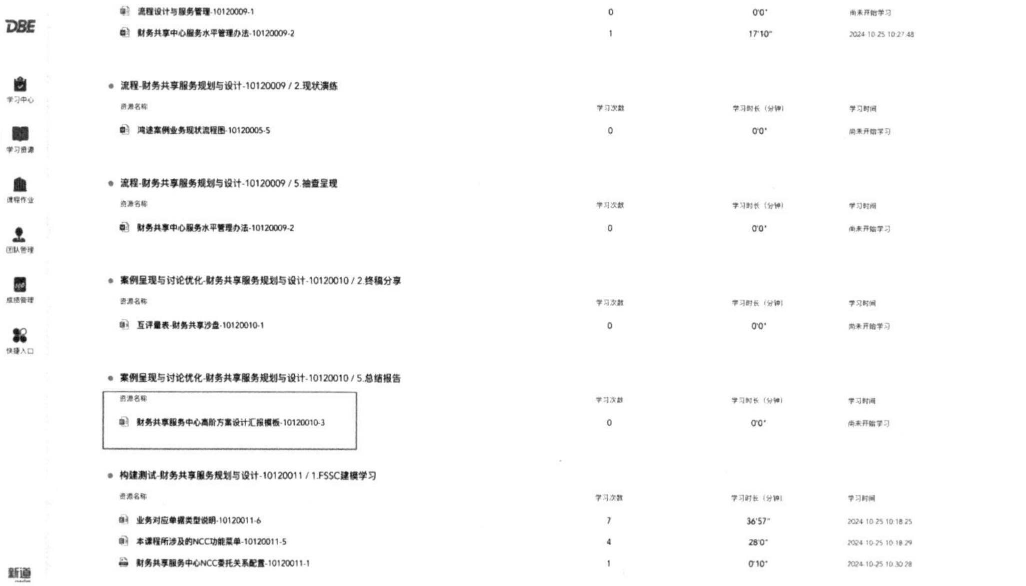

图 2-20　财务共享服务中心高阶方案设计汇报模板下载界面

1.复盘优化 2.终稿分享 3.结对展示 4.龙头示范 5.总结报告

完成

提交作业　　　　等待评价　　　　查看结果

小组将优化后沙盘拍照上传，分享，教师发起互评后，小组间测评。

学习资源

互评量表-财务共享沙盘-10120

图 2-21　组长提交财务共享服务中心高阶方案设计汇报的 PPT 文档

思考题：

1. 开展模块实训讨论，画出 NC Cloud 中的配置流程图。
2. 与企业财务共享服务中心建设相关的关键信息有哪些?

第**3**章 EER 费用共享

知识导读

　　费用共享主要通过介绍费用报销的内容、场景、内部控制要点和管理目标，让学生了解什么是财务报销。然后通过介绍实施财务共享之前费用报销的流程和存在的现实问题，引导学生做出实施共享后的费用报销流程，根据流程完成实训操作。使得学生在了解基础知识点的同时，也掌握财务共享费用报销的具体方法。

学习目标

➢ 熟悉费用报销的内容、流程和应用场景
➢ 理解专项费用报销和跨组织费用分摊的应用场景
➢ 理解智能商旅的概念和对企业的价值
➢ 能够处理员工先垫资后报销及先申请后报销的业务并生成记账凭证
➢ 能够对记账凭证进行审核

3.1　认知费用报销业务

3.1.1　企业的费用报销业务流程

　　企业的费用报销业务流程是费用采购业务从申请、财务核算到费用支付结算的端到端业务流程。费用报销可能由任一员工发起。

　　（1）费用报销的内容。根据费用采购的产品或服务是用于特定的个人（员工），还是用于单位组织，费用报销可以分为员工费用的报销和办公费用的报销。

　　① 员工费用主要包括差旅费、业务招待费、日常费用、福利费等，费用结算的收款人一般是员工个人。

　　② 办公费用主要包括会务费、会议培训费、咨询费等，费用结算的收款人一般是供应商企业。

企业的费用采购，一般都要受到费用预算的约束。根据费用预算的项目，费用报销又可以分为差旅费用报销、通信费用报销、专项费用报销等。

（2）费用报销的总体过程。费用报销的总体过程，如图 3-1 所示，其中业务部门和人员称作"业务前台"、财务部门和人员称作"财务后台"。

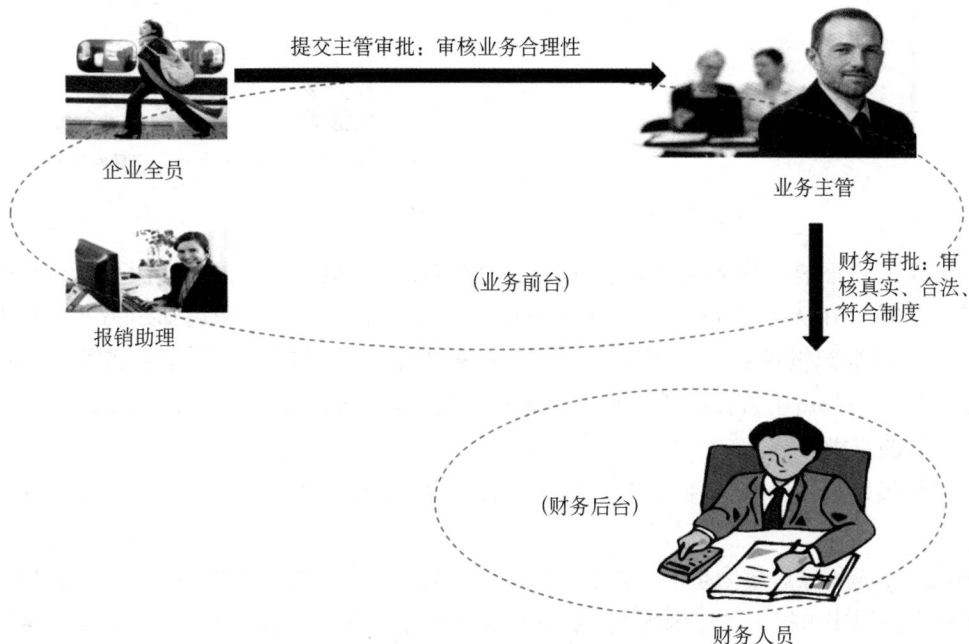

图 3-1　费用报销的总体过程

① 员工发起报销申请，其间可能需要报销助理的帮助（如填单、贴票等）。

② 员工的业务主管进行业务审批，主要从业务上审核该报销是否合理。

③ 财务人员进行财务审批，主要审核票据是否真实、合法，报销是否符合企业财务制度要求。

3.1.2　费用报销场景

传统的费用报销有员工直接报销、员工借款报销、跨组织报销、先申请再报销四个主要的业务场景。

（1）员工直接报销。当费用发生时，先由员工垫资；当费用发生后，由员工自己登录网上报销系统，录入报销单据；当报销完成后，企业将报销款支付给员工。

（2）员工借款报销。当费用发生前，员工申请从企业借款；当费用发生时，员工付款；当费用发生后，登录网上报销系统，在录入单据时选择是否冲借款；当报销完成后，如果选择了冲借款，则先用报销款来冲借款，将报销款余额（若有的话）支付给员工。员工借款报销场景下的典型报销流程，如图 3-2 所示。

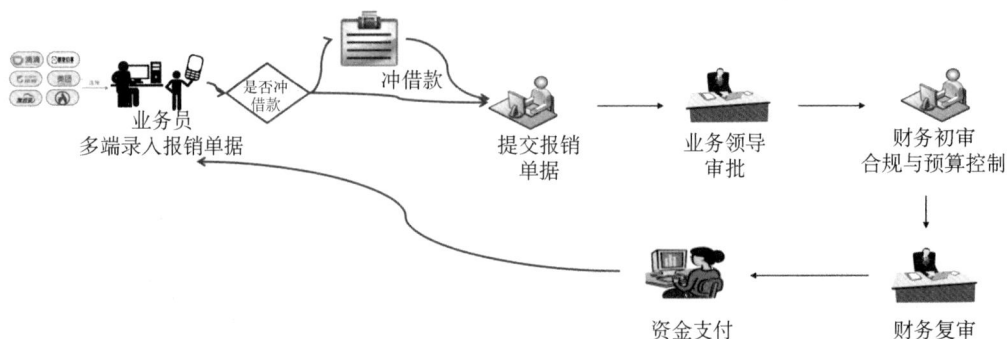

图 3-2　员工借款报销场景下的典型报销流程

（3）跨组织报销。跨组织报销是报销人单位与费用承担单位不同的情况下的一种报销业务，如员工在 A 单位报销，由 A 单位向其支付报销款项，但费用却由另一单位 B 来承担。在跨组织报销的场景下，也可能存在先借款、后报销（即跨组织借款）的情形，报销的流程与员工直接报销或员工借款报销类似，但是往往会增加一项费用承担单位业务主管的审批环节。

跨组织报销场景中有一种多组织分摊的情形，即需要多个组织来承担（分摊）同一笔费用。

【例 3-1】至美家居集团是国内著名的家具和家居用品生产及销售集团，生产及销售由不同的法人公司来承担，且在国内主要的省区都成立了独立的销售子公司。假设上海至美销售公司（A 公司）市场部和浙江至美销售公司（B 公司）市场部联合在上海举办了一场家具展销会，展销会由上海至美销售公司市场部的员工张三负责并发生了会议费 3 000 元，但按照分摊协议，上海至美销售公司市场部和浙江至美销售公司市场部要按照 2：1 的比例分摊该费用。事后张三报销会议费 1 500 元，但上海至美销售公司市场部和浙江至美销售公司市场部将分别承担 1 000 元和 500 元。费用分摊的跨组织报销示例图，如图 3-3 所示。

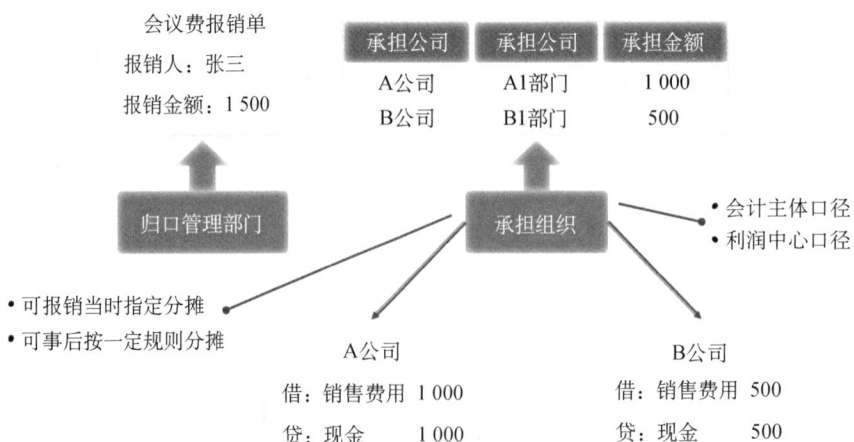

图 3-3　费用分摊的跨组织报销示例图

（4）先申请再报销。企业为了达到费用事前控制的目的，要求在某些费用项目上必须先申请、后办理业务，若未经申请就进行了费用支出，则企业将不予报销。这种场景可能用于如下费用预算情形。

① 企业在年初只做大的费用预算，在业务发生时再申请明细的费用额度。

② 企业费用预算中未包括的费用项目，在业务发生时需另申请费用额度。

先申请再报销的过程示意图，如图 3-4 所示。

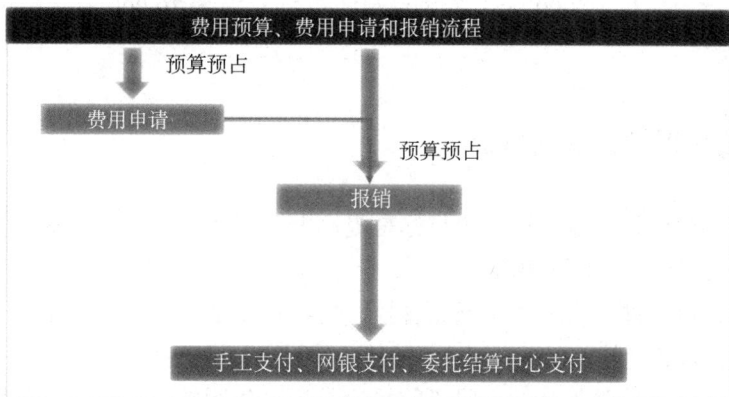

图 3-4　先申请再报销的过程示意图

3.1.3　费用报销的内部控制要点

费用报销的内部控制主要依靠财务报销制度来明确。内部控制的要点，可从报销制度说明、业务规则、流程、报销标准、权限等几个方面考虑。

（1）报销制度说明。财务报销制度是否配备了制度解释文件和报销操作手册，以帮助员工理解和掌握财务报销制度、流程与违反制度的处罚等，如报销制度修订说明、部门与预算项目对照表、企业网络报销系统操作手册等。

【例 3-2】靓佳生化用品有限公司（以下简称"靓佳公司"）财务部每年的 3 月份开始启动新年度的财务报销工作（俗称"开账"），开账前财务部会公布新年度财务报销制度，同时提供一套报销手册供员工事先学习以及在实际报销过程中进行参考。

（2）业务规则。什么业务内容或业务内容组合是允许报销的，哪些部门可以报销什么业务或费用项目。

【例 3-3】靓佳公司规定：差旅费报销时，出差地的餐饮发票必须单独报销，且要与差旅费报销单一同提交；除研发中心外，一律不得进行"研发费用"项目的报销。

（3）流程。业务审批和财务审批都要到哪一级，系统是否需要根据费用承担部门、费用项目的不同而自动采用不同的审批流程。

【例 3-4】靓佳公司规定：凡是跨组织报销业务，均先由报销人本部门的业务主管审核，然后再自动流转到费用承担部门的业务主管审核；如果报销人本人是部门业务主管，则审核自动上升一级，由报销人的上级领导进行业务审批。

（4）报销标准。报销的内容与金额是否符合报销人职级所预先规定的报销标准。

【例 3-5】靓佳公司规定：普通员工出差时，只有在列车最快到达时间超过 5 小时的情况下才能购买经济舱机票；一次出差往返工作所在地机场车站的出租车票（含商务用车）只能报销单程；北上广深一线城市的每晚住宿标准不超过 350 元。

（5）权限。什么人可以做什么、不可以做什么。

【例 3-6】靓佳公司规定：费用报销时，一级部门总经理的审批权限是 5 000 元，主管副总裁的审批权限是 10 000 元，公司总裁的审批权限是 30 000 元，超过 30 000 元，需要董事长审批。

3.1.4 费用报销管理的目标

（1）优化报销过程。这个层级的目标是提高财务报销工作效率、提高员工满意度。这是见效最快的层级，管理程度浅。

（2）强化费用管理。实现费用预算管控，支撑按受益对象进行费用分摊，从而可以满足企业内部管理和考核的需要。这个层级的目标是提升管理水平。

（3）实现费用共享服务。这个层级的目标是提高集团整体运行效率与服务水平，降低集团整体运营成本。这是最难的层级，也是管理程度最深的层级，且仅适用于集团管控力度大、专业化的大型集团企业。

项目实训

1. 绘制鸿途集团先申请再报销流程图

参照鸿途集团差旅费报销的现有流程图，如果改用先申请再报销的模式，用 Microsoft Visio 跨职能带的流程图绘制鸿途集团可能的差旅费报销流程图。

2. 鸿途集团专项费用报销流程内控风险分析

根据费用报销的内部控制要点，分析鸿途集团专项费用报销现状流程所存在的内部控制风险并书写报告。

3.2 差旅费用报销业务共享

3.2.1 共享前典型痛点

差旅费用报销业务，在企业集团实施财务共享服务前普遍存在一些问题，纳入财务共享服务前必须先解决这些痛点。

（1）各业务单元的差旅费用报销流程或多或少存在差异，没有在集团范围内实现统一。

（2）各业务单元的差旅费用报销标准五花八门，员工职级设置、机票车票等级标准、各地住宿标准甚至餐补标准（含天数计算及每天补贴标准）都由业务单元自行设置。

（3）核算科目设置未进行统一，在集团层面进行差旅费用分类统计汇总时会存在口径差异。

（4）同一差旅报销业务由不同人员在不同时间处理时，可能出现处理方式不一致。

（5）费用报销后向员工支付的次数众多，每次平均支付金额较低，使用传统的网银转账时工作量很大且容易出错。

3.2.2　差旅费用报销共享需求分析

1. 尽量保持共享前后业务流程的稳定性

（1）保留在业务单位的业务工作，流程和岗位职责尽量不变。

（2）建立 FSSC 后，基本核算工作从原业务单元财务部的工作中剥离，业务单元的财务岗位数量可能会变少，业务财务职责可能会合并。

2. 充分利用财务共享服务及相关技术

（1）用业务单据确定 FSSC 业务边界。根据传递到 FSSC 的业务单据，确定流程中业务单元与 FSSC 的边界，该业务单据需要经过 FSSC 的审核或初审。

【例 3-7】宝通电器集团基于用友 NC Cloud 实施差旅费用报销业务共享时，传递到财务共享服务中心的业务单据如表 3-1 所示。

表 3-1　宝通电器集团差旅费用报销业务共享流程的业务单据列表

序号	名称	是否进入FSSC	是否属于作业组工作	流程设计工具
1	主报销单（差旅费报销单）	Y	Y	工作流

注：表 3-1 中各列的含义如下。

① 是否进入 FSSC。它表示该业务单据的处理过程是否需要财务共享服务中心参与。Y 表示需要；N 表示不需要。

② 是否属于作业组工作。它表示是否需要分配到某个 FSSC 作业组，必须由该组成员从作业平台上提取进行处理。Y 表示属于；N 表示不属于。NC Cloud 的财务共享服务功能中需要 FSSC 处理，但又无法配置到 FSSC 作业组的单据表示为"N"。只有进入 FSSC 的业务单据才有这个问题。

③ 流程设计工具。它表示用 NC Cloud 的哪一个流程平台来对该业务单据进行流程建模。NC Cloud 中有"业务流""工作流""审批流"三种流程建模平台，在 D-FSSC1.0 系统中，业务流部分已经预置到教学平台中，学生只需要进行工作流或审批流的建模。

（2）充分利用影像技术。FSSC 在地理位置上往往远离业务单元或业务发生地。为了让财务共享服务中心的作业处理人员审核有据，所有进入 FSSC 审核的业务单据，必须随附外部原始凭证的影像。在 NC Cloud FSSC 初始配置时配置到作业组的业务单据（即表 3-1 中"是否属于作业组工作"这一列为"Y"的单据），用影像上传的方法随附影像；由于 NC Cloud 的原因暂时无法配置到 FSSC 作业组，但又集中到 FSSC 进行处理的业务单据（即表 3-1 中"是否进入 FSSC"这一列为"Y"，但"是否属于作业组工作"这一列为"N"的单据），用拍照后添加附件的方法随附影像。

FSSC 接收业务单据所随附的原始凭证，均由制单人在制单后立即扫描上传；此后需要审核该业务单据的环节，均同时审核该业务单据的原始单据影像。

（3）同步实现银企直联。在建设 FSSC 的同时实现银企直联，所有收付款均在财务管理信息系统中直接完成。

3.2.3 共享后差旅费用报销流程设计与 NC Cloud 配置

1. 共享后流程图设计

在差旅费用报销现状流程的基础上，结合企业的财务共享需求（参见 3.2.2 节），根据企业财务职责和部门的调整情况以及财务共享服务中心费用类岗位的初始配置情况，设计共享后的差旅费用报销流程。

【特别提示】

共享后的流程可能有多种设计结果，只要能够符合 FSSC 的岗位职责设计及共享需求。

【例 3-8】宝通电器集团 FSSC 设置了费用组，该组中的用户均属于"费用会计"岗位角色，同时实现了资金结算（中心出纳岗）和总账（总账主管岗）的共享。宝通电器集团建立 FSSC 后，业务单元只保留财务经理岗和业务财务岗。宝通电器集团共享前的差旅费用报销流程如图 3-5 所示，共享后由 FSSC 处理的业务单据参见例 3-7。要求：设计并使用 Microsoft Visio 绘制共享后的宝通电器集团差旅费用报销流程图。

【解析】图 3-6 是宝通电器集团共享后差旅费用报销流程的一种设计结果，设计依据如表 3-2 所示。

2. NC Cloud 工作流配置

当共享后的流程设计出来以后，需要将流程在 NC Cloud 中进行配置。

（1）进入 D-FSSC1.0 学习任务。以学生的账号登录 D-FSSC1.0 的学习中心，进入学习任务"D. 费用共享＞08. 差旅费用报销业务＞构建测试"。

（2）以系统管理员角色进入系统配置任务步骤。单击"3. 系统配置"学习步骤，然后单击"系统管理员"角色头像，如图 3-7 所示。

【特别提示】

当前登录的学生需要获得组长"系统管理员"角色授权。

（3）登录 NC Cloud 重量端。单击图 3-7 中的"NCC 重量端"按钮（登录前，系统默认为 NCC 轻量端），在弹出的浏览器窗口中单击"打开 UClient"按钮，如图 3-8 所示，NC Cloud 重量端（UClient）将自动登录，如图 3-9 所示。

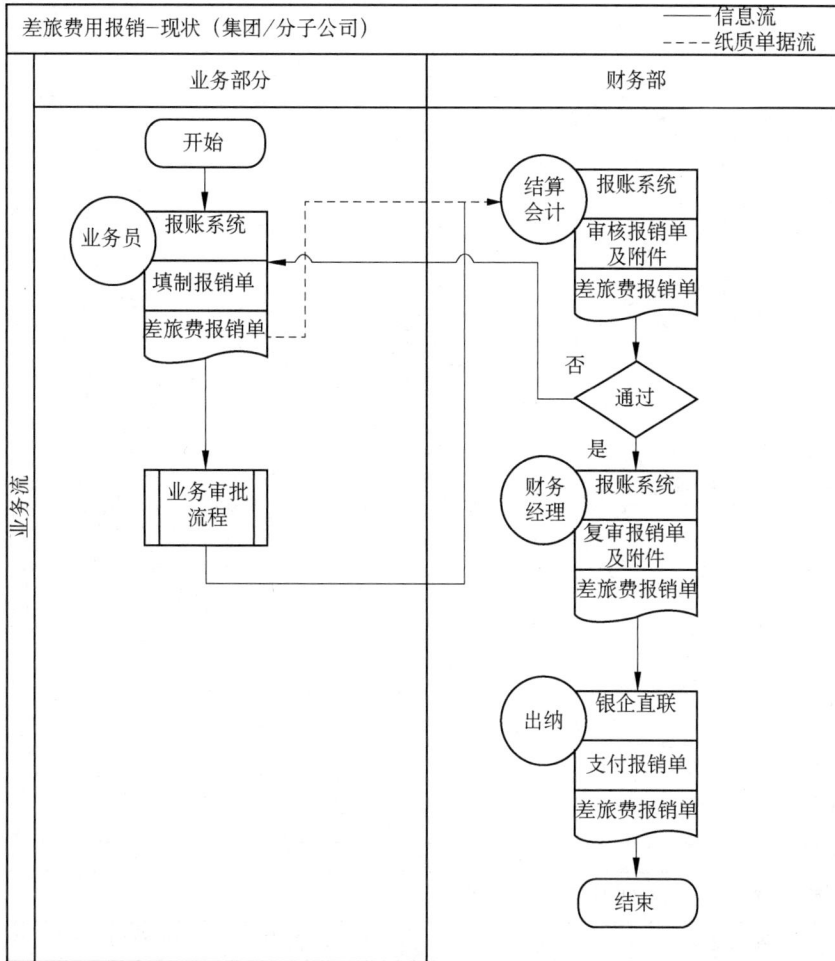

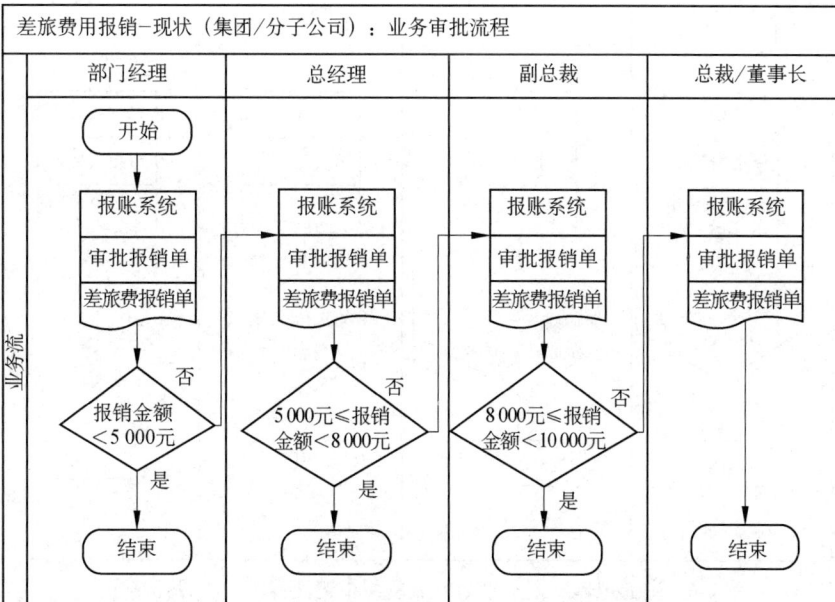

图 3-5　宝通电器集团共享前的差旅费用报销流程

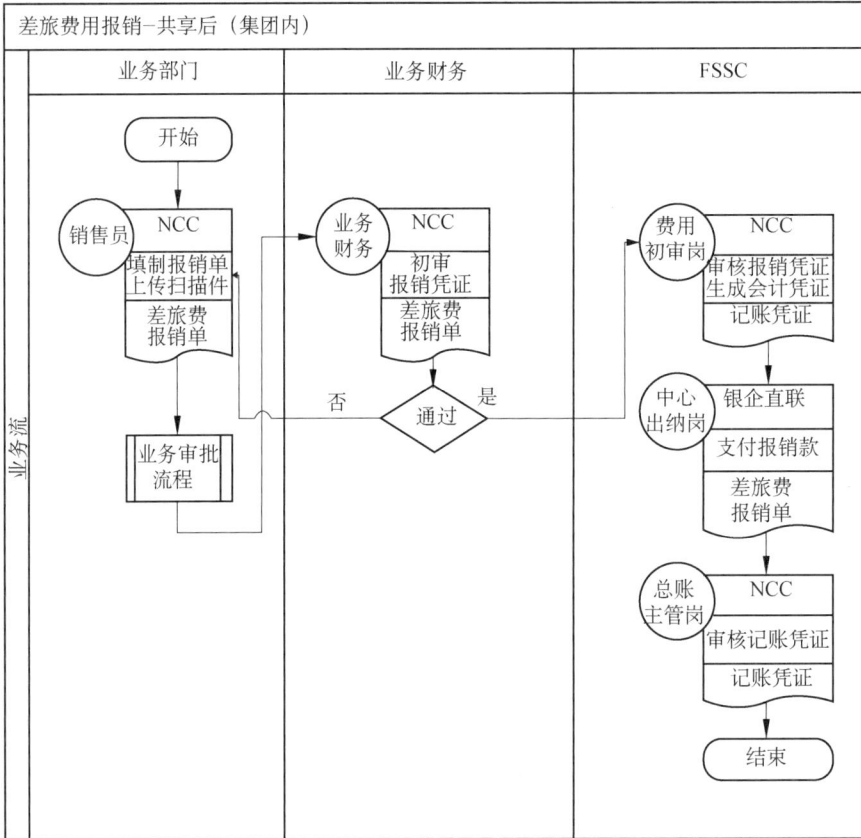

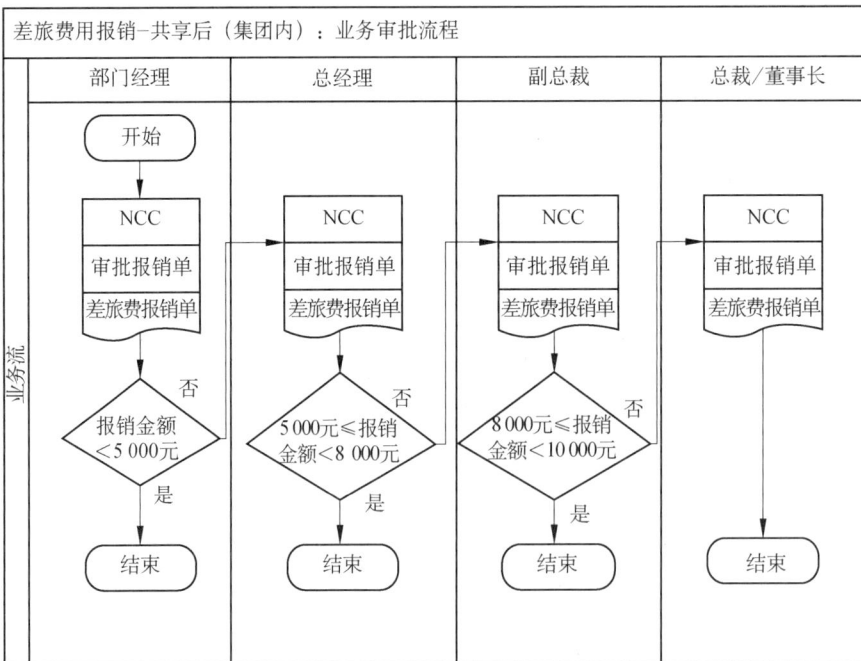

图 3-6 宝通电器集团共享后差旅费用报销流程的一种设计结果

表 3-2　宝通电器集团共享后差旅费用报销流程设计依据

序号	共享前	共享后	设计依据
1	财务部结算会计审核	FSSC 费用会计审核	业务单元结算会计职责被剥离，转移至 FSSC 费用会计
2	财务经理在结算会计后审核	财务经理在 FSSC 费用会计前审核	从费用会计开始，流程从业务单元进入 FSSC 环节，正常情况不再转回业务单元
3	业务单元出纳通过企业网银支付	中心出纳通过银企直联支付	资金结算实现 FSSC 共享，同步建设了银企直联
4	无总账审核环节	新增总账会计环节	集团实现了总账共享，总账会计不再隶属于业务单元

图 3-7　以系统管理员角色进入 NC Cloud 重量端

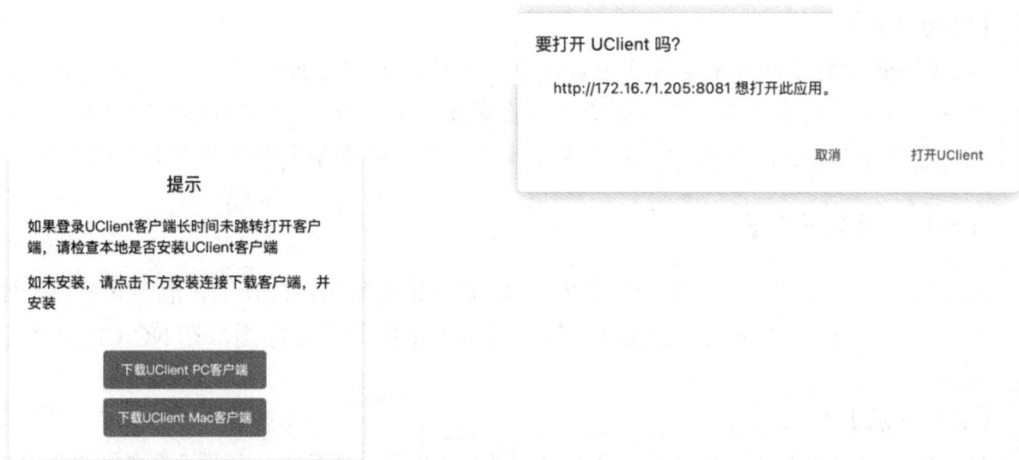

图 3-8　在浏览器中打开 NC Cloud UClient 客户端

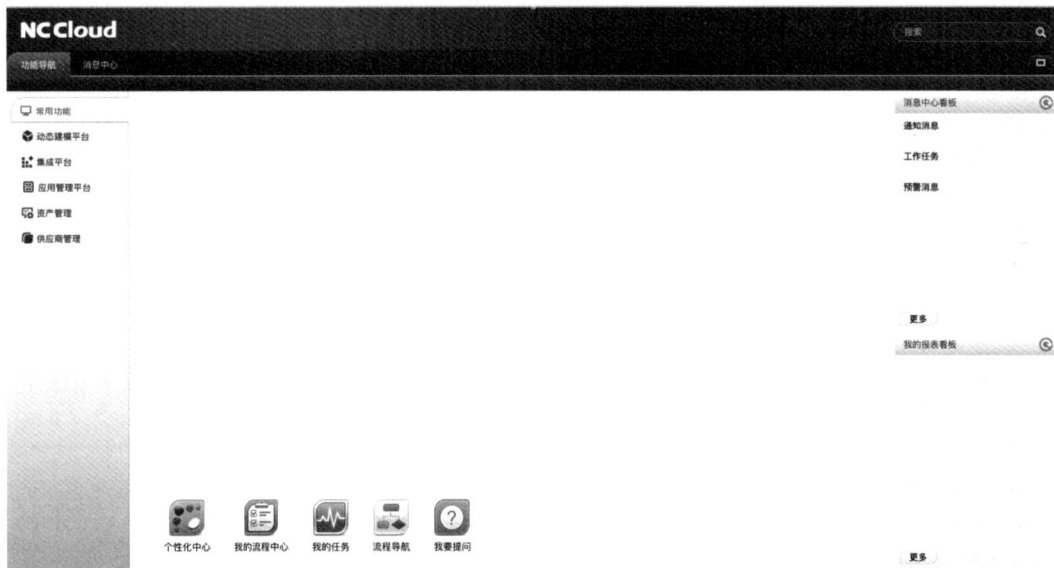

图 3-9　自动登录 NC Cloud 重量端

【特别提示】

进入 NC Cloud 重量端还是 NC Cloud 轻量端，需要查阅相关功能菜单。如果本机还没有安装 NC Cloud UClient 客户端，系统将不会提示"打开 UClient"。教学时可以根据学生机所安装的操作系统，分别单击图 3-8 中的"下载 UClient PC 客户端"（微软的 Windows 系统）或"下载 UClient Mac 客户端"（Apple 的 Mac 系统）按钮进行下载安装。

3. 打开差旅费报销单工作流定义界面

双击 NC Cloud 左侧"功能导航"页签下面的"动态建模平台＞流程管理＞流程设计＞工作流定义–集团"菜单，系统将打开工作流定义窗口。在左上角查询窗口中录入"差旅费报销单"并选中查询结果"2641 差旅费报销单"。

【特别提示】

NC Cloud 中的工作流是定义在业务单据（如此处的"主报销单"）之上的，每个业务单据根据不同的交易类型（如此处的"差旅费报销单"）可以定义不同的工作流，也可以直接在业务单据上定义工作流（此时该工作流适用于该业务单据的所有交易类型）。

4.新增工作流并配置

单击左上角"新增＞手工新增"菜单，NC Cloud 重量端将打开工作流定义窗口，如图 3-10 所示。此时学生可以根据图 3-6 的差旅费用报销共享流程图，在 NC Cloud 中定义工作流。

【特别提示】

NC Cloud 中的工作流只能配置到共享中心第一个作业处理角色（即图 3-6 中的"费用初审"工作步骤，后续的步骤已经由 NC Cloud 业务流定义，不体现在工作流配置工作中）。

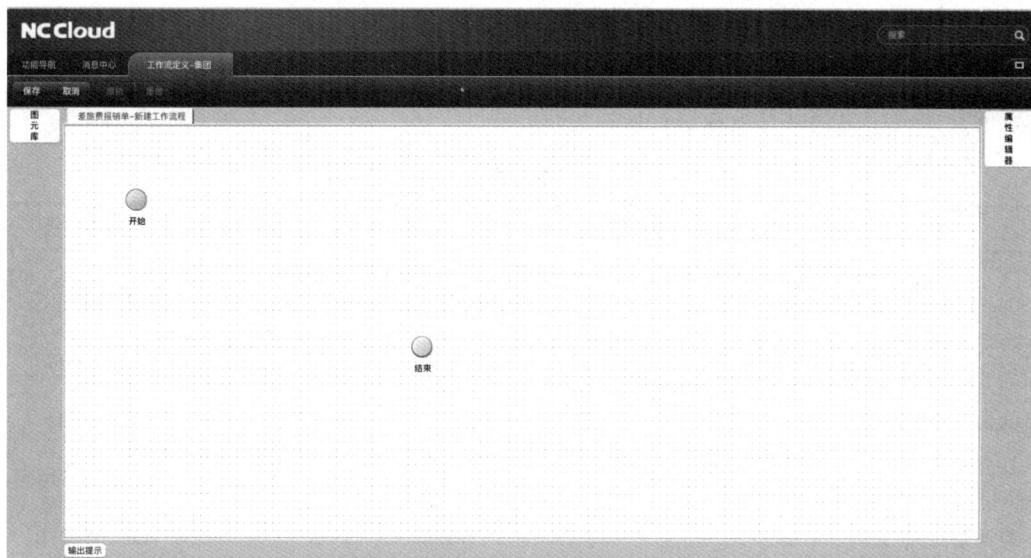

图 3-10　NC Cloud 新增工作流定义窗口

5. 启用 D-FSSC1.0 预置的工作流

启用 D- FSSC1.0 预置的共享后差旅费报销单工作流，如图 3-11 所示。

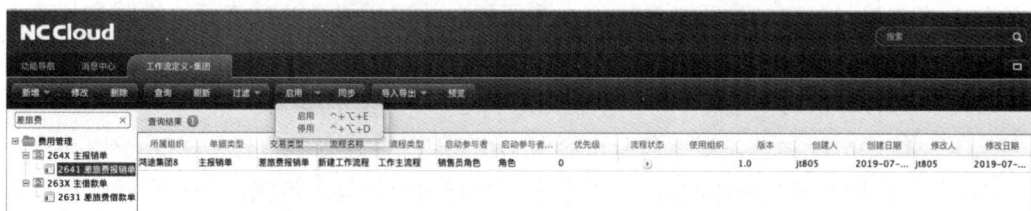

图 3-11　启用 D- FSSC1.0 预置的共享后差旅费报销单工作流

3.2.4　差旅费用报销共享作业处理

在 NC Cloud 中配置了共享后的工作流以后，学生可以用不同的角色权限来进行流程协同测试，以便测试工作流是否能执行，并验证执行结果是否符合共享后的流程设计。

【特别提示】

本节是首次学习作业处理内容，将进行详细讲解并配套多个截图。后续作业处理内容将适当简化。

1. 测试用例

测试用例是为某个特殊目标而编制的一组测试输入、执行条件以及预期结果，用于核实信息系统是否满足某个特定需求。

【例 3-9】鸿途集团水泥有限公司销售处销售服务办公室的销售员李军 2019 年 7 月6—9 日，从郑州到大连出差，各项费用如表 3-3 所示。回到郑州后于 7 月 12 日报销差旅费。假设员工报销的"结算方式"为网银（即通过银企直联支付），"单位银行账号"选鸿途集团水泥有限公司两个银行账号中编码较大的账号（支出户）。要求：用 D-FSSC1.0 预置的差旅费用报销共享流程进行协作处理。

表 3-3　鸿途水泥李军郑州出差费用清单

费用项目	总金额/元
去程火车票 G1294（7 月 6 日郑州东—大连北二等座），不含税金额为 600.92 元。税额为 54.08 元（税率为 9%）	655.00
返程火车票 G2625（7 月 9 日大连北—郑州东二等座），不含税金额为 600.92 元，含税为 54.08 元（税率为 9%）	655.00
目的地交通（出租车票）	27+29=56
大连住宿费（3 天）：大连市文苑酒店，增值税专用发票税率为 6%，不含税金额为 509.43 元，税额为 30.57 元	180×3=540
出差补助（3.5 天）	60×3.5=210

*根据财政部、税务总局、海关总署公告，即 2019 年第 39 号《财政部 税务总局 海关总署关于深化增值税改革有关政策的公告》，取得注明旅客身份信息的铁路车票的，按照下列公式计算进项税额：铁路旅客运输进项税额=票面金额 /（1+9%）×9%。

2．角色分配

（1）确定组员分工。按照 D-FSSC1.0 预置的差旅费用报销共享流程，需要参与操作的角色包括销售员、销售经理、总经理、业务财务、费用初审、中心出纳、总账主管等。在学生进行分工协作之前，每个小组由组长进行角色指派。

（2）系统中分配角色。以组长身份登录 D-FSSCl.0，进入学习任务"D. 费用共享＞08.差旅费用报销业务＞构建测试"，单击"2.分配角色"学习步骤，按照指派的角色在系统中进行拖曳授权如图 3-12 所示，授权结束后单击"完成设置"按钮保存。

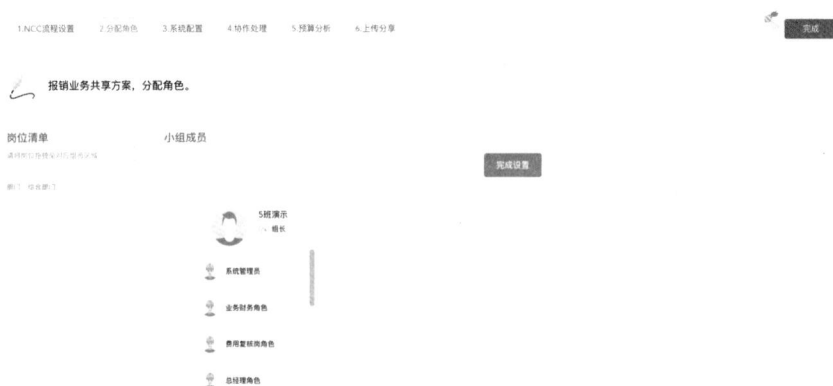

图 3-12　D-FSSC1.0 中分配组员角色

【特别提示】

一个角色只能授予一名组员，但一名组员可以承担多个角色。

3. 协作处理

（1）填制并保存差旅费报销单。以"销售员"角色的组员身份登录 D-FSSC1.0，进入学习任务"D. 费用共享＞08. 差旅费用报销业务＞构建测试"，单击"4. 协作处理"学习步骤。单击"销售员"角色头像图标，并选择进入 NC Cloud 轻量端，然后单击"费用业务＞差旅费报销单"快捷入口，进入 NC Cloud 差旅费报销单填制页面，如图 3-13 所示。按照例 3-9 中的测试用例进行填报，填报完毕后单击右上方的"保存"按钮进行保存。

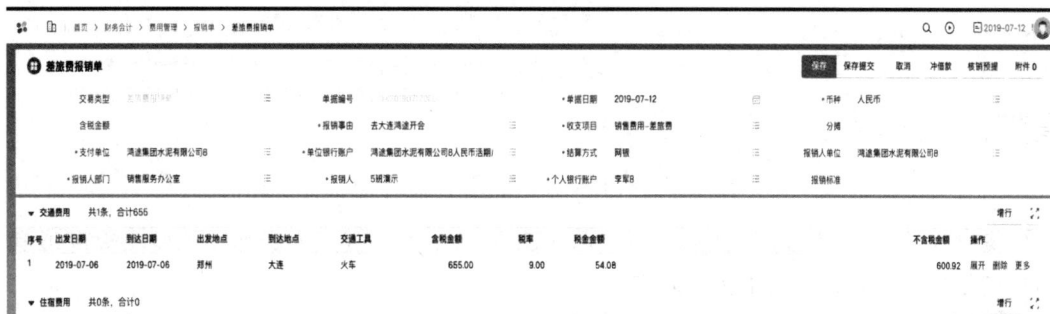

图 3-13　制单人填制差旅费报销单

【特别提示】

在 NC Cloud 的单据填制页面中，一般有"保存"和"保存提交"两个按钮。"保存"表示只保存单据数据、单据不会流转到流程的下一个环节；"保存提交"表示系统保存单据数据后，将单据流转到流程的下一个环节。本步骤不用"保存提交"功能的原因，是因为下一步还需要制单人（即这里的销售员）扫描原始单据的电子影像，不能让单据流转到业务审批人（销售经理）处。

（2）扫描原始凭证影像并提交报销单。以"销售员"角色的组员身份登录 D-FSSC1.0，进入学习任务"D. 费用共享＞08. 差旅费用报销业务 ＞构建测试"，单击"4. 协作处理"学习步骤。单击"销售员"角色头像图标，并选择进入 NC Cloud 轻量端，然后单击"我的报账＞待提交"快捷入口，进入 NC Cloud 轻量端制单人报销单查询页面，如图 3-14 所示。

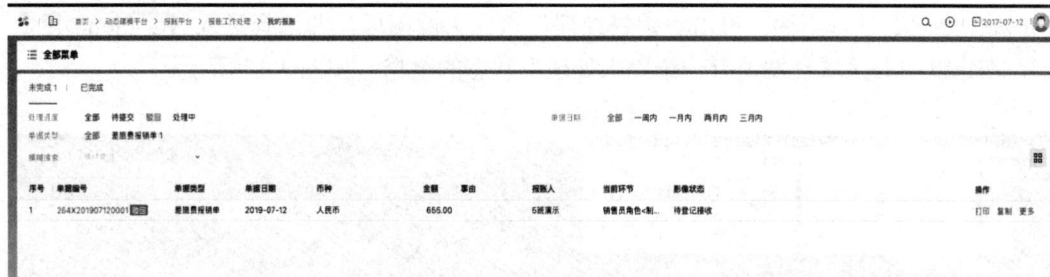

图 3-14　制单人报销单查询

单击图 3-14 中查询结果的"单据编号"列，系统将进入单据明细页面。单击页面右上角的"影像扫描"按钮，系统将弹出打开影像管理系统客户端提示对话框，如图3-15所示。单击下载并安装 TBrowser 应用程序链接，系统将打开用友影像管理系统，如图3-16所示。用户可以用这个系统，配合使用高影仪或扫描仪，进行原始凭证的电子影像采集、保存和提交。

图 3-15　制单人原始凭证影像扫描入口

提交原始凭证的电子影像后，再次单击图3-15中的"提交"按钮，该差旅费报销单将提交给差旅费报销流程的下一环节。

【特别提示】

在图3-15中提交单据后，单击右上角的"更多＞联查＞联查审批情况"，可以看到单据的审批过程及当前审批环节和审批人，如图3-16所示。

图 3-16　NC Cloud 轻量端联查审批情况

（3）差旅费报销单业务审批。以"销售经理"（差旅费报销的业务审批岗）的角色登录 D-FSSC1.0，进入学习任务"D. 费用共享＞03. 差旅费用报销业务＞构建测试"，单击"4. 协作处理"学习步骤。单击"销售经理"角色头像图标，并选择进入 NC Cloud 轻量端，在审批中心区域会发现有一个"未处理"状态的单据，如图3-17所示。

图 3-17　NC Cloud 轻量端的审批中心入口

　　单击"未处理"状态单据链接，NC Cloud 将进入未审批单据列表页面，如图 3-18 所示。单击"销售经理角色＜批准＞"按钮可直接审批；单击"驳回至＞制单人"可拒绝审批并将单据驳回到报销人制单环节，表示需要制单人进行纠错或重新申报；单击"驳回至＞上一级"可拒绝审批并将单据驳回到流程的上一级审批节点，表示上一级审批人审批不当，需要重新审批。

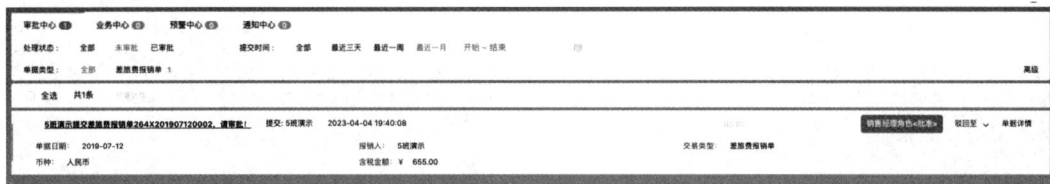

图 3-18　NC Cloud 轻量端未审批单据列表页面

　　审批人也可单击图 3-18 中的"……提交差旅费报销单……"处的黑色加粗文字链接，或单击"单据详情"按钮，先打开并查看单据的详细内容，如图 3-19 所示，然后再行审批。图 3-19 的顶部会详细列出审批痕迹及当前审批环节的在手时间。

图 3-19　NC Cloud 轻量端单据详情页面

　　（4）差旅费报销单财务审批。当业务审批完成，流转到财务审批环节时，企业实务中往往会要求报账人打印报销单并将原始凭证与打印的业务单据粘贴在一起，将物理单据同步流转到业务单元的财务部门或业务财务人员处，以便于业务财务审核原始凭证的合法性。

　　以"业务财务"（差旅费报销的业务单元财务审批岗）的角色登录 D-FSSCI.0，进入学习任务"D. 费用共享＞08. 差旅费用报销业务＞构建测试"，单击"4. 协作处理"学习步骤。单击"业务财务"角色头像图标，并选择进入 NC Cloud 轻量端，在审批中心区域发现有一个"未处理"状态的单据。财务审批的系统操作与"（3）差旅费报销单业务审批"系统操作类似。

　　（5）FSSC 费用作业处理。以费用初审岗（差旅费报销的 FSSC 作业处理岗）的角色登录 D-FSSC1.0，进入学习任务"D. 费用共享＞08. 差旅费用报销业务＞构建测试"，单击"4. 协作处理"学习步骤。单击"费用初审岗"角色头像图标，并选择进入 NC Cloud 轻量端，NC Cloud 会进入 FSSC 作业平台看板页面，如图 3-20 所示。FSSC 作业平台看板页面给 FSSC 作业处理人员提供了一个直观的工作看板，其中"待处理"表示已被当前用户提取，但尚未处理的作业任务，"待提取"表示当前用户所属作业组单据池单据数量。

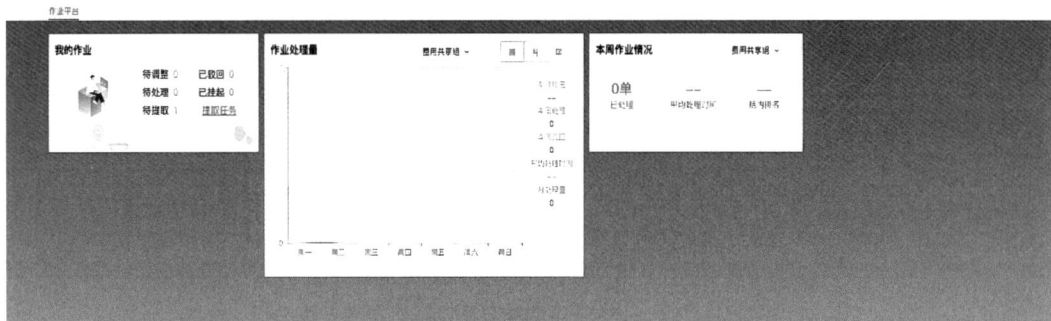

图 3-20　NC Cloud FSSC 作业平台看板页面

单击图 3-21 中的"提取任务"链接，便可依据本教材第 2 章中对 FSSC 进行系统初始设置时所设置的单据提取规则，进行待处理单据的提取工作。刷新作业平台看板页面，会发现"待处理"单据数量从 0 变成了 1。单击"待处理"链接，NC Cloud 轻量端将进入"我的作业"作业列表页面，如图 3-21 所示。单击"单据编码"列的链接，便可进入单据审核界面，如图 3-22 所示。

图 3-21　NC Cloud FSSC 作业处理岗作业列表页面

图 3-22　NC Cloud FSSC 单据审核界面–差旅费报销单

图 3-22 中，单击"影像查看"按钮，可以查看该业务单据制单人扫描上传的原始凭证影像；单击"批准"按钮，表示该业务单据通过 FSSC 的审核；单击"驳回"按钮，选择驳回到审批记录中的某一个环节，表示该业务单据未通过 FSSC 审核并需要退回业务单元的某一个岗位重新处理。

（6）FSSC 支付结算。以"中心出纳岗"角色的组员身份登录 D-FSSC1.0，进入学习任务"D. 费用共享＞08. 差旅费用报销业务＞构建测试"，单击"4. 协作处理"学习步骤。单击"中心出纳岗"角色头像图标，并选择进入 NC Cloud 轻量端，然后单击"结算处理"页签下的"结算"快捷入口，进入 NC Cloud 的结算页面，在左上角的"财务组织"中选择鸿途集团水泥有限公司及其下属 16 家子公司，"业务单据日期"选择"去年～今年"，单击"查询"按钮，并单击左侧的"待结算"页签，NC Cloud 将查询出水泥板块所有待结算业务单据列表，如图 3-23 所示。

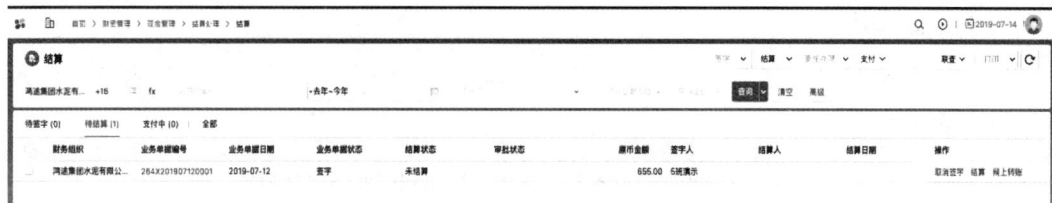

图 3-23　NC Cloud 轻量端待结算业务单据页面

选中需要支付的单据行，单击右上方的"支付＞网上转账"并确定进行网上支付，系统便完成了"银企直联"模式下的支付结算操作。

【特别提示】

如果结算方式是银企直联下的网银支付，则要使用图 3-23 中的"支付＞网上转账"按钮；如果结算方式是其他方式（如线下付款、商业票据等），则要使用图 3-23 中的"结算"按钮。本教材的案例中一律假设使用银企直联下的网银支付方式。

（7）FSSC 总账凭证审核。以"总账主管岗"角色的组员身份登录 D-FSSC1.0，进入学习任务"D. 费用共享＞08. 差旅费用报销业务＞构建测试"，单击"4. 协作处理"学习步骤。单击"总账主管岗"角色头像图标，并选择进入 NC Cloud 轻量端，然后单击"凭证管理"页签下的"凭证审核"快捷入口，进入 NC Cloud 的凭证审核页面。在左上角的"财务核算账簿"中选择鸿途集团水泥有限公司基准账簿，"制单日期"可以选择"今年～今年"，NC Cloud 将列出所有符合条件的待审核记账凭证，如图 3-24 所示。可以单击某一个凭证所在行的"审核"链接进行审核，也可以选中多条凭证，然后单击右上角的"审核"按钮进行批量审核。

图 3-24　NC Cloud 轻量端待审核记账凭证列表页面

在图 3-24 中可以双击某一记账凭证行，NC Cloud 便打开该记账凭证的详细页面，如图 3-25 所示。用户也可以在记账凭证详细页面中单击右上角的"审核"按钮进行该记账凭证的审核。

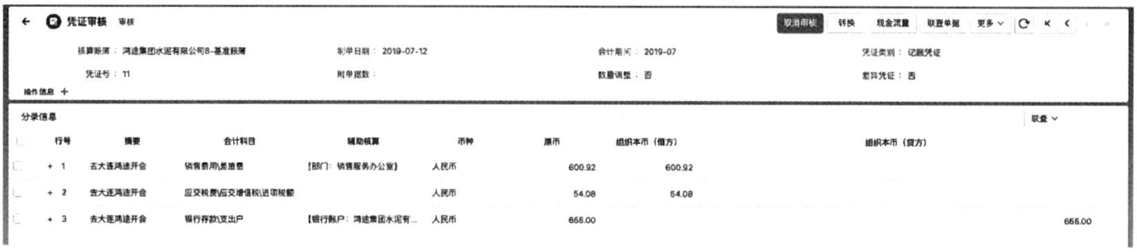

图 3-25　NC Cloud 差旅费报销记账凭证详细页面

项目实训

鸿途集团差旅费报销业务共享流程的业务单据列表和李军广州出差费用列表分别如表 3-4 和表 3-5 所示。

表 3-4　鸿途集团差旅费报销业务共享流程的业务单据列表

序号	名称	是否进入 FSSC	是否属于作业组工作	流程设计工具
1	主报销单	Y	Y	工作流

表 3-5　李军广州出差费用列表

费用项目	总金额/元
去程机票（2019 年 7 月 16 日），不含税金额为 1 086.7 元（包括机场建设费，即民航发展基金 50 元），税额为 93.3 元	1 180
返程机票（2019 年 7 月 20 日）不含税金额为 958.26 元（包括机场建设费，即民航发展基金 50 元），税额为 81.74 元	1 040
目的地交通	48+51+43+55+56+43+46=342
广州住宿：广州白云宾馆，增值税专用发票税率为 6%，不含税金额为 2 320.75 元，税额为 139.25 元	615×4=2 460
出差补助（出差补助为每天 60 元）	60×4.5=270

注：*机场建设费（民航发展基金）不包括在可抵扣增值税的计算基数中。

3.3　智能商旅服务共享

3.3.1　企业商旅费用控制与管理的现状

3.2 节中的费用报销流程代表了传统费用报销流程，在费用控制与管理方面存在如下问题。

（1）费用报销慢，效率和服务水平低。

① 填报不规范、报销不及时。由于是全员根据实际消费的各种原始凭证人工填制报销单，在企业实务中报销工作往往要耗费报销人的大量时间。而普通员工又很难具备专

业的财务和税务知识，从费用项目、交易类型的选择到实名制长途交通票据的增值税计算抵扣，对于普通员工都是报销单填制难点，因此容易造成报销单因填报不规范而被驳回，重新填写，进一步降低了费用报销的流程效率，员工服务水平低。

② 审批环节多，审批周期长，审批责任不明确。从业务单元可能存在的多级业务审批、财务审批，到财务共享服务中心审核，审批周期比较长，而不同审批环节审批的要点与职责区分并不明确。

③ 报销单据需要人工校验。传统费用控制虽然有了事前申请，但报销单所附原始凭证大多还是实报实销，即事后根据实际发生并取得的物理原始凭证进行报销单填报。物理原始凭证的合法性、合理性都需要各审批环节人工审核，审核效率低，还容易出现人为差错。

（2）费用管控落后，管控弱。

① 费用管控依靠人工。由于没有信息系统的支持，业务负责人事前审批费用申请时无法准确掌握费用预算及预算执行结果的数据，只能由人来主观控制。而业务负责人出于对业务经营结果的担心，一般情况下，审批员工差旅申请时只看重出差事项，不太看重费用核算以及费用标准的管控。

② 预算无法实现事前管控。商旅预订大部分由员工自主完成，在报账后才审核预订结果，对差旅预订过程无管控，很多超预算、超标准的商旅费用，出于各种原因和各类超标理由，往往都能获得高层领导的特批而依然得以报销。

（3）数据信息不对称，风险高。

① 业务数据真实性难以验证，增加财务风险。费用报销流程中的审核人员仅能审核原始凭证，对于原始凭证的业务发生和金额真实性无法验证，企业会面临员工虚假报销的风险。

② 报表数据不及时、不准确，增加管理风险。手工报销的数据滞后，无法在费用发生后及时进行数据分类汇总、发现风险并恰当应对，企业费用管理风险增加。

（4）信息不完整，难以及时管理。

① 无法及时准确了解费用支出细节。只有代表费用发生结果的原始凭证（如出差地发生的出租车票），没有反映费用发生时的、原始凭证并未反映的数据（如上下车地点是否与出差目的相关等）。

② 难以对费用发生过程进行管控。除事前商旅出差申请审批外，商旅过程中费用的发生不受企业控制，企业只有在员工事后报销时才能知道费用发生的项目和金额。

3.3.2　智能商旅服务的模式

（1）商旅服务的概念。所谓商旅服务，又称为商旅管理，是指由第三方服务平台为众多企业因公差旅和出行活动提供服务。这类第三方服务平台又称为商旅服务公司（Travel Management Company，TMC）。根据艾瑞咨询《2019 年中国商旅管理市场白皮书》显示，2018 年中国商旅管理市场的交易规模为 2 261.2 亿元，差旅费用高达 2.4 万亿元，占据了全球差旅费用支出的 25%。然而，根据商务旅行和商务会议组织全球商务旅行协会（Global Business Travel Association，GBTA）2018 年统计显示，中国商旅管理的理念渗透率平均系数为 7%，而欧美企业的平均值为 25%。商旅成本已成为企业运营管理中仅次于人力成本的第二大可控成本。如何智能化改变商旅，让出行更高效，让服务更便捷，则是企业商旅及报账服务的新趋势。

（2）商旅服务创新的动因。

① 企业内生资金管理的变革。传统的商旅预订，都是由员工先行垫资、事后报销收款，尤其是随着信用卡、花呗等各种个人信用消费手段的普及，员工借款报销的情况日益减少。由于第三方商旅服务平台的出现，开始出现了由员工垫资向企业垫资（企业在商旅服务平台上预存资金、员工使用雇主企业预存资金进行商旅预订）转变，进而向商旅服务商垫资（商旅服务平台向雇主企业提供信用融资，双方定期结算企业雇员的商旅预订订单）转变。

② 新技术带动企业商业模式创新。云计算、大数据、移动互联网、人工智能等技术变革，带动了商业创新，具体如下。

● 社会化商业模式的发展。社会化商业模式，是指企业间通过连接、协同、共享，实现跨企业、社会化分工，共同创造和分享价值的商业模式。

● 平台型企业的繁荣。通过共享经济的发展，催生了众多平台型企业的诞生和发展。

● 交易平台化、金融泛在化。互联网金融的发展除推动交易平台化以外，还推动了金融泛在化，即在交易或价值链的任意环节都能伴生金融服务。

● 数据驱动型企业和数字企业的涌现。数据驱动型企业，是指将数据作为生产要素、创造价值的企业，大数据技术催生了数据驱动型企业；数字企业又称为"虚拟企业"，是将有形企业映射到无形的、虚拟的网络之中，形成一个与现实企业相对应的、密切相连的，其功能又能够局部或全部模拟企业行为的系统，而社会化商业模式的普及会让所有企业都在向数字企业转型。

（3）智能商旅服务的模式。

① "个人预订+报销"模式。员工个人自行选择 TMC 平台（如携程、去哪儿等）进行商旅预订并垫资，事后进行费用报销。

② TMC 线下模式。由企业选定单一 TMC，企业员工通过线下（如电话）进行商旅预订，由企业定期与 TMC 结算（即商旅服务商垫资）。

③ TMC 线上模式。由企业选定单一 TMC，企业员工通过线上（如 TMC 提供的 App）进行商旅预订，由企业定期与 TMC 结算。

④ 自建商旅平台模式。自建、外购第三方平台，整合多方资源，同时与内部管理系统打通，实现全流程商旅管理与服务。

3.3.3 智能商旅的特征及价值分析

（1）智能商旅与报账服务对传统模式的颠覆。智能商旅采用前后对企业及不同层级雇员的影响，如表 3-6 所示。

表 3-6 智能商旅采用前后对企业及不同层级雇员的影响

	采用前	采用后
企业	企业差旅费用居高不下，费用管控力度低；企业的差旅报销制度不能很好落实；企业的报销流程烦琐，员工满意度低	移动互联网时代的智能商旅及报账服务连接社会化服务资源，企业可以自行设置差旅规则，对差旅申请、审批、预订、支付和报销等差旅全流程进行自动化管理
普通员工	报销差旅费用时，每次都要填写厚厚一沓的报销单据；完成一次费用报销，需要拿着单据逐个找领导审批，审批领导经常出差、开会，个人垫付资金，报销不及时	员工管理个人商务旅行，随时随地进行出差申请、商旅及出行预订、差旅费用报销等，全部使用线上应用，提高工作效率；员工免除垫付资金，不需要贴票报销，商旅报账方便快捷，提高员工满意度
部门经理	不能及时了解费用预算执行情况及剩余额度；审核财务费用时，不能及时获得合法数据或相关材料的支持	及时审批员工差旅申请，实时掌握费用预算达成情况；提升管理水平，提高部门管理满意度，实现管理升级
财务人员	员工单据填写不规范；报销审核工作占用大量时间，票据审核困难；无法掌控各项目、各部门以及异地分公司的费用发生情况；企业财务制度难以落实，员工出差商旅预订五花八门，缺少费用报销制度的监管	简化财务核算，极大提升财务效率；有效管理员工差旅行为和差旅费用；帮助企业优化差旅管理规范和流程，将差旅管理规范化、信息化，提高企业的专业形象；提高差旅透明度和合规性，更好地进行预算规划、费用管控
企业领导层	不清楚公司的费用支出是否合理，是否带来相匹配的效益；费用管理中肯定有疏漏现象，费用居高不下，成本难以降低；不能按照企业内部管理的要求获取准确的费用分析数据	深入了解员工差旅行为、企业费用支出情况；为企业优化差旅制度、预算规划、员工行为管理、费用控制等提供决策依据

（2）智能商旅服务的建设方向，如图 3-26 所示。智能商旅服务的建设方向，打通企业商旅报账全流程，实现费用可视可控。

图 3-26 智能商旅服务的建设方向

（3）智能商旅服务建设特征。

① 应用全员化。让全体员工都参与进来，同时为员工提供智能简易的应用，提高员工满意度。

② 接入多端化。支持手机、平板电脑、PC 等设备随时随地接入。

③ 管控智能化。通过 OCR（光学字符识别）技术自动获取报账信息，且发票能自动验伪查重。

④ 链接社会化。企业内部信息系统与各类商旅交易平台实现连接、协同、共享，使得商旅服务便利、可控；企业同时能够获取和积累大量准确与及时的商旅交易数据，能够利用数据分析创造价值。

（4）智能商旅服务价值分析。智能商旅服务解决了传统费用控制管理模式下的痛点和难点，具体价值如下。

① 数据看得透，企业管得到。审批有依据，业务的真实性可以得到验证；费用报表数据实时有效，且可追溯；费用成本信息透明，风险管控有抓手；商旅实现集中采购，企业议价能力得到提升。

② 报销周期短，员工满意度高。员工报销单填制容易、审批快速、报销款到账快；员工可以少垫付、少跑腿、少贴票；员工进行费用报销不受时间和地点限制。

3.3.4 智能商旅服务共享作业处理

【特别提示】

智能商旅服务共享与差旅费用报销业务共享采用的是同样的工作流，在学习完 3.2 节后，无须再进行共享后流程设计与初始化设置。

（1）测试用例。

【例 3-10】鸿途集团水泥有限公司销售处销售服务办公室的销售员李军 2019 年 7 月 21—22 日从郑州出差到上海参加分销商大会。根据企业费用管理制度，只能购买经济舱机票，住宿酒店标准为 350 元/（日·人）。李军的身份证号码为 37033211995050××××，手机号码为 13813719×××。

2019 年 7 月 19 日李军通过商旅平台完成机票、酒店预订服务。25 日李军出差结束，通过商旅平台完成报销。鸿途水泥李军上海出差费用清单，如表 3-7 所示。

表 3-7　鸿途水泥李军上海出差费用清单

费用项目	总金额/元
去程机票（7 月 21 日郑州至上海），不含税金额为 939.91 元（包括机场建设费，即民航发展基金 50 元），税额为 80.09 元	1 020
返程机票（7 月 22 日上海至郑州），不含税金额为 775.69 元（包括机场建设费，即民航发展基金 50 元），税额为 65.31 元	841
目的地交通（出租车票 21 日从机场到酒店）	69
上海住宿费（七天淮海东路店 1 天），增值税专用发票（发票号为 15775457），税率为 6%，不含税金额为 319.81 元，税额为 19.19 元	339
出差补助（2 天）	60×2=120

（2）角色分配。按照 D-FSSC1.0 预置的差旅费用报销共享流程，需要参与操作的角色包括销售员、销售经理、总经理、业务财务、财务经理、费用初审、中心出纳、总账

主管等。在学生进行分工协作之前，每个小组由组长进行角色指派。

以组长身份登录 D-FSSC1.0，进入学习任务"D. 费用共享＞09. 智能商旅服务＞构建测试"，单击"1. 分配角色"学习步骤，按照指派的角色在系统中进行拖曳授权，授权结束后单击"完成设置"按钮保存。

（3）协作处理。

① 报账人扫码获取智能商旅 App。D-FSSC1.0 内置了一个仿真实训用的智能商旅 App，学生需要用微信扫描二维码模拟安装使用该 App。

以"销售员"角色的组员身份登录 D-FSSC1.0，进入学习任务"D. 费用共享＞09. 智能商旅服务＞构建测试"，单击"2. 操作商旅服务"学习步骤，系统将进入智能商旅 App 访问界面，如图 3-27 所示。用手机微信扫描图中的二维码，在手机上点击"继续访问"，进行连续两次确认，最终手机将进入智能商旅 App 页面，如图 3-28 所示。

图 3-27　微信扫码获取智能商旅 App

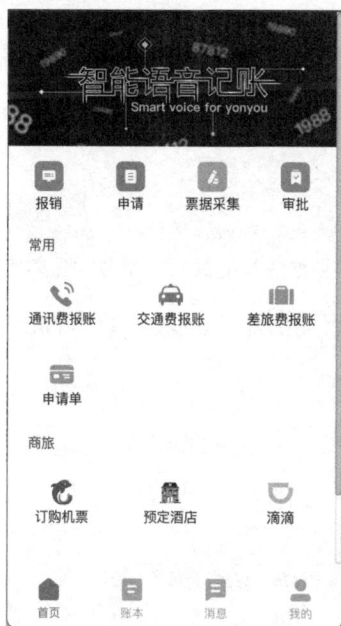

图 3-28　D-FSSC1.0 智能商旅 App 页面

【特别提示】

如果 D-FSSC1.0 的服务器安装在学校的局域网服务器内，则需要在实训场所安装学校局域网 Wi-Fi 接入点，并确保学生的手机能够通过 Wi-Fi 连接。若手机连接不畅，也可单击图 3-27 中二维码下方的"若 App 访问不畅，点击这里访问"处的链接，用 PC 机模仿手机 App 进行后续智能商旅服务共享作业处理实训。

图 3-27 中的二维码是本书编撰者使用测试服务器所产生的二维码。因为每个学校的 D-FSSC1.0 服务器安装位置不同，所产生的 App 访问二维码也会不同，请学生一定要进入本校 D-FSSC1.0 学习环境进行扫码访问，切勿扫描本教材图 3-27 中的二维码。

② 智能商旅 App 提交并审批出差申请。以"销售员"角色在智能商旅 App 中单击上方的"申请"图标及下一页的"申请单"图标，进入填写出差申请单界面，如图 3-29 所示。填写交通工具、日期、出发地、目的地、事由等信息后，单击"提交"按钮提交申请。

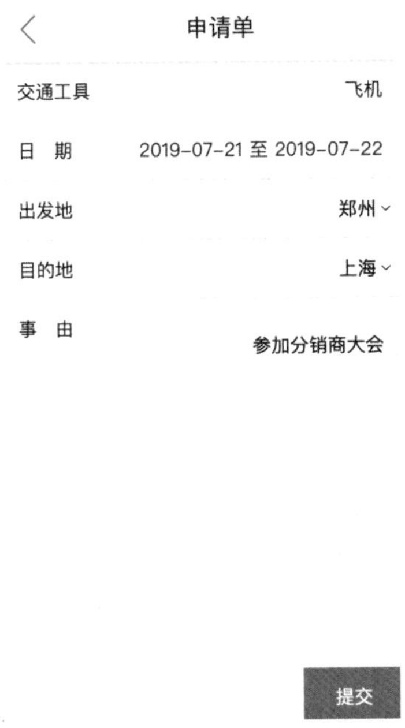

图 3-29　事前通过智能商旅 App 填写出差申请单界面

出差申请单提交成功后，智能商旅 App 转入待审批出差申请单列表界面，如图 3-30 所示。

图 3-30　智能商旅 App 待审批出差申请单列表界面

【特别提示 】

D-FSSC1.0 所仿真的智能商旅 App 重在让学生能够完整体会智能商旅流程，因此没有进行权限控制，制单人可以直接进行出差申请单的审批。

图 3-30 中单击刚刚提交的出差申请单，智能商旅 App 进入出差申请单审批界面，如图 3-31 所示。

图 3-31　智能商旅 App 出差申请单审批界面

③ 智能商旅 App 机票预订。

第一步，在图 3-31 中单击"同意"按钮，智能商旅 App 将提示是否立即购票，单击"确定"按钮，智能商旅 App 将进入机票预订界面，如图 3-32（a）所示。

第二步，依次选择航班、录入乘机人、进行在线支付，如图 3-32（b）、图 3-32（c）、图 3-32（d）所示。

第三步，用同样的方法，通过智能商旅 App 预订返程机票。

④ 智能商旅 App 差旅费报销明细维护。

第一步，单击智能商旅 App 首页的"差旅费报账"图标，进入差旅费报销单填制界面，如图 3-33（a）所示。

第二步，单击图 3-33（a）中的"添加报销明细"链接，进入报销明细选择界面，如图 3-33（b）所示，可以看出在线机票预订记录将自动成为可报销明细项目。

第三步，单击图 3-33（b）中右上角的"添加"按钮，依据本节测试用例（表 3-7）的数据，添加市内交通费明细项目，如图 3-33（c）所示，添加完成后单击"保存"按钮进行保存。用类似方法可以添加测试用例中的住宿费明细项目。

（a）

（b）

（c）

（d）

图 3-32　智能商旅 App 机票预订及付款

（a）	（b）	（c）

图 3-33　智能商旅 App 差旅费报销明细维护

⑤ 智能商旅 App 填制并提交差旅费报销单。

第一步，从所有可选明细中，选中将在此次差旅费报销单上进行报销的明细，如图 3-34（a）所示。

第二步，单击右下角的"确定"按钮，智能商旅 App 将自动添加差旅补助内容，如图 3-34（b）所示，并形成最终的差旅费报销单。单击图 3-34（b）右下角的"提交"按钮，便正式提交了差旅费报销单。

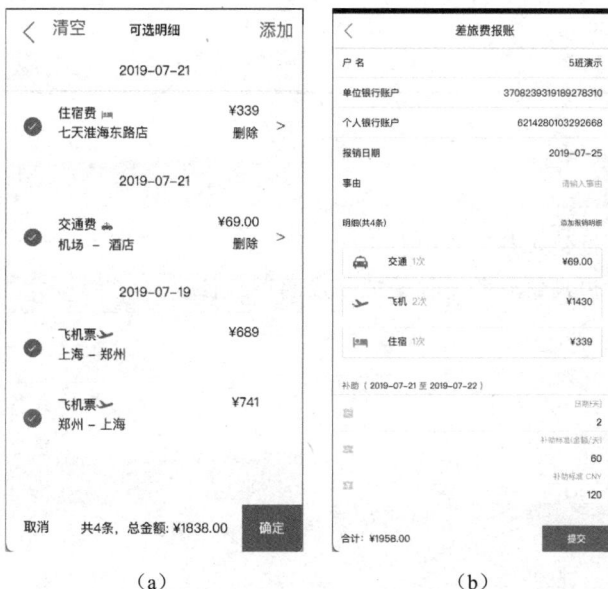

（a）	（b）

图 3-34　智能商旅 App 中选择报销明细并提交差旅费报销单

⑥ 通过 PC 端完成后续差旅费用报销流程。

后续流程与"3.2 差旅费用报销业务共享＞3.2.4. 差旅费用报销共享作业处理＞3. 协作处理"中的步骤（2）～（7）完全相同。

项目实训

鸿途集团智能商旅共享作业处理实训

鸿途集团水泥有限公司销售服务办公室的销售员李军 2019 年 7 月 11—12 日，郑州出差到三亚，11 日下午 1 点与客户洽谈，12 日支持当地水泥市场推介活动，活动 5 点结束。根据企业费用管理制度，只能选用经济舱，住宿酒店标准 300 元/（日·人），住宿费按从出发日期到返程到达日期的全部天数计算，每天补贴标准 60 元。

9 日李军通过商旅平台完成机票、酒店预订服务；13 日李军出差结束，通过商旅平台完成报销。鸿途水泥李军三亚出差费用清单，如表 3-8 所示。要求：分组进行角色扮演协同实训，完成智能商旅服务共享模式下的端到端差旅申请、商旅预订及差旅费用报销的完整流程及共享作业处理。

表 3-8　鸿途水泥李军三亚出差费用清单

费用项目	总金额/元
去程机票（7 月 11 日 CZ6224 航班），不含税金额为 1 205.96 元（包括机场建设费，即民航发展基金 50 元），税额为 104.04 元	1 310
返程机票（7 月 12 日 CZ6223 航班），不含税金额为 1 343.58 元（包括机场建设费，即民航发展基金 50 元），税额为 116.42 元	1 460
目的地交通（出租车）	48+51=99
住宿费（1 天）：三亚凤凰岛酒店，增值税专用发票税率为 6%，不含税金额为 271.70 元，税额为 16.30 元	288
出差补助（2 天）	60×2=120

思考题：

1. 画 EER 费用报销业务流程图。

2. 思考 EER 费用报销业务流程管理制度的逻辑性。

第**4**章 PTP 采购管理-应付共享

知识导读

应付共享主要通过介绍采购到付款业务的一般概念和典型流程，让学生了解什么是采购付款业务。然后通过介绍实施财务共享之前付款管理的流程和存在的现实问题，引导学生做出实施共享后的付款流程，根据流程完成实训操作。使得学生在了解基础知识点的同时，也掌握了财务共享付款的具体方法。

学习目标

➢ 掌握采购的基本概念

➢ 理解生产制造的不同采购场景

➢ 能够在财务共享信息系统中完成采购发票信息登记工作

➢ 能够在财务共享信息系统中完成采购到付款流程中业务单据的审核工作并生成记账凭证

➢ 能够绘制出企业实施财务共享模式后的采购到付款业务流程图

➢ 培养熟悉企业采购管理制度，严格实施会计监督的职业操守

4.1 认知采购管理-应付业务

4.1.1 企业采购业务介绍

1. 采购的概念

采购是指企业购买物资（或接受劳务）及支付款项等相关活动。其中，物资主要包括企业的原材料、商品、工程物资、固定资产等。采购是企业生产经营的起点，既是企业的"实物流"的重要组成部分，又与"资金流"密切关联。众所周知，采购物资的质量和价格、供应商的选择、采购合同的订立、物资的运输、验收等供应链状况，在很大程度上决定了企业的生存与可持续发展。采购流程的环节虽不很复杂，但蕴藏的风险却

是巨大的。采购概念涉及以下两个关键的方面。

（1）采购标的物为物资（或劳务）。

（2）采购要支付与采购标的物相对应的款项。

2. 常见采购物资分类

企业对采购物资会进行分类管理。不同物资类别的业务特征不同，采购业务控制关键点也将有所不同。

（1）工业企业的采购物资，一般分为主要生产原材料、辅材、资产设备、备品备件与工具、办公劳保等低值易耗品。

（2）商业企业的物资，主要就是面向最终消费者的商品，一般可以按照消费者的需求及特征（如衣、食、住、用、行）划分，分为食品类、服装类、鞋帽类、日用品类、家具类、家用电器类、纺织品类、五金电料类、厨具类等。

（3）服务型行业的物资，可以分为资产设备、项目物资、运维物资等。

4.1.2 工业企业典型采购业务流程

本书所使用的主要案例是鸿途集团水泥板块，该板块也是工业企业的一种。

1. 通用采购业务环节

工业企业的通用采购业务环节包括签订购销合同、下达采购订单、采购到货、验收入库、收到发票并确认应付账款、付款结算与核销等，如图 4-1 所示。

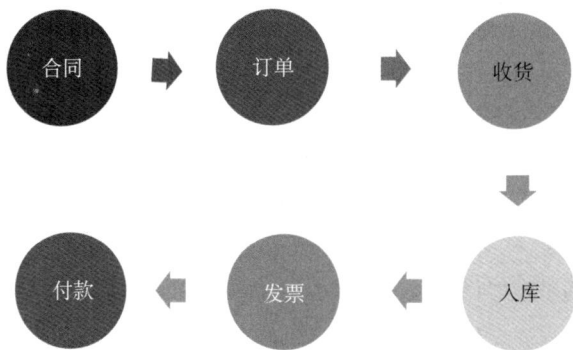

图 4-1　工业企业的通用采购业务环节

（1）签订购销合同。对于工业企业来说，采购物资（原材料、主要辅料、生产设备零配件等）的质量至关重要，且采购物资所占的生产成本比例也较高，因此往往由工业企业的采购部门及其多个部门一起，一次性与供应商签订长期（如一年）的购销合同，需要补货时再分次视需要量向供应商下达采购订单。

（2）下达采购订单。工业企业往往根据不同物资采取不同的订货模型，确定不同的再订货点和订货数量。当到达再订货点时，由工业企业的采购部门向供应商下达订货订单。采购订单是企业与供应商之间结算的重要依据。

（3）采购到货。工业企业采购部门跟踪采购订单的执行，当采购物资到达指定的仓库时，采购部门根据采购订单核对货物，并通知仓库、质检等部门。

（4）验收入库。质检部门进行质量检验后，仓库办理采购物资入库。

（5）收到发票并确认应收账款。采购部门接收供应商开具的发票，核对无误后发起结算付款请求，并将采购物资的入库单与发票移交财务部门。财务部门进行三单（订单、入库单、发票）匹配，匹配成功后确认对供应商的应付账款。

（6）付款结算与核销。财务部门根据采购部门发起的付款请求，结合购销合同中的付款条件，对供应商进行付款。付款成功（如收到银行回单）后，核销供应商的应付账款。

2. 集团企业集中采购的典型业务流程

对于集团企业来说，往往采用集团统管（集中）采购与子公司自主（分散）采购相结合的方式。一般来说，重要的物资及大宗物资（即采购数量或金额很大的物资），往往纳入集团统管采购的范围；而一般物资或小额零星物资，则可纳入子公司自主采购的范围。

集团集中采购物资，一般要经过供应商准入、供应商集中招投标、采购协议审批、采购到货与付款等环节。

（1）供应商准入。集团统管采购物资的供应商，集团要统一供应商的遴选标准。各业务单元可以寻找或推荐备选供应商，但要经过集团统一审批，审批后纳入集团层级的供应商档案，供全集团共享。集团企业在建立共享中心前，供应商准入的牵头单位可能是集团采购部门；建立共享中心后，可以由共享中心来实施供应商准入的审批。

（2）供应商集中招投标。为了确保集团集中采购的可靠性和经济性，集团往往会定期或不定期收集、汇总各业务单元的采购需求，并进行公开采购招标。

（3）采购协议审批。当招标结束后，集团、各业务单元将与中标供应商签订框架性合作协议或合同。

（4）采购到货与付款。业务单元根据经营需要发起统管物资的采购需求，集团汇总需求并向签约供应商下达采购订单。假设采用分散收货模式，即汇总采购订单上标明多家不同子公司的采购数量和收货仓库地点，货物到达指定地点后，各子公司进行收货、检验入库、应付立账，然后子公司根据合同付款条件发起付款申请、审批、支付结算流程。

🛠️ 项目实训

绘制鸿途集团备品备件集中采购的流程图

参照鸿途集团备品备件采购流程图现状，如果改用集团集中采购的模式，用 Microsoft

Visio 跨智能带的流程图绘制鸿途集团可能的备品备件采购流程。（不考虑财务共享服务中心的建设）

4.2 备品备件采购业务共享

4.2.1 共享前典型痛点

备品备件采购，一般作为子公司自主采购来对待。在集团企业实现共享前，典型的痛点有以下几个方面。

（1）总部与分子公司之间无法实现采购数据、供应商、采购价格的共享。

（2）采购数量的控制比较严格，需依据采购计划采购，一般不按照经济批量来采购。

（3）采购计划的跟踪欠缺，只关注库存数量，不关注采购计划执行后是否使用。

（4）采购计划分配到多个部门，流程烦琐，效率不高。

4.2.2 备品备件采购共享需求分析

1. 共享后的功能要求

田螺水泥集团是国内上市的知名集团型水泥生产企业，其备品备件采购业务需求如下。

（1）建立财务共享服务中心后，尽量保持业务流程的稳定性。

① 根据传递到 FSSC 的业务单据，确定流程中业务单元与 FSSC 的边界，该业务单据需要经过 FSSC 的审核或初审。

② FSSC 接收业务单据所随附的原始凭证，均由制单人在制单后立即扫描上传；此后需要审核该业务单据的环节，均同时审核该业务单据的原始单据影像。

③ 保留在业务单元的工作，流程和职责不变，但原业务单元财务部的工作除财务经理职责外，均由业务财务承担。

（2）田螺水泥集团的所有收付款均以网银（银企直联）方式完成。

（3）田螺水泥集团选择的是单共享中心模式。

2. 共享后流程用到的业务单据

【例 4-1】田螺水泥集团基于用友 NC Cloud 实施备品备件采购业务共享时，所使用到的业务单据如表 4-1 所示，各列的含义与表 3-1 相同。

表 4-1　田螺水泥集团备品备件采购业务共享的业务单据列表

序号	名称	是否进入FSSC	是否属于作业组工作	流程设计工具
1	采购订单	N	—	审批流

续表

序号	名称	是否进入 FSSC	是否属于作业组工作	流程设计工具
2	入库单	N	—	审批流
3	采购发票	N	—	审批流
4	应付单	Y	Y	工作流
5	付款单	Y	Y	工作流

4.2.3　共享后备品备件采购流程设计与 NC Cloud 配置

1. 共享后流程设计

【例 4-2】在田螺水泥集团备品备件采购业务现状流程的基础上，结合企业的财务共享需求（参见 4.2.2 节），根据企业财务职责和部门的调整情况及财务共享服务中心应付岗位的初始配置情况，设计共享后的备品备件采购流程。

【解析】采购订货、订货入库这两个流程因为不涉及职责调整到 FSSC 的情况，不用重新设计；图 4-2 与图 4-3 是田螺水泥集团共享后备品备件采购流程中应付挂账和应付账款付款的设计结果，设计依据如表 4-2 所示。

表 4-2　田螺水泥集团共享后备品备件采购流程设计依据

序号	共享前	共享后	设计依据
1	财务处存货会计录入、保存采购发票，提交应付单	改由业务单元业务财务完成	业务单元只保留业务财务岗和财务经理岗
2	无	业务单元业务财务扫描上传影像	FSSC 与业务单元和原始凭证不在一起，要基于影像进行共享审核
3	无	应付初审岗审核应付单及付款单	从应付初审岗开始，应付挂账和应付账款付款流程从业务单元进入 FSSC 环节
4	财务处出纳通过网银进行支付	中心出纳岗通过银企直联支付	资金结算实现了 FSSC 共享，同步建设了银企直联
5	财务处总账会计审核记账凭证	FSSC 总账主管岗审核记账凭证	集团实现总账共享，总账会计的职责不再隶属于业务单元

2. NC Cloud 工作流配置

当共享后的备品备件采购流程设计出来以后，需要将流程在 NC Cloud 中进行配置。

（1）进入 D-FSSC1.0 学习任务。以学生的账号登录 D-FSSC1.0 的学习中心，进入学习任务"E. 采购管理–应付共享＞12. 备品备件采购业务＞构建测试"。

（2）以系统管理员角色进入系统配置任务步骤。单击"3. 系统配置"学习步骤，然后单击"系统管理员"角色头像。

（3）登录 NC Cloud 重量端。

（4）设置工作流。根据表 4-2，在备品备件采购共享后流程中，设置应付单、付款单

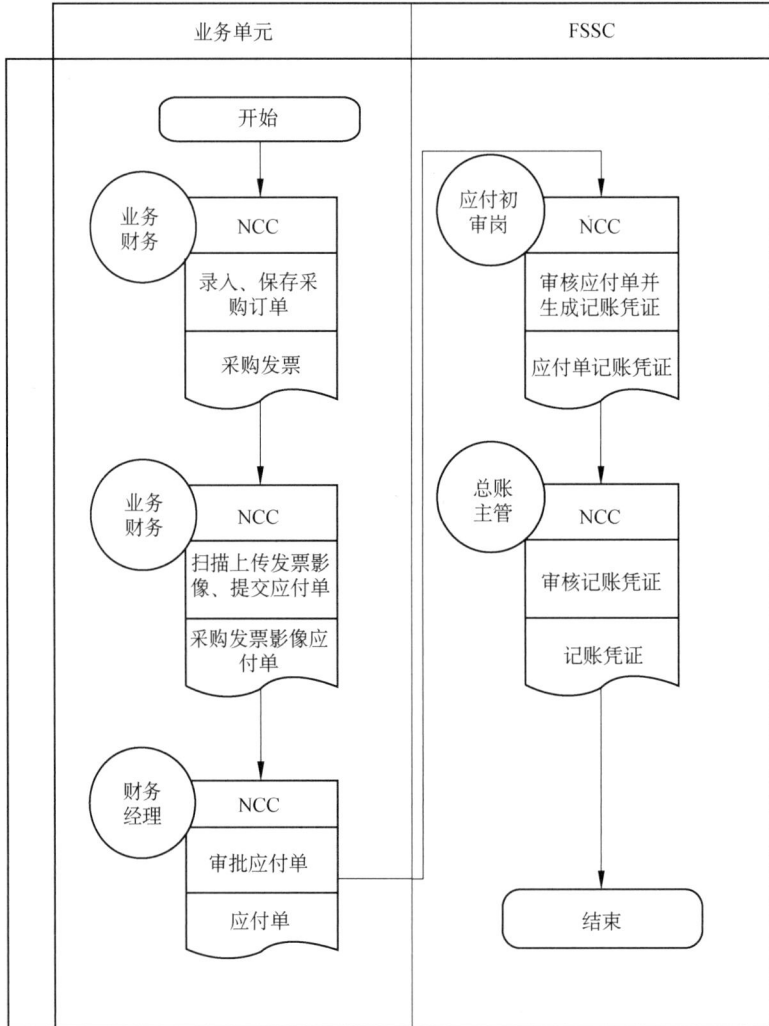

图 4-2 田螺水泥集团共享后备品备件采购流程设计-应付挂账

的工作流。双击 NC Cloud 重量端"功能导航"页签下面的"动态建模平台>流程管理>流程设计>工作流定义–集团"菜单，系统将打开工作流定义窗口。在左上角查询窗口中依次录入"应付单"和"付款单"，分别选中查询结果"F1 应付单""F3 付款单"，然后单击"新增"按钮，便可进入图 3-10 所示的工作流定义窗口。分别按照图 4-2 设置应付单的工作流、按照图 4-3 设置付款单的工作流。

3. 启用 D-FSSC1.0 预置的审批流和工作流

（1）启用采购订单预置的审批流。D-FSSC1.0 预置了一个采购订单的审批流，但尚未启用。以系统管理员身份进入 NC Cloud 重量端，双击"功能导航"页签下面的"动态建模平台>流程管理>流程设计>审批流定义–集团"菜单，系统将打开审批流定义窗口。在左上角查询框中录入"采购订单"，选中查询结果"21 采购订单"，在右侧选中已经预置的审批流，然后单击顶部的"启用>启用"菜单，如图 4-4 所示。

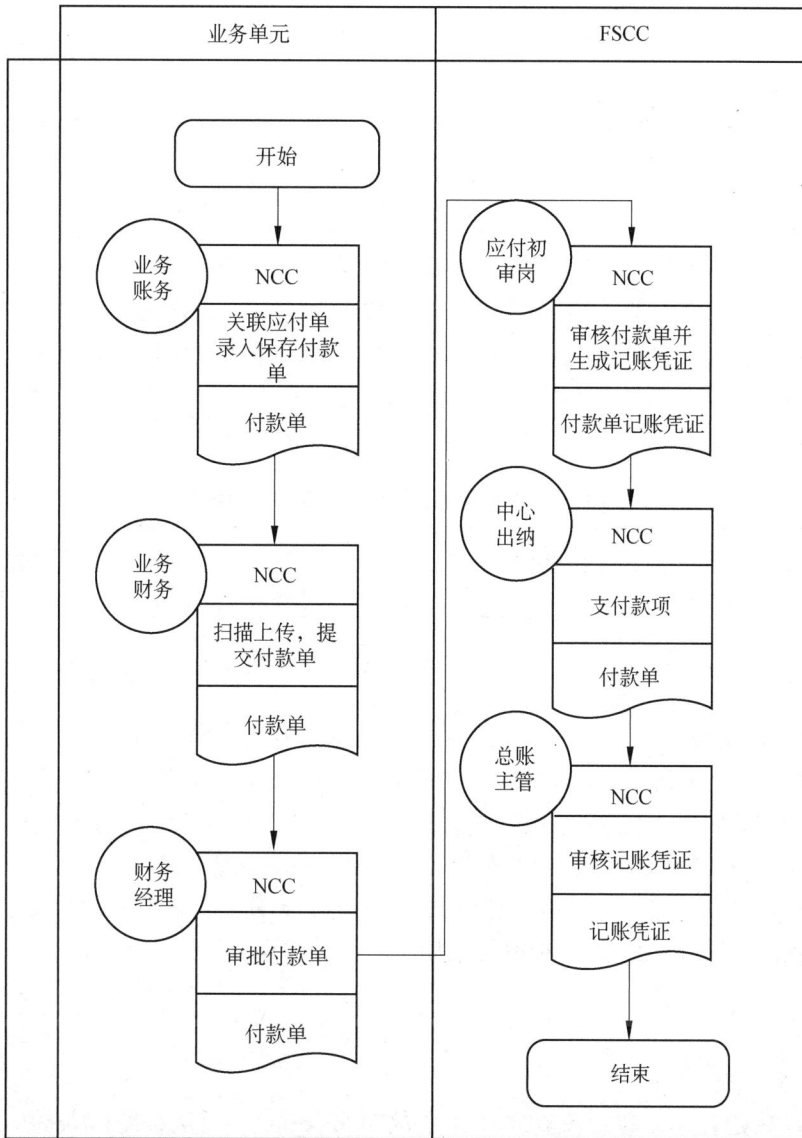

图 4-3　田螺水泥集团共享后备品备件采购流程设计–应付账款付款

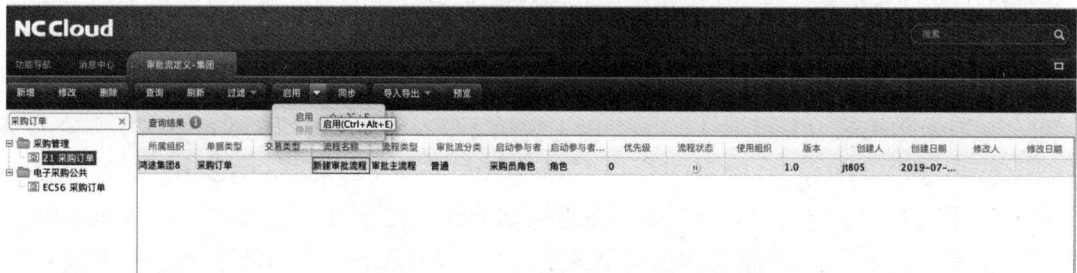

图 4-4　启用 D-FSSC1.0 预置的采购订单审批流

（2）启用应付单和付款单预置的工作流。D-FSSC1.0 还分别预置了应付单和付款单共享后的工作流，但尚未启用。学生可以不自行配置工作流，而是采用 "3.2 差旅费用报销业务共享"中所使用的方法，如图 3-11 所示，启用预置的工作流。

4.2.4 备品备件采购共享作业处理

1. 测试用例

【例 4-3】2019 年 7 月 8 日，鸿途集团水泥有限公司提出备品备件采购需求，如表 4-3 所示，其中单价含有 13%的增值税。2019 年 7 月 15 日，"公制深沟球轴承"到货并检验入库（备品备件库），采购发票随货同到，财务部同日完成应付挂账流程。2019 年 7 月 22 日，公司启动付款流程并完成该笔款项支付，其中"结算方式"为网银（银企直联），付款方的"单位银行账号"选账号编码较大的账号（支出户）。

表 4-3 鸿途水泥备品备件 7 月 8 日请购信息

物料名称	需求数量	含税单价/元	供应商
公制深沟球轴承	80	1 130	东莞市大朗昌顺五金加工厂

2. 角色分配

（1）确定组员分工。按照 D-FSSC1.0 预置的备品备件采购端到端共享流程，需要参与操作的角色包括采购员、采购经理、仓管员、业务财务、财务经理、应付初审、中心出纳、总账主管等。在学生进行分工协作之前，每个小组由组长进行角色指派。

（2）系统中分配角色。以组长身份登录 D-FSSC1.0，进入学习任务"E. 采购管理-应付共享＞12. 备品备件采购业务＞构建测试"，单击"2. 分配角色"学习步骤，按照指派的角色在系统中进行拖曳授权，授权结束后单击"完成设置"按钮保存。

3. 协作处理

（1）采购订货。

① 签订采购订单。以"采购员"角色的组员身份登录 D-FSSC1.0，进入学习任务"E. 采购管理-应付共享＞12. 备品备件采购业务＞构建测试"，单击"4. 协作处理"学习步骤。单击"采购员"角色头像图标，并选择进入 NC Cloud 轻量端，然后单击"采购业务＞采购订单维护"快捷入口，进入 NC Cloud 采购订单维护页面。单击右上角的"新增＞自制"菜单，进入 NC Cloud 采购订单录入界面。按照例 4-3 中的测试用例进行填报，如图 4-5 所示，填报完毕后，单击右上方的"保存提交"按钮正式提交。

② 审批采购订单。以"采购经理" 角色的组员身份登录 D-FSSC1.0，进入学习任务"E. 采购管理-应付共享＞12. 备品备件采购业务＞构建测试"，单击"4. 协作处理"学习步骤。单击"采购经理"角色头像图标，并选择进入 NC Cloud 轻量端，在审批中心区域会发现有一个"未处理"状态的单据。单击"未处理"入口，找到步骤①所提交的待审批采购订单，单击后，NC Cloud 将进入采购订单审批界面，如图 4-6 所示。单击右上角的"批准"按钮，可完成采购订单的审批工作。

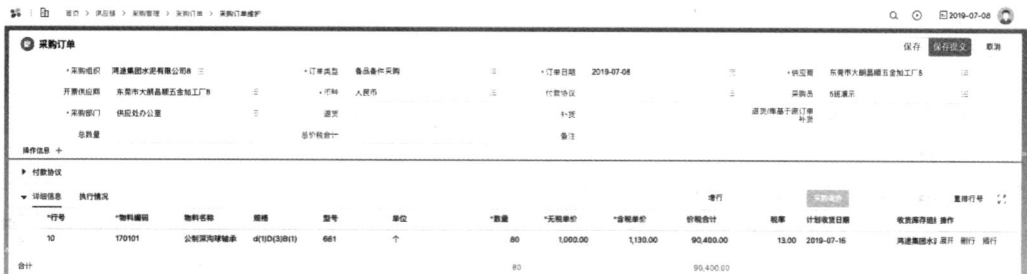

图 4-5　NC Cloud 采购订单录入界面

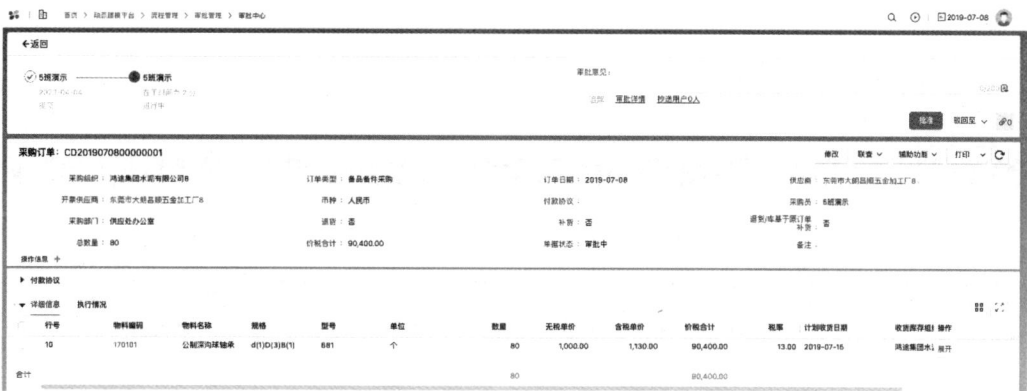

图 4-6　NC Cloud 采购订单审批界面

（2）订货入库。在业务实务中，当采购员收到供应商发货通知后及时跟踪运输过程，当货物到达企业时接收货物并按照供应商提供的到货单和采购订单清点货物，无误后签收并通知仓库和质检部门。质检部门进行必要的质量检验，合格后仓库的仓管员启动订货入库流程。

以"仓管员"角色的组员身份登录 D-FSSC1.0，进入学习任务"E. 采购管理–应付共享＞12. 备品备件采购业务＞构建测试"，单击"4. 协作处理"学习步骤。单击"仓管员"角色头像图标，并选择进入 NC Cloud 轻量端。单击"业务处理＞采购入库"快捷入口进入"采购入库"页面，再单击右上角的"新增＞采购业务入库"菜单。NC Cloud 进入"选择订单/到货单"页面。再单击右上角的"采购订单"页签。"收货库存组织"，选择鸿途集团水泥有限公司。"计划收获日期"，选择"本月～今日"。单击"查询"按钮，NC Cloud 将查询出所有待入库的采购订单，如图 4-7 所示。

选中步骤（1）审批通过的采购订单，然后单击右下角的"生成入库单"按钮，NC Cloud 将生成入库单并返回"采购入库"页面。"仓库"选择"备品备件库"，"实收数量"录入实际验收入库的数量，如 80 个，"入库日期"输入"2019-07-15"，如图 4-8 所示。最后单击"保存"按钮完成采购入库操作，并单击保存后页面顶部的"签字"按钮确认入库。

（3）应付挂账。在业务实务中，当采购员收到供应商发票且企业已经完成采购入库操作、生成采购入库单之后，外部原始凭证（到货单、供应商发票等）将移交给财务部的业务财务人员，启动应付账款立账（或称为挂账）流程，确认对供应商的负债。

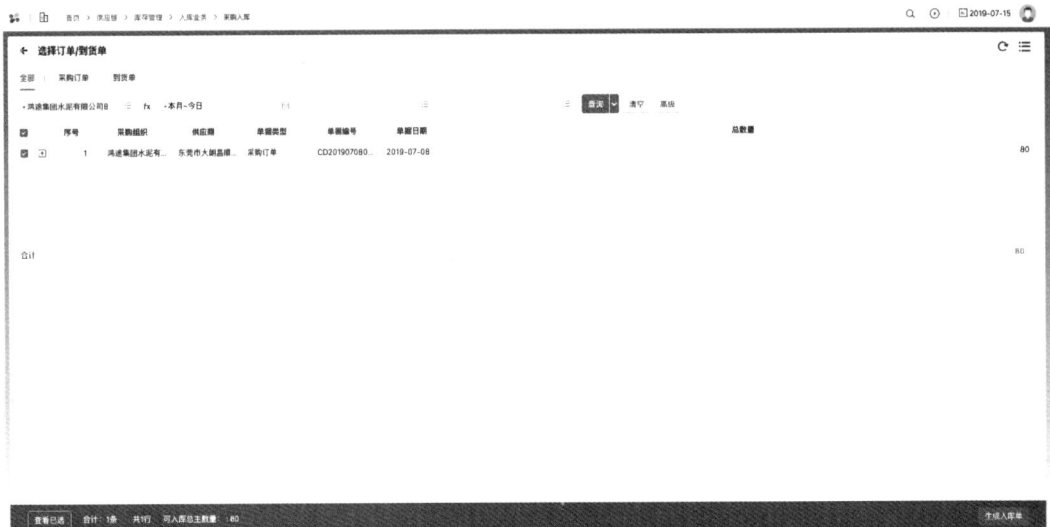

图 4-7　NC Cloud 采购入库–选择采购订单生成入库单

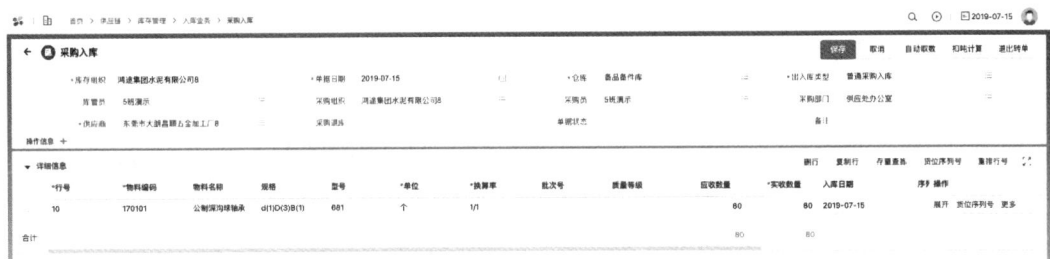

图 4-8　NC Cloud 生成入库单后的采购入库页面

① 根据采购入库单生成采购发票，以"业务财务"的角色登录 D-FSSC1.0，进入学习任务"E. 采购管理–应付共享＞12. 备品备件采购业务＞构建测试"，单击"4. 协作处理"学习步骤。单击"业务财务"角色头像图标，并选择进入 NC Cloud 轻量端。单击"采购业务＞采购发票维护"快捷入口，NC Cloud 进入采购发票管理页面。单击右上角的"新增＞收票"菜单，NC Cloud 进入"选择订单/入库单"页面。选择"采购入库单"页签，"结算财务组织"选择鸿途集团水泥有限公司，"入库日期"选择"本月～今日"，单击"查询"按钮，NC Cloud 将列出符合条件的采购入库单，如图 4-9 所示。

选中步骤（2）中生成并签字的采购入库单，然后单击右下角的"生成发票"按钮，NC Cloud 便根据采购入库单生成相应的采购发票信息，如图 4-10 所示。单击右上角的"保存提交"按钮进行采购发票的提交，NC Cloud 将保存发票并根据发票生成应付单。

② 扫描上传影像并提交应付单。以"业务财务"的角色登录 D-FSSC1.0，进入学习任务"E. 采购管理–应付共享＞12. 备品备件采购业务＞构建测试"，单击"4. 协作处理"学习步骤。单击"业务财务"角色头像图标，并选择进入 NC Cloud 轻量端。单击"采购业务＞应付单管理"快捷入口，NC Cloud 进入应付单页面。"财务组织"选择鸿途集团水泥有限公司，"单据日期"选择"本周～今日"，单击"查询"按钮，NC Cloud 将列出所有满足条件的应付单，如图 4-11 所示。

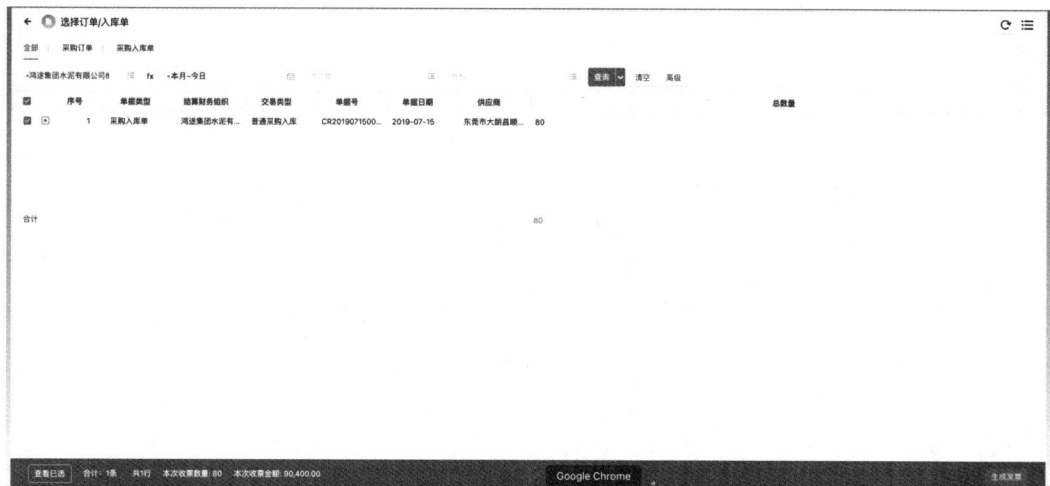

图 4-9 NC Cloud 采购发票生成–选择订单/入库单页面

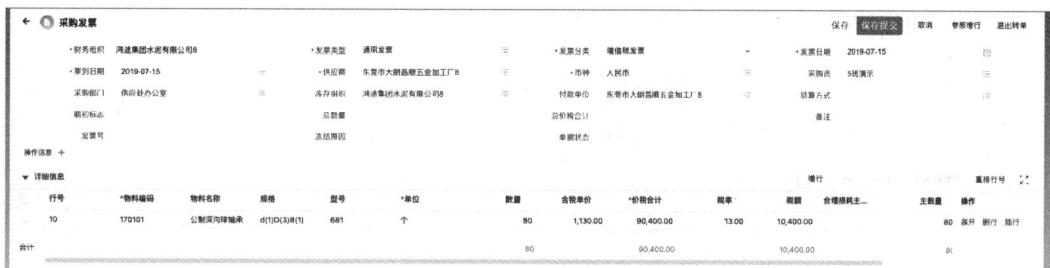

图 4-10 NC Cloud 采购发票生成后提交页面

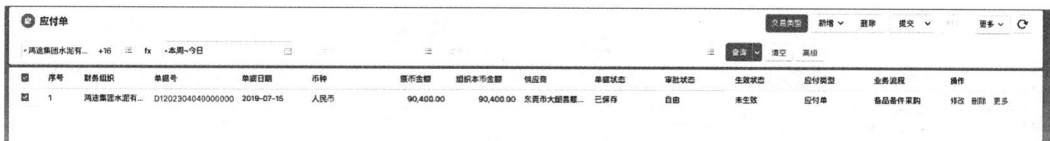

图 4-11 NC Cloud 应付单管理–查询应付单

选中步骤①所生成的应付单，单击右上角"更多＞影像管理＞影像扫描"菜单，便可扫描上传采购发票物理单据（如增值税专用发票的发票联和抵扣联等）的电子影像，如图 3-16 所示。扫描完成后，单击图 4-11 右上角的"提交"按钮，将应付单提交。

③ 审批应付单。以"财务经理"的角色登录 D-FSSC1.0，进入学习任务"E. 采购管理–应付共享＞12. 备品备件采购业务＞构建测试"，单击"4. 协作处理"学习步骤。单击"财务经理"角色头像图标，并选择进入 NC Cloud 轻量端，在审批中心区域会出现一个"未处理"状态的单据。单击"未处理"入口，找到步骤②所提交的待审批应付单，如图 4-12 所示，单击"财务经理角色<批准>"按钮，可完成应付单的审批工作。

④ FSSC 应付单作业处理。以"应付初审岗"的角色登录 D-FSSC1.0，进入学习任务"E. 采购管理–应付共享＞12. 备品备件采购业务＞构建测试"，单击"4. 协作处理"学习步骤。单击"应付初审岗"角色头像图标，并选择进入 NC Cloud 轻量端。NC Cloud 会进入 FSSC 作业平台看板页面，如图 3-20 所示。单击作业平台中的"我的作业＞提取

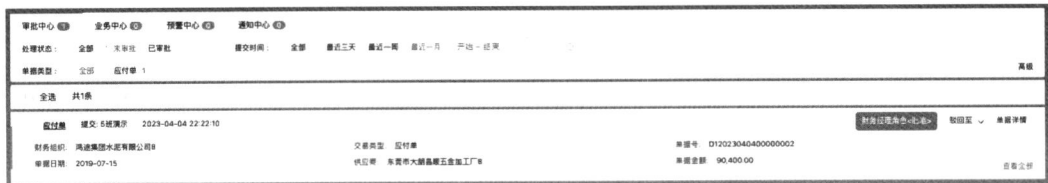

图 4-12　NC Cloud 应付单审批-财务经理角色

任务"链接，便可依照本教材第 2 章财务共享服务规划与设计中对 FSSC 进行系统初始设置时所设置的单据提取规则，进行待处理单据的提取工作。刷新作业平台看板页面，会发现"我的作业＞待处理"单据数量从 0 变成了 1。单击"我的作业＞待处理"链接，NC Cloud 轻量端将进入"我的作业"作业列表页面，如图 3-21 所示。单击"单据编码"列的链接，便可进入应付单审核界面，如图 4-13 所示。

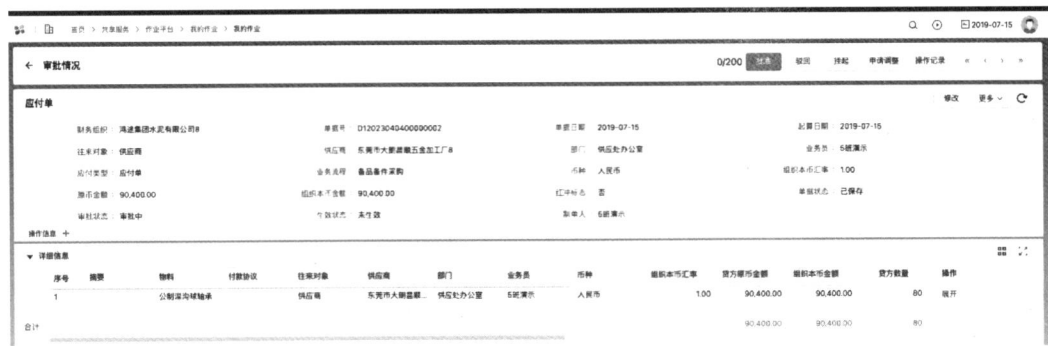

图 4-13　NC Cloud 应付单审核界面

图 4-13 中，单击右上角的"更多＞影像管理＞影像查看"菜单，可以查看前序环节扫描上传的原始凭证影像。应付初审岗单击"批准"按钮，批准所提取的应付单单据，NC Cloud 将自动生成应付挂账的总账凭证。

⑤ FSSC 应付挂账总账凭证审核。以"总账主管岗"角色的组员身份登录 D-FSSC1.0，进入学习任务"E. 采购管理-应付共享＞12. 备品备件采购业务＞构建测试"，单击"4. 协作处理"学习步骤。单击"总账主管岗"角色头像图标，并选择进入 NC Cloud 轻量端。然后单击"凭证管理"页签下的"凭证审核"快捷入口，进入 NC Cloud 的凭证审核页面。左上角"财务核算账簿"选择鸿途集团水泥有限公司的基准账簿，"制单日期"可以选择"去年～今年"，NC Cloud 将列出所有符合条件的待审核记账凭证，如图 3-24 所示。找到新生成的应付挂账记账凭证并双击，NC Cloud 便打开该凭证的详细页面，如图 4-14 所示。总账主管岗可以在凭证详细页面中单击右上角的"审核"按钮进行该记账凭证的审核。

（4）应付账款付款。

① 关联应付单生成付款单。以"业务财务"的角色登录 D-FSSC1.0，进入学习任务"E. 采购管理-应付共享＞12. 备品备件采购业务＞构建测试"，单击"4. 协作处理"学习步骤。单击"业务财务"角色头像图标，并选择进入 NC Cloud 轻量端。单击"采购业务＞

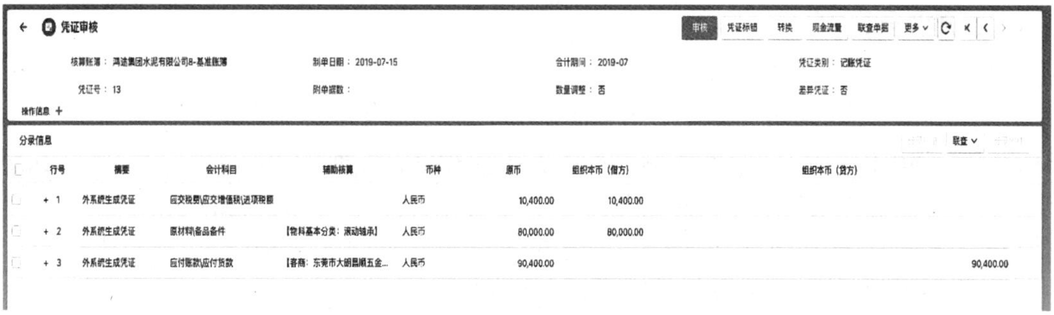

图 4-14　NC Cloud 应付挂账记账凭证详细页面

付款单管理"快捷入口，NC Cloud 进入付款单管理页面。单击右上角的"新增＞应付单"菜单，NC Cloud 进入"选择应付单"页面。左上角"财务组织"选择鸿途集团水泥有限公司，"单据日期"选择"上月～今日"，单击"查询"按钮，NC Cloud 将列出符合条件的应付单。选中步骤（3）所审核通过的应付单，如图 4-15 所示，单击右下角的"生成下游单据"按钮，便可生成付款单，如图 4-16 所示。在图 4-16 中，"结算方式"选择"网银"方式（即采用银企直联、购买方直接支付的方式），"付款银行账户"选择购买方的支出户。单击右上角的"保存"按钮保存付款单。

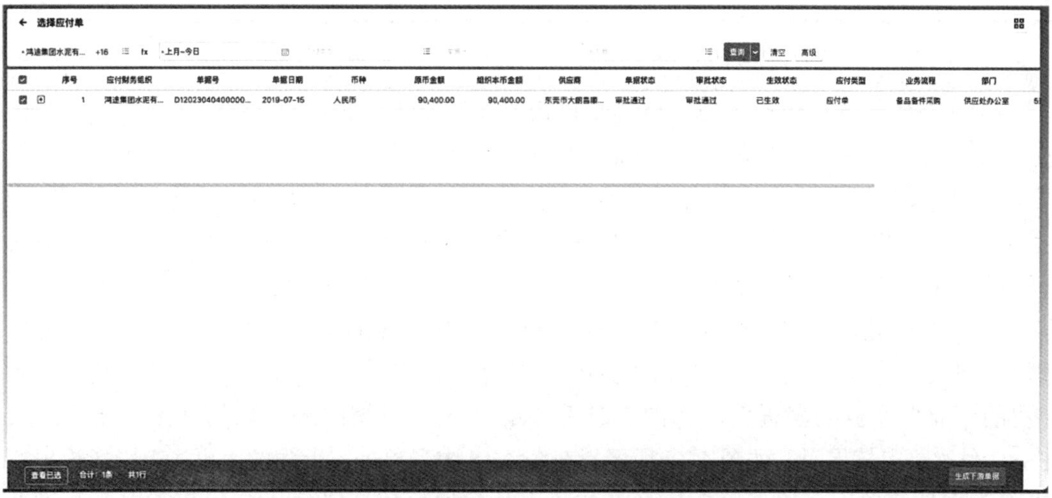

图 4-15　NC Cloud 由应付单生成付款单–查询应付单

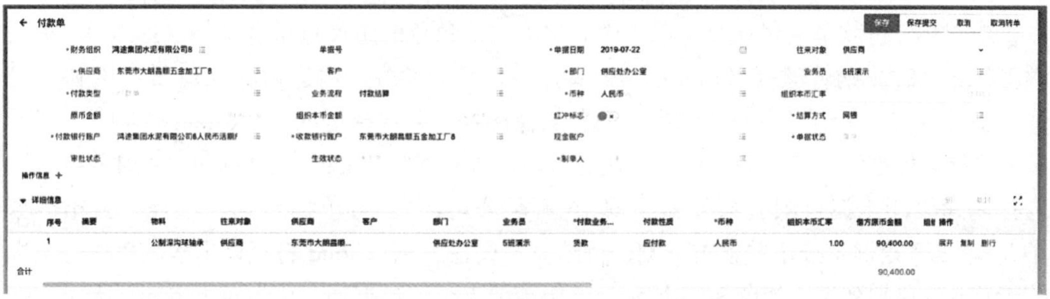

图 4-16　NC Cloud 由应付单生成付款单

【特别提示】

为了便于教学，D-FSSC1.0 给鸿途集团每家子公司准备的外部银行账户中，账号较大的账户作为企业基本存款账户，同时也作为企业的支出户。

② 扫描上传影像并提交付款单。在图 4-16 保存后的页面上，单击右上角的"更多＞影像管理＞影像扫描"菜单，便可为该付款单扫描上传必要原始凭证的电子影像（如其他付款方式的银行回单等）。扫描完成后，单击右上角的"提交"按钮，将付款单提交。

③ 审批付款单。以"财务经理"的角色登录 D-FSSC1.0 进入学习任务"E.采购管理–应付共享＞12.备品备件采购业务＞构建测试"，单击"4.协作处理"学习步骤。单击"财务经理"角色头像图标，并选择进入 NC Cloud 轻量端，在审批中心区域会发现有一个"未处理"状态的单据。单击"未处理"入口，找到步骤②所提交的待审批付款单，如图 4-17 所示，单击该行的"财务经理角色＜批准＞"按钮，可完成付款单的审批工作。

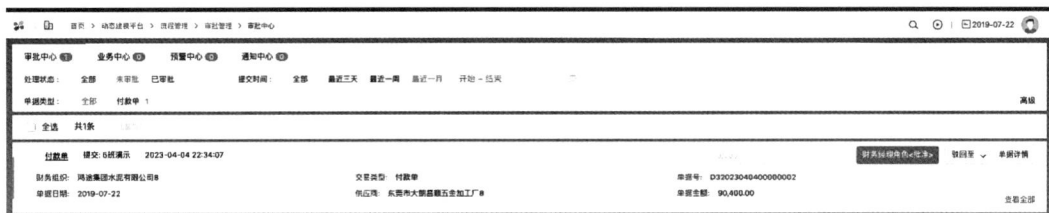

图 4-17　NC Cloud 付款单审批–财务经理角色

④ FSSC 付款单作业处理。以"应付初审岗"的角色登录 D-FSSC1.0，进入学习任务"E.采购管理–应付共享＞12.备品备件采购业务＞构建测试"，单击"4.协作处理"学习步骤。单击"应付初审岗"角色头像图标，并选择进入 NC Cloud 轻量端。NC Cloud 会进入 FSSC 作业平台看板页面，如图 3-20 所示。单击作业平台中的"我的作业＞提取任务"链接，便可依照本教材第 2 章中对 FSSC 进行系统初始设置时所设置的单据提取规则，进行待处理单据的提取工作。刷新作业平台看板页面，会发现"我的作业＞待处理"单据数量从 0 变成了 1。单击"我的作业＞待处理"链接，NC Cloud 轻量端将进入"我的作业"作业列表页面，如图 3-21 所示。单击"单据编码"列的链接，便可进入 FSSC 付款单审核界面，如图 4-18 所示。在图 4-18 中，单击右上角的"更多＞影像管理＞影像查看"菜单，可以查看前序环节扫描上传的原始凭证影像。应付初审岗单击"批准"按钮，批准所提取的付款单单据，NC Cloud 将自动生成应付账款付款的总账凭证。

⑤ FSSC 付款单支付结算。以"中心出纳岗"角色的组员身份登录 D-FSSC1.0，进入学习任务"E.采购管理–应付共享＞12.备品备件采购业务＞构建测试"，单击"4.协作处理"学习步骤。单击"中心出纳岗"角色头像图标，并选择进入 NC Cloud 轻量端。然后单击"结算处理"页签下的"结算"快捷入口，进入 NC Cloud 的结算页面。"财务组织"选择鸿途集团水泥有限公司及其下属 16 家子公司，"业务单据日期"选择"去年～今年"，单击"查询"按钮并单击左侧"待结算"页签，NC Cloud 将查询出水泥板块待结算的所有业务单据列表，如图 3-23 所示。选中需要支付的单据行，单击右上方的"支付＞网上转账"并确定进行网上支付，则系统便完成了"银企直联"模式下的支付结算操作。

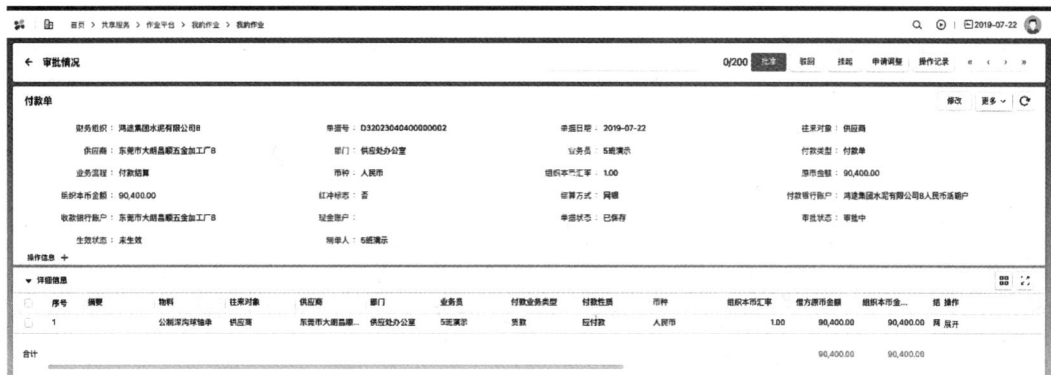

图 4-18　NC Cloud FSSC 付款单审核界面

⑥ FSSC 应付账款付款总账凭证审核。以"总账主管岗"角色的组员身份登录 D-FSSC1.0，进入学习任务"E. 采购管理–应付共享＞12. 备品备件采购业务＞构建测试"，单击"4. 协作处理"学习步骤。单击"总账主管岗"角色头像图标，并选择进入 NC Cloud 轻量端。然后单击"凭证管理"页签下的"凭证审核"快捷入口，进入 NC Cloud 的凭证审核页面。左上角的"财务核算账簿"选择鸿途集团水泥有限公司的基准账簿，"制单日期"可以选择"今日～今日"，NC Cloud 将列出所有符合条件的待审核记账凭证，如图 3-24 所示。找到新生成的应付账款付款记账凭证并双击，NC Cloud 便打开该凭证的详细页面，如图 4-19 所示。总账主管岗可以在凭证详细页面中单击右上角的"审核"按钮进行该记账凭证的审核。

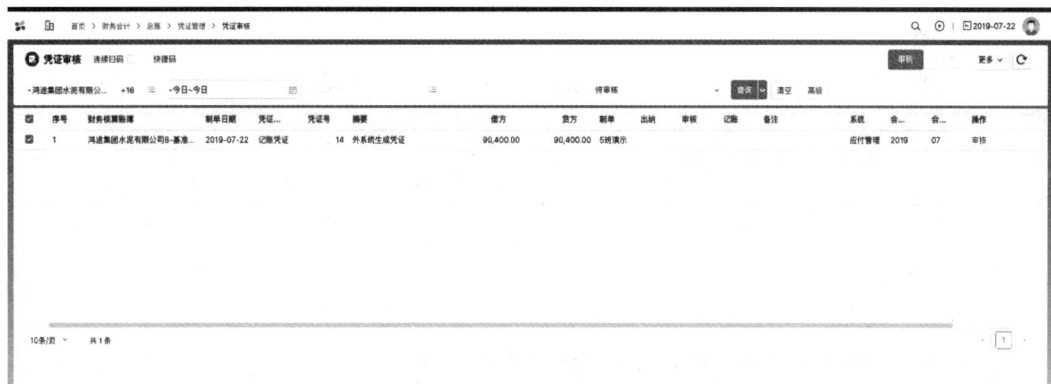

图 4-19　NC Cloud 应付账款付款记账凭证详细页面

项目实训

1. 鸿途集团共享后备品备件采购流程设计

鸿途集团建立 FSSC 后，基本核算工作从原业务单元财务部的工作中剥离，业务单元一般只保留财务经理岗和业务财务岗。假设鸿途集团财务共享服务中心各作业处理环节均是一级审核，不设置复核环节。

鸿途集团在推行备品备件采购业务共享时，进入 FSSC 的业务单据如表 4-4 所示。

表 4-4　进入 FSSC 的业务单据

序号	名称	是否进入FSSC	是否属于作业组工作	流程设计工具
1	采购订单	N	—	审批流
2	应付单	Y	Y	工作流
3	付款单	Y	Y	工作流

要求：结合鸿途集团备品备件采购流程现状，进行鸿途集团备品备件采购共享后流程图设计。每个小组需要 Microsoft Visio 完成流程设计结果，并由组长提交 D-FSSC1.0 教学平台，由教师发起全班的同学评价。

2. 鸿途集团共享后备品备件采购流程角色扮演

组长对组员进行分工，用角色扮演的方式路演一遍共享后的备品备件采购流程，每个组员要明确报出自己的角色、输入单据、动作、输出单据或结果。

3. 鸿途集团共享后备品备件采购作业处理

（1）启用预置的鸿途集团采购订单审批流及共享后应付单和付款单的工作流。

（2）用下述测试用例，完成共享后备品备件采购端到端协作处理实训：2019 年 7 月 1 日，鸿途集团水泥有限公司提出物资采购需求，请购信息如表 4-5 所示（其中单价含有 13% 的增值税）。2019 年 7 月 10 日，"公制深沟球轴承"到货并检验入库（备品备件库），采购发票随货同到。2019 年 7 月 15 日，公司启动付款流程并完成该笔款项支付，其中"结算方式"为网银（银企直联），付款方式的"单位银行账号"选账号编码较大的账号（支出户）。

表 4-5　请购信息

物料名称	需求数量/个	含税单价/元	供应商
公制深沟球轴承	100	1 130	东莞市大朗昌顺五金加工厂

思考题：

1. 画 NC Cloud 中的采购到应付&付款业务流程图。

2. 大宗材料采购、原燃料采购业务 NC Cloud 流程该如何构建？

第**5**章　OTC 销售管理–应收共享

销售对于企业来说是至关重要的，掌握着企业生存的命门。本章将从系统流程启动、签订销售合同、应收挂账、应收收款的一整套销售管理的流程，使读者能够在财务共享信息系统中完成销售发票信息登记工作，完成从销售到收款流程中业务单据的审核工作并生成记账凭证，绘制出企业实施财务共享模式后的销售到收款业务流程图。

学习销售管理–应收共享，培养热爱会计工作、忠于职守的敬业精神；培养学生熟悉最新财税法规，严格进行会计核算并实施会计监督的工作作风；培养学生熟悉企业销售业务流程，财务主动服务业务的职业操守。

🖥 学习目标

➢ 掌握生产制造企业中产成品销售到收款业务的典型流程
➢ 熟悉电子发票的概念
➢ 理解销售到收款业务的概念和各种业务场景

5.1　认知销售管理–应收业务

5.1.1　企业销售业务介绍

1. 销售的概念

销售业务是指企业出售商品（或提供劳务）及收取款项等相关活动。企业生存、发展、壮大的过程，在某种程度上就是不断加大销售力度、拓宽销售渠道、提高市场占有率的过程。生产企业的产品或流通企业的商品如不能实现销售的稳定增长，售出的货款如不能足额收回或不能及时收回，必将导致企业持续经营受阻，难以为继。

2. 销售类型的划分

按企业销售的标的物形态有无，销售可以分为有形标的物（产品）销售和无形标的物（劳务费服务）销售。本书的主案例是生产制造企业，销售标的物是有形的产品，因此下面的销售类型都被限定在产品销售的范畴。

（1）直销与分销。直销与分销的划分依据是产品从生产者到达最终消费者之前是否经过中间环节。

① 直销：生产者不经过中间环节，把自己的产品直接卖给消费者。

② 分销：中间组织代理生产者或品牌商的产品，中间组织有经销商（视同买断）、代理商（不买断）。

（2）单组织销售与跨组织销售。单组织销售与跨组织销售的划分依据是销售的过程中涉及几个卖方组织。对于即将建设财务共享服务中心的集团型企业来说，这种划分尤其具有实务价值。

① 单组织销售：其开具的发票与销售的产品属于同一组织。如 A 公司接单，向甲客户卖自己的货，开自己的票，自己收钱。

② 跨组织销售：开具的发票与销售的产品不属于同一财务组织。如某集团的 A 销售中心向甲客户卖集团内 B 工厂的货，由工厂发货，但由销售中心开票、收款。

（3）接单销售与销售补货。接单销售与销售补货的划分依据是根据购销需求的发起方。

① 接单销售：购买方发起购买需求。购买方先有明确的采购意向或采购订单，销售方才进行销售。

② 销售补货：销售方先铺货后销售。销售方根据购买方的存货情况及一定的算法，向购买方自动补货。如沃尔玛的自动补货系统能使供应商自动跟踪补充各个销售点的货源。

（4）现销与赊销。现销与赊销的划分依据是购销双方付款义务及产品交付义务履行的先后顺序。

① 现销：先全额收款，再进行后续开票和发货活动，因此销售方风险较小。

② 赊销：以购买方信用为基础的销售。销售方与购买方签订购货协议后，销售方让购买方先取走货物，而购买方按照协议在规定日期付款或分期付款形式付清货款，赊销的销售方风险较大。但在生产高度发达、产品过剩为主要特征的行业，企业与企业之间进行购销活动时，购买方往往具有商业谈判的优势（这种情况一般称为"买方市场"），赊销是普遍应用的销售方式。

5.1.2 工业企业的典型销售业务流程

本书所使用的主要案例是鸿途集团水泥板块，水泥生产属于产能过剩的行业。下面用直销、单组织销售、接单销售、赊销的方式为例，且假设其客户也是企业，介绍工业企业的典型销售业务流程。

工业企业的典型销售业务环节，包括签订销售合同、销售订货、制订生产计划、发货、销售出库、销售开票、应收记账、应收账款收款、应收账款核销等，如图 5-1 所示。

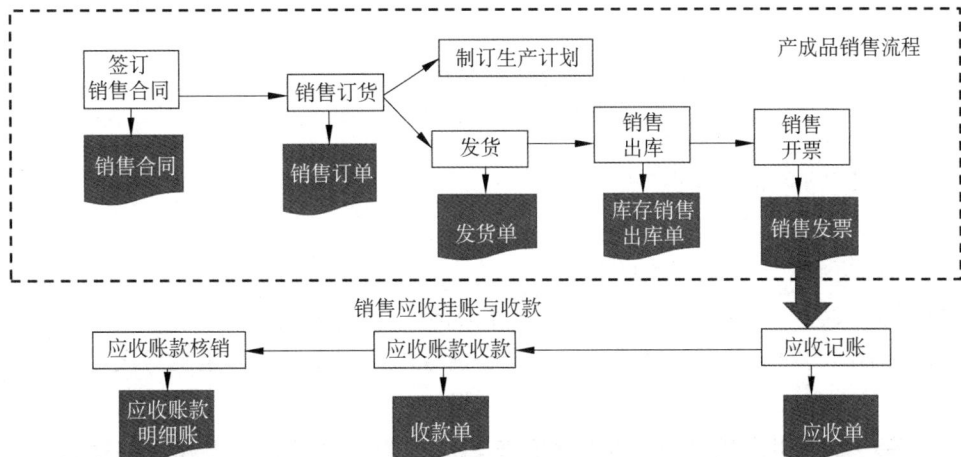

图 5-1　工业企业的典型销售业务环节

（1）签订销售合同。如果工业企业是其客户的重要供应商，或者所销售的产品数量多、价值高等，双方可能需要签订购销合同。

（2）销售订货。客户企业往往根据自身所采用的订货模型，确定不同的再订货点和订货数量。当到达再订货点时，由客户企业的采购部门向工业企业下达订货订单（从工业企业的角度看属于销售订单）。销售订单是工业企业与其客户之间结算的重要依据。

（3）制订生产计划。如果工业企业的库存不足，还需要安排生产计划进行产品生产。

（4）发货。工业企业备足存货后，销售部门会根据销售订单的要求按时、按质下达发货指令。

（5）销售出库。产品仓库根据销售部门的发货指令，办理销售出库。

（6）销售开票。当满足销售合同或销售订单所约定的收款条件后，工业企业销售部门会通知财务部门开具销售发票并交付给客户企业的采购人员。

（7）应收记账。工业企业财务部门开具销售发票后，根据发票信息进行应收挂账。

（8）应收账款收款。财务部门收到客户企业支付的销售货款（如收到银行入账通知单或网银回单）后，进行应收账款收款记账。

（9）应收账款核销。财务部门根据应收账款收款记录，核销对应客户的应收账款记录。

项目实训

鸿途集团共享前产成品销售流程角色扮演

组长对组员进行分工，用角色扮演的方式路演一遍鸿途集团共享前的产成品销售流程，每个组员要明确报出自己的角色、输入单据、动作、输出单据或结果。

5.2 产成品销售业务共享

5.2.1 共享前典型痛点

产成品销售到收款业务，往往是企业的核心业务。在集团企业实现产成品销售到收款端到端流程共享前，典型的痛点有以下几个方面。

（1）在不同的业务单元，产成品销售业务流程虽然基本一致，但业务关键控制点会有不同。

（2）客户档案和销售业务未在集团层面统一管理，不同业务单元的销售价格多样化，对不同类型的客户，甚至是同一家客户，不同的业务单元在产成品销售及客户信用管理的审批、执行及监管方面不能便捷、集中管理。

（3）在产成品销售到收款流程中，手工工作量大，较易出现错误（如客户信用余额计算、客户返利计算等）。

（4）各业务单元的工厂布局、生产硬件不同，销售发货流程无固定形式，流程中所涉及的业务单据格式不同、流转过程不统一，不便于标准化和精细化管理。

（5）销售统计报表以手工统计为主，工作量大，且报表的及时性较差。

5.2.2 产成品销售共享需求分析

1. 共享后的功能要求

田螺水泥集团是国内上市的知名集团水泥生产企业，其水泥产品的销售到收款业务在共享前的流程中，共享需求如下。

（1）销售合同的审批，由 FSSC 的档案综合岗负责。共享前属于普通财务人员审核的职责，若共享后划归 FSSC，则业务单元财务人员无须再审核；共享前属于财务经理审核的职责，共享后改由业务单元业务财务审核。业务财务发起的流程，仍需财务经理审批。

（2）田螺水泥集团的收款尚未实现银企直联，仍以普通企业网银方式查询收款情况。

（3）田螺水泥集团选择的是单共享中心模式。

2. 共享后用到的业务单据

【例 5-1】田螺水泥集团基于用友 NC Cloud 实施产成品销售业务共享时，所使用到的业务单据如表 5-1 所示。

表 5-1 田螺水泥集团产成品销售业务共享的业务单据

序号	名称	是否进入FSSC	是否属于作业组工作	流程设计工具
1	销售合同	Y	N	审批流

续表

序号	名称	是否进入 FSSC	是否属于作业组工作	流程设计工具
2	销售订单	N	—	审批流
3	应收单	Y	Y	工作流
4	收款单	Y	Y	工作流

5.2.3 共享后产成品销售流程设计与 NC Cloud 配置

1. 共享后流程图设计

【例 5-2】在田螺水泥集团产成品销售到收款共享前业务流程的基础上，结合【例 5-1】给出的企业财务共享需求，根据企业财务职责和部门的调整情况及财务共享服务中心应收类岗位的初始配置情况，设计共享后的产成品销售流程。

【解析】销售发货出库这个流程因为不涉及职责调整到 FSSC 的情况，不用重新设计；图 5-2～图 5-4 分别是田螺水泥集团共享后产成品销售流程设计的签订销售合同、应收挂账和应收账款收款，设计依据如表 5-2 所示。

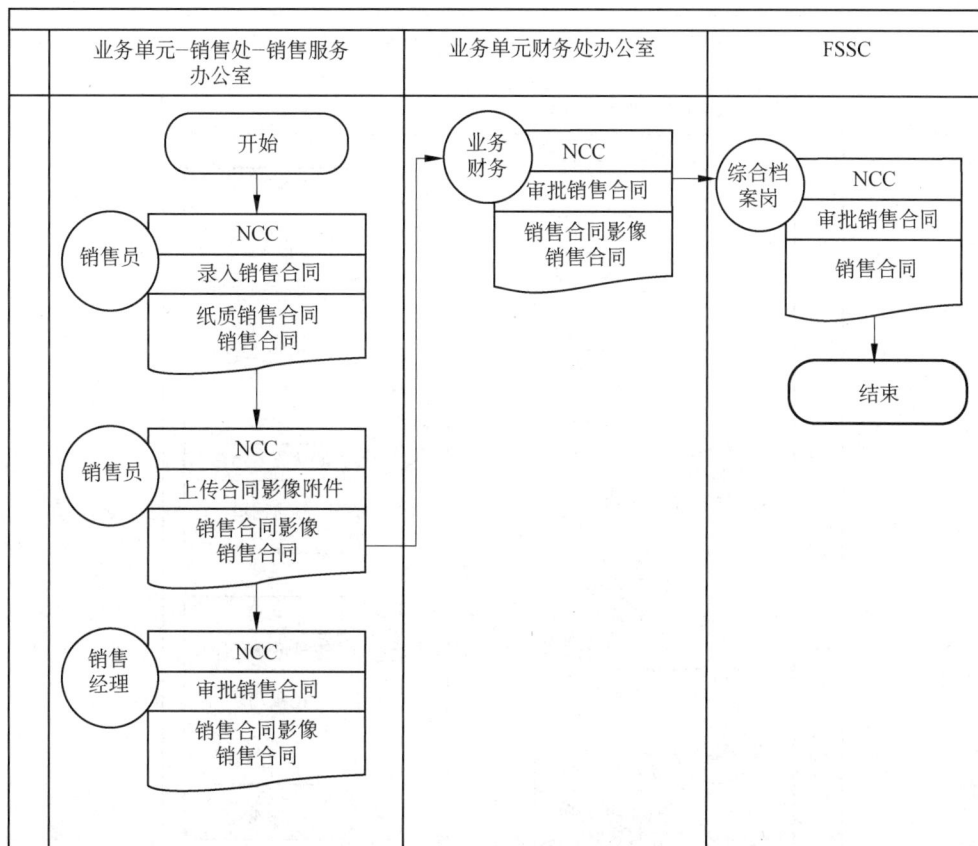

图 5-2 田螺水泥集团共享后产成品销售流程设计–签订销售合同

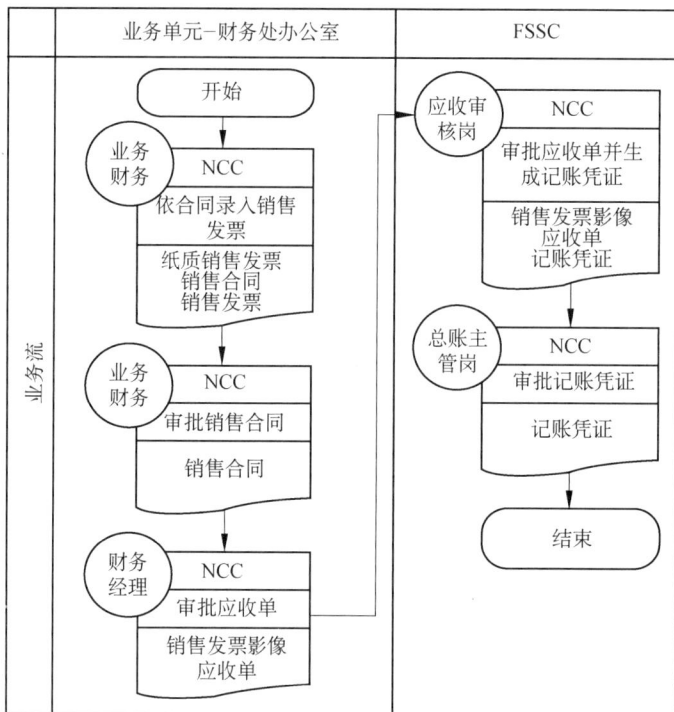

图 5-3　田螺水泥集团共享后产成品销售流程设计–应收挂账

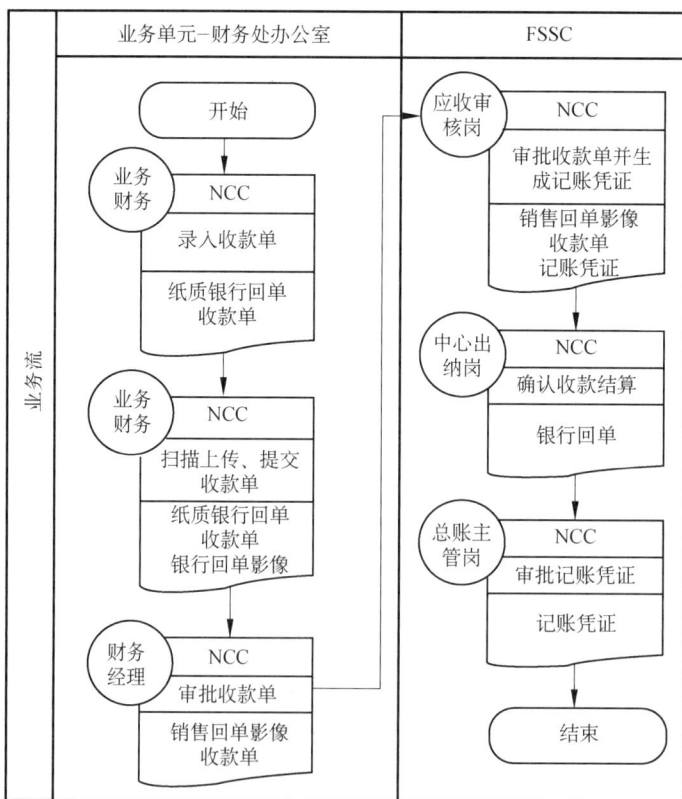

图 5-4　田螺水泥集团共享后产成品销售流程设计–应收账款收款

表 5-2　田螺水泥集团共享后产成品销售流程设计依据

序号	共享前	共享后	设计依据
1	无	业务单元销售员扫描上传合同影像附件	FSSC 与业务单元和原始凭证不在一起，要基于影像进行共享审核
2	销售会计审批销售合同	业务财务审批销售合同	业务单元只保留了财务经理和业务财务岗
3	无	档案综合岗审批	销售合同增加 FSSC 的档案综合岗审批环节
4	销售会计录入发票并提交应收单	业务财务录入发票并提交应收单	业务单元只保留了财务经理和业务财务岗
5	无	业务财务扫描上传发票及纸质银行回单影像附件	FSSC 与业务单元和原始凭证不在一起，要基于影像进行共享审核；收款未实现银企直联，因此需要使用网银查询银行回单
6	无	应收审核岗审核应收单	应收单和收款单纳入了 FSSC 应收审核岗的共享服务范围
7	业务单元财务处出纳确认收款结算	中心出纳岗确认收款结算	资金结算实现了 FSSC 共享，由中心出纳岗进行共享服务
8	财务处总账会计审核记账凭证	FSSC 总账主管岗审核记账凭证	集团实现了总账共享，总账会计职责不再隶属于业务单元

2. NC Cloud 工作流配置

当共享后的产成品销售流程设计出来以后，需要将流程在 NC Cloud 中进行配置。

（1）进入 D-FSSC1.0 学习任务。以学生的账号登录 D-FSSC1.0 的学习中心，进入学习任务"F. 销售管理-应收共享>15. 产成品销售业务>构建测试"。

（2）以系统管理员角色进入系统配置任务步骤。单击"3. 系统配置"学习步骤，然后单击"系统管理员"角色头像。

（3）登录 NC Cloud 重量端。

（4）设置工作流。根据表 5-1，在产成品销售业务共享后流程中，设置应收单、收款单的工作流。双击 NC Cloud 重量端"功能导航"页签下面的"动态建模平台>流程管理>流程设计>工作流定义-集团"菜单，系统将打开工作流定义窗口。在左上角查询窗口中依次录入"应收单"和"收款单"，分别选中查询结果"F0 应收单""F2 收款单"，然后单击"新增"按钮，进入图 3-10 所示的工作流定义窗口。可分别按照图 5-3 设置应收单的工作流、按照图 5-4 设置收款单的工作流。

3. 启用 D-FSSC1.0 预置的审批流和工作流

（1）启用销售合同与销售订单预置的审批流。D-FSSC1.0 为销售合同与销售订单分别预置了一个审批流，但尚未启用。以系统管理员身份进入 NC Cloud 重量端，双击"功能导航"页签下面的"动态建模平台>流程管理>流程设计>审批流定义-集团"菜单，系统将打开审批流定义窗口。在左上角查询窗口中依次录入"销售合同""销售订单"，分别选中查询结果"Z3 销售合同""30 销售订单"，在右侧选中已经预置的审批流，然后单击顶部"启用>启用"菜单。

（2）启用应收单和收款单预置的工作流。D-FSSC1.0 还分别预置了应收单和收款单共享后的工作流，但尚未启用。学生可以不自行配置工作流，采用 3.2 节中使用的方法（参照图 3-11）启用预置的工作流。

5.2.4　产成品销售共享作业处理

1. 测试用例

【例 5-3】2019 年 7 月，鸿途集团水泥有限公司发生如下产成品销售共享业务。

（1）签订销售合同。2019 年 7 月 8 日，鸿途集团水泥有限公司与天海中天精细化工有限公司签署《销售合同（合同编码：SC20190777）》，签约信息如下。

合同甲方：天海中天精细化工有限公司　合同乙方：鸿途集团水泥有限公司

乙方为甲方提供通用水泥产品，供应甲方的袋装 PC32.5 水泥价格为 339 元 / 吨（含税），月供应数量为 2 000 吨左右，实际数量依据每月的要货申请而定。

发票随货开具并交付合同甲方，于当月底完成收款结算。此合同有效期为 2019 年 7 月 8 日—2019 年 12 月 31 日。

（2）销售发货出库。2019 年 7 月 12 日，天海中天精细化工有限公司向鸿途集团水泥有限公司下达一笔订单。相关信息如表 5-3 所示。

表 5-3　天海中天精细化工有限公司 2019 年 7 月水泥订单信息

项目名称	需求数量/吨	含税单价/（元 / 吨）	客户
PC32.5 水泥袋装	1 800	339.00	天海中天精细化工有限公司

销售订单审批通过后，2019 年 7 月 13 日办理“PC32.5 水泥袋装”出库，并通过公路运输发货。

（3）应收挂账。2019 年 7 月 13 日，针对“PC32.5 水泥袋装”发货，鸿途集团水泥有限公司开具增值税专用发票，票随货走。表 5-4 是开票相关信息。

表 5-4　天海中天精细化工有限公司 2019 年 7 月水泥发票信息

项目名称	需求数量/吨	含税单价/（元 / 吨）	价税合计/元	税率	税额/元	客户
PC32.5 水泥袋装	1 800	339.00	610 200.00	13%	70 200.00	天海中天精细化工有限公司

开具发票的同日，鸿途集团水泥有限公司完成了应收挂账流程。

（4）应收账款收款。2019 年 7 月 31 日，客户全额打款到账。鸿途集团水泥有限公司业务财务人员当日从网银查询到入账电子回单并打印，作为收款入账的原始凭证。

2. 角色分配

（1）确定组员分工。按照 D-FSSC1.0 预置的产成品销售到收款的端到端共享流程，需要参与操作的角色包括销售员、销售经理、仓管员、业务财务、财务经理、档案综合岗、应收审核岗、中心出纳岗、总账主管岗等。在学生进行分工协作之前，每个小组由组长进行角色指派。

（2）系统中分配角色。以组长身份登录 D-FSSC1.0，进入学习任务"F. 销售管理–应收共享＞15. 产成品销售业务＞构建测试"，单击"2. 分配角色"学习步骤，按照指派的角色在系统中进行拖曳授权，授权结束后单击"完成设置"按钮保存。

3. 协作处理

（1）签订销售合同。

① 录入销售合同。以"销售员"角色的组员身份登录 D-FSSC1.0，进入学习任务"F. 销售管理–应收共享＞15. 产成品销售业务＞构建测试"，单击"4. 协作处理"学习步骤。单击"销售员"角色头像图标，并选择进入 NC Cloud 重量端。双击 NC Cloud 重量端"功能导航"页签下面的"供应链＞合同管理＞销售合同＞销售合同维护"菜单，系统将打开销售合同维护窗口。单击左上角的"新增＞自制"菜单，进入 NC Cloud 销售合同录入界面。按照例 5-3 中的信息进行填报，如图 5-5 所示，填报完毕后单击左上方的"保存"按钮进行保存。

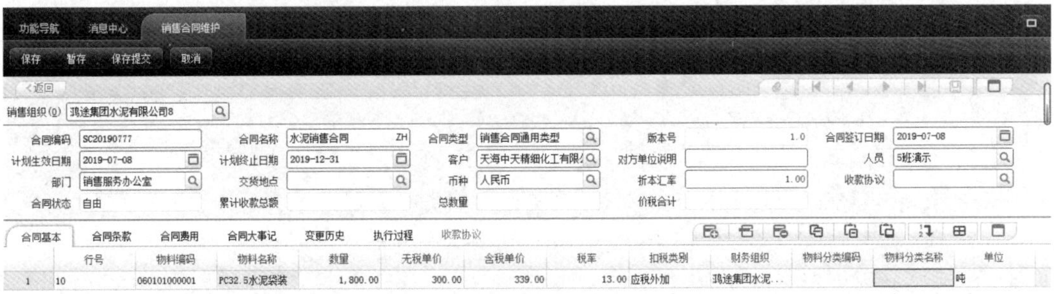

图 5-5　NC Cloud 销售合同录入界面

② 上传销售合同影像附件。由于销售合同在 NC Cloud 中是通过重量端管理的，无法使用"影像扫描"和"影像查看"功能来实现电子影像的管理，需要使用 NC Cloud 重量端单据的"附件管理"功能。销售员将原始凭证（纸质销售合同）用扫描或拍照的方式变成电子影像文件，然后在 NC Cloud 重量端的销售合同维护界面中单击附件图标按钮或顶部"辅助功能＞附件管理"菜单，如图 5-6 所示，在弹出的"附件管理"对话框中单击"上传附件"按钮，便可将销售合同电子影像文件作为附件上传。上传完成后关闭"附件管理"对话框，然后单击销售合同维护界面上方的"提交"按钮，在弹出的对话框中单击"确定"按钮，正式提交销售合同。

③ 销售合同业务审批。以"销售经理"角色的组员身份登录 D-FSSC1.0，进入学习任务"F. 销售管理–应收共享＞15. 产成品销售业务＞构建测试"，单击"4. 协作处理"学

图 5-6 以附件方式上传销售合同的电子影像文件

习步骤。单击"销售经理"角色头像图标，并选择进入 NC Cloud 重量端。双击 NC Cloud 重量端"功能导航"页签下面的"供应链＞合同管理＞销售合同＞销售合同维护"菜单，系统将打开销售合同维护窗口。单击顶部的"查询"按钮，"销售组织"选择鸿途集团水泥有限公司，"制单日期"选择"去年～今年"，单击"确定"按钮，NC Cloud 将列出所有满足条件的销售合同。选中步骤②所提交的销售合同，如图 5-7 所示，单击顶部的"辅助功能＞附件管理"可以查看已经上传的销售合同电子影像文件。单击顶部的"审批"按钮，在弹出的"审批处理情况"对话框中单击"确定"按钮，可完成销售合同的业务部门审批工作。

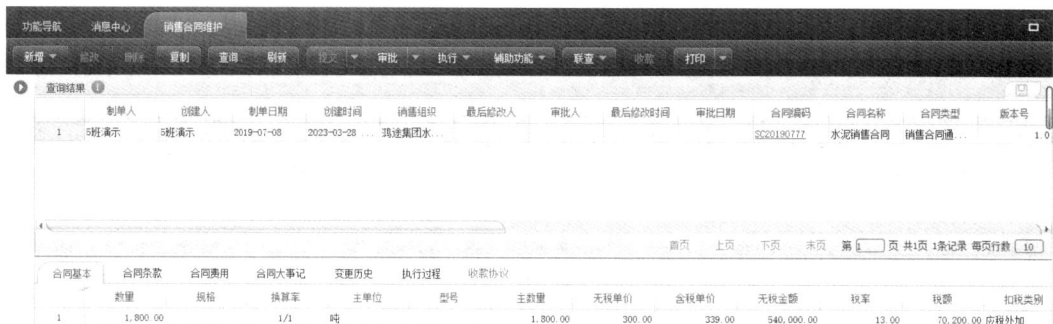

图 5-7 NC Cloud 销售合同界面

④ 销售合同财务审批。以"业务财务"角色的组员身份登录 D-FSSC1.0，进入学习任务"F. 销售管理–应收共享＞15. 产成品销售业务＞构建测试"，单击"4. 协作处理"学习步骤。单击"业务财务"角色头像图标，并选择进入 NC Cloud 重量端。双击 NC Cloud 重量端"功能导航"页签下面的"供应链＞合同管理＞销售合同＞销售合同维护"菜单，系统将打开销售合同维护窗口。用与步骤"③销售合同业务审批"相同的方法，可以完成销售合同的财务部门审批工作。

⑤ FSSC 审批销售合同。以 FSSC"档案综合岗"角色的组员身份登录 D-FSSC1.0，进入学习任务"F. 销售管理–应收共享＞15. 产成品销售业务＞构建测试"，单击"4. 协作处理"学习步骤。单击 FSSC"档案综合岗"角色头像图标，并选择进入 NC Cloud 重量端。双击 NC Cloud 重量端"功能导航"页签下面的"供应链＞合同管理＞销售合同＞销售合同维护"菜单，系统将打开销售合同维护窗口。用与步骤"③销售合同业务审

批"相同的方法,可以完成销售合同的 FSSC 审批工作。FSSC"档案综合岗"审批销售合同后,在销售合同管理界面选中刚刚审批的销售合同,单击顶部的"执行>生效"菜单,在弹出的"询问"对话框中单击"确定"按钮,将销售合同设置为生效状态。如果实际生效日期与合同录入时输入的计划生效日期不符,在弹出的"询问"对话框中还需要输入不符的原因,如线上审批流程超期等。

(2)销售发货出库。

① 录入销售订单。以"销售员"角色的组员身份登录 D-FSSC1.0,进入学习任务"F. 销售管理–应收共享>15. 产成品销售业务>构建测试",单击"4. 协作处理"学习步骤。单击"销售员"角色头像图标,并选择进入 NC Cloud 轻量端。单击"销售业务>销售订单维护"快捷入口,NC Cloud 将进入销售订单维护页面。单击右上角的"新增>销售合同生成订单"菜单,进入 NC Cloud 轻量端"选择销售合同"页面。"销售组织"选择鸿途集团水泥有限公司,"制单日期"选择"2019-07-01~2019-08-31",单击"查询"按钮,系统将列出所有符合条件的销售合同。勾选步骤"(1)签订销售合同"中所审批通过并生效的销售合同,如图 5-8 所示,单击右下角的"生成销售订单"按钮,NC Cloud 将依据销售合同生成销售订单,进入销售订单维护页面。客户可能与工业企业一次签约、多次采购,因此销售合同中的销售数量和销售订单中的销售数量往往并不相同,甚至销售单价也可能有差别。在"销售订单"页面中,确认"详细信息"页签中的"数量"列与客户下达的采购数量一致,如图 5-9 所示,单击右上角的"保存提交"按钮提交销售订单。

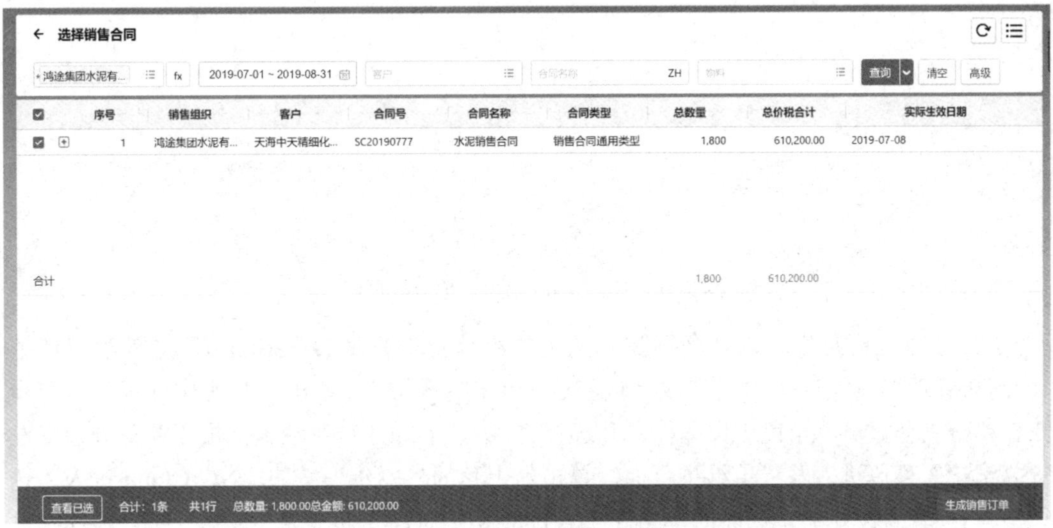

图 5-8　选择生成销售订单的销售合同

② 审批销售订单。以"销售经理"角色的组员身份登录 D-FSSC1.0,进入学习任务"F. 销售管理–应收共享>15. 产成品销售业务>构建测试",单击"4. 协作处理"学习步骤。单击"销售经理"角色头像图标,选择进入 NC Cloud 轻量端,在审批中心区域会发现有一个"未处理"状态的单据。单击"未处理"入口,找到步骤"①录入销售订单"

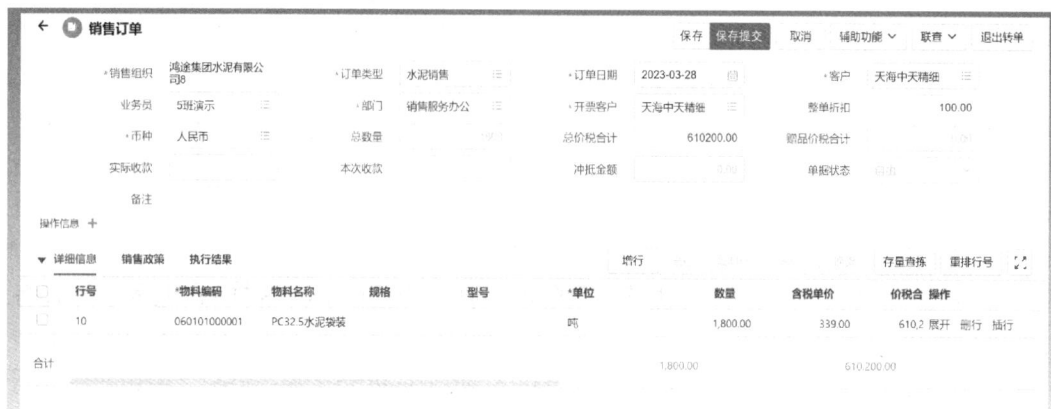

图 5-9　确认销售订单的销售数量及单价

所提交的待审批销售订单并单击单据链接，NC Cloud 将进入销售订单审批页面，如图 5-10 所示。单击右上角的"批准"按钮，可完成销售订单的审批工作。

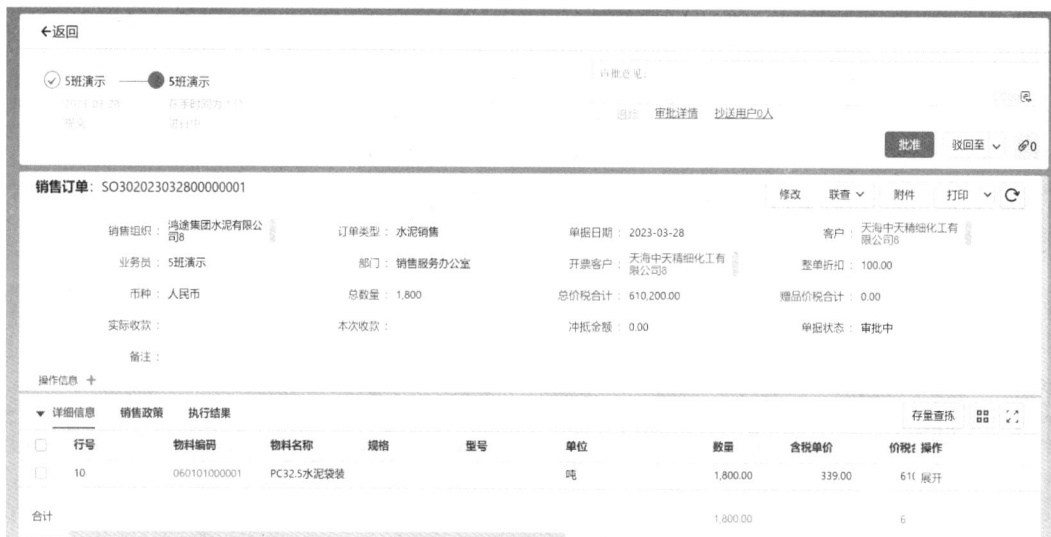

图 5-10　NC Cloud 销售订单审批页面

③ 办理销售发货。以"仓管员"角色的组员身份登录 D-FSSC1.0，进入学习任务"F. 销售管理–应收共享＞15. 产成品销售业务＞构建测试"，单击"4. 协作处理"学习步骤。单击"仓管员"角色头像图标，并选择进入 NC Cloud 轻量端。单击"业务处理＞发货单维护"菜单进入发货单维护页面。单击右上角的"发货"按钮，NC Cloud 进入"选择销售订单/调拨订单"页面。单击左上角的"销售订单"页签，"物流组织"选择鸿途集团水泥有限公司，"单据日期"选择"2019-07-01～2023-08-31"，单击"查询"按钮，NC Cloud 将列出所有符合条件的销售订单。勾选步骤"②审批销售订单"中审批通过的销售订单，如图 5-11 所示，单击右下角的"生成发货单"按钮，NC Cloud 将依据勾选的销售订单生成销售发货单，并进入"发货单"页面，如图 5-12 所示。在"发货单"页面中确认实际的发货数量，然后单击右上角的"保存提交"按钮提交发货单。

图 5-11　选择生成销售发货单的销售订单

图 5-12　"发货单"页面

④ 办理销售出库。以"仓管员"角色的组员身份登录 D-FSSC1.0，进入学习任务"F. 销售管理–应收共享＞15. 产成品销售业务＞构建测试"，单击"4. 协作处理"学习步骤。单击"仓管员"角色头像图标，并选择进入 NC Cloud 轻量端。单击"业务处理＞销售出库"快捷入口，进入销售出库页面，再单击右上角的"新增＞销售业务出库"菜单，NC Cloud 进入"选择销售订单/发货单"页面。单击左上角的"发货单"页签，"发货库存组织"选择鸿途集团水泥有限公司，"计划发货日期"选择"2019-07-01～2023-08-31"，单击"查询"按钮，NC Cloud 将查询出所有满足条件的销售发货单。勾选步骤"③办理销售发货"中所提交的销售发货单，如图 5-13 所示，单击右下角的"生成出库单"按钮，NC Cloud 将依据所勾选的销售发货单生成销售出库单，并进入"销售出库"页面。补充填写"仓库""出入库类型"等必填数据项，并填写"详细信息"页签下的"实发数量"，如图 5-14 所示，单击右上角的"保存"按钮保存销售出库单。保存完毕后，单击右上角的"签字"按钮确认出库单上的产成品已经出库。

（3）应收挂账。在赊销类型的销售业务实务中，当业务财务人员应销售员的申请开具销售发票后，启动应收账款立账（或称为挂账）流程，确认对客户的应收账款。

图 5-13　选择生成销售出库单的销售发货单

图 5-14　"销售出库"页面

① 依销售出库单录入销售发票。以"业务财务"的角色登录D-FSSC1.0，进入学习任务"F.销售管理-应收共享＞15.产成品销售业务＞构建测试"，单击"4.协作处理"学习步骤。单击"业务财务"角色头像图标，并选择进入 NC Cloud 轻量端。单击"销售业务＞销售发票维护"快捷入口，NC Cloud 进入销售发票管理页面。单击右上角的"开票"菜单，NC Cloud 进入"选择订单/出库单"页面。选择"销售出库"页签，"结算财务组织"选择鸿途集团水泥有限公司，"出库日期"选择"2019-07-01～2023-08-31"，单击"查询"按钮，NC Cloud 将列出符合条件的销售出库单。勾选步骤"（2）销售发货出库"中生成并签字的销售出库单，如图5-15所示，然后单击右下角的"生成销售发票"按钮，NC Cloud 便根据销售出库单生成相应的销售发票信息。补填"发票类型"必填数据项，确认"详细信息"页签下的数据与纸质发票信息一致，如图5-16所示，保存提交销售发票，NC Cloud 将保存销售发票信息并根据销售发票信息生成应收单。

② 扫描上传发票影像并提交应收单。以"业务财务"的角色登录D-FSSC1.0，进入学习任务"F.销售管理-应收共享＞15.产成品销售业务＞构建测试"，单击"4.协作处理"学习步骤。单击"业务财务"角色头像图标，并选择进入 NC Cloud 轻量端。单击"销售业务＞应收单管理"快捷入口，NC Cloud 进入"应收单"页面。"财务组织"选择

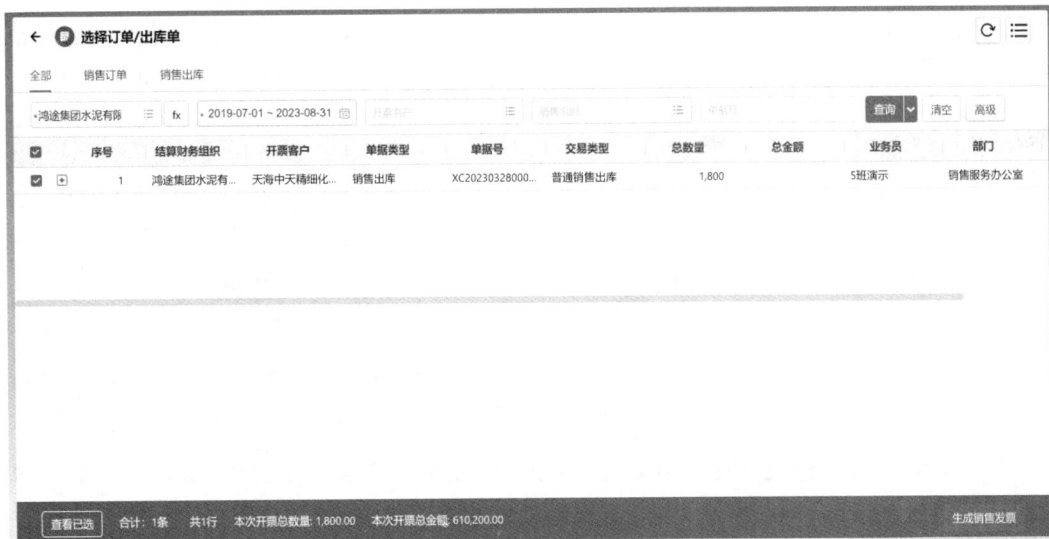

图 5-15　选择生成销售发票的销售出库单

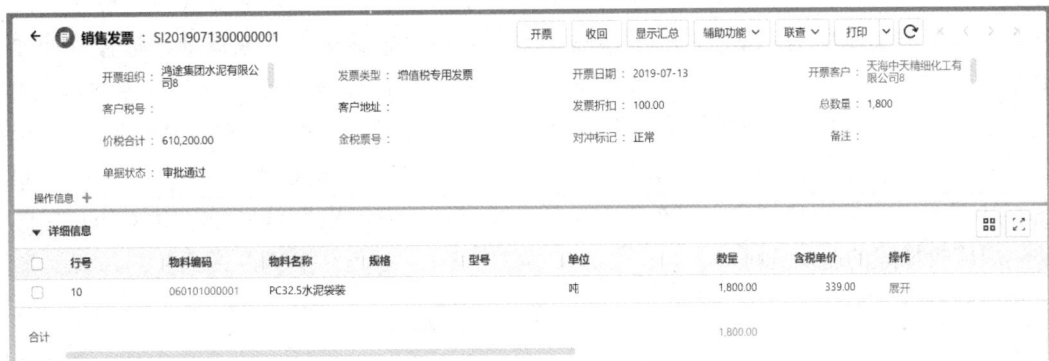

图 5-16　"销售发票"页面

鸿途集团水泥有限公司,"单据日期"选择"2019-07-01～2023-08-31",单击"查询"按钮,NC Cloud 将列出所有满足条件的应收单,如图 5-17 所示。选中步骤"①依销售出库单录入销售发票"中所生成的应收单,单击右上角的"更多＞影像管理＞影像扫描"菜单,便可扫描上传销售发票物理单据(增值税专用发票记账联)的电子影像。扫描完成后,单击图 5-17 右上角的"提交"按钮,将应收单提交。

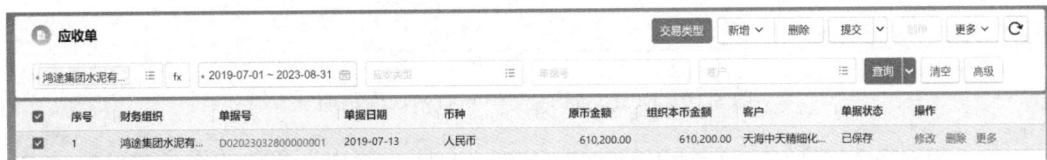

图 5-17　NC Cloud 应收单管理–查询应收单

③ 审批应收单。以"财务经理"的角色登录 D-FSSC1.0,进入学习任务"F. 销售管理–应收共享＞15. 产成品销售业务＞构建测试",单击"4. 协作处理"学习步骤。单击"财务经理"角色头像图标,并选择进入 NC Cloud 轻量端,在审批中心区域会发现有一

个 "未处理" 状态的单据。单击 "未处理" 入口，找到步骤②所提交的待审批应收单，如图 5-18 所示，单击该行的 "财务经理角色<批准>" 按钮，可完成应收单的审批工作。

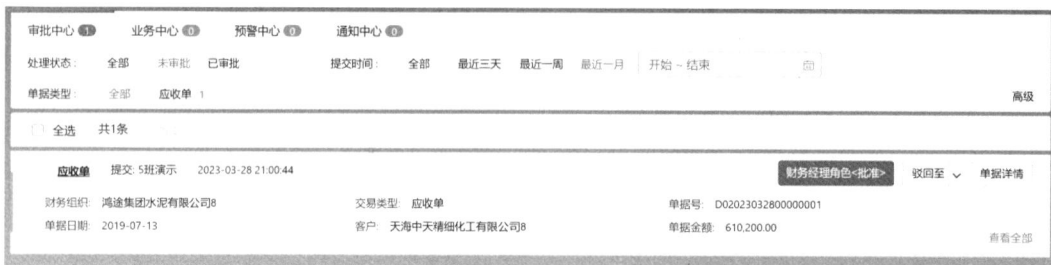

图 5-18　NC Cloud 应收单审批-财务经理角色

④ FSSC 应收单作业处理。以 FSSC "应收审核岗" 的角色登录 D-FSSC1.0，进入学习任务 "F. 销售管理-应收共享＞15. 产成品销售业务＞构建测试"，单击 "4. 协作处理" 学习步骤。单击 "应收审核岗" 角色头像图标，并选择进入 NC Cloud 轻量端。NC Cloud 会进入 FSSC 作业平台看板页面。单击作业平台中的 "我的作业＞提取任务" 链接，便可依据本书第 2 章中对 FSSC 进行系统初始设置时所设置的单据提取规则，进行待处理单据的提取工作。刷新作业平台看板页面，会发现 "我的作业＞待处理" 单据数量从 0 变成了 1。单击 "我的作业＞待处理" 超链接，NC Cloud 轻量端将进入 "我的作业" 作业列表页面。单击 "单据编码" 列的链接，便可进入应收单 FSSC "审批情况" 页面，如图 5-19 所示。应收审核岗单击 "批准" 按钮，批准所提取的应收单单据，NC Cloud 将自动生成应收挂账的总账凭证。

图 5-19　NC Cloud FSSC "审批情况" 页面

⑤ FSSC 应收挂账总账凭证审核。以 FSSC "总账主管岗" 角色的组员身份登录 D-FSSC1.0，进入学习任务 "F. 销售管理-应收共享＞15. 产成品销售业务＞构建测试"，单击 "4. 协作处理" 学习步骤。单击 "总账主管岗" 角色头像图标，并选择进入 NC Cloud 轻量端。单击 "凭证管理" 页签下的 "凭证审核" 快捷入口，进入 NC Cloud 的 "凭证审核" 页面。"核算账簿" 选择鸿途集团水泥有限公司的基准账簿，"制单日期" 可以选择

"去年～今年"，NC Cloud 将列出所有符合条件的待审核记账凭证。找到新生成的应收挂账记账凭证并双击，NC Cloud 便打开该凭证的详细页面，如图 5-20 所示。总账主管岗可以在凭证详细页面中单击右上角的"审核"按钮进行该记账凭证的审核。

图 5-20　产成品销售应收挂账记账凭证详细页面

（4）应收账款收款。

① 录入收款单。以"业务财务"的角色登录 D-FSSC1.0，进入学习任务"F. 销售管理–应收共享＞15. 产成品销售业务＞构建测试"，单击"4. 协作处理"学习步骤。单击"业务财务"角色头像图标，并选择进入 NC Cloud 轻量端。单击"销售业务＞收款单管理"快捷入口，NC Cloud 进入收款单管理页面。单击右上角的"新增＞应收单"菜单，NC Cloud 进入"选择应收单"页面。"财务组织"选择鸿途集团水泥有限公司，"单据日期"选择"2019-07-01～2019-08-31"，单击"查询"按钮，NC Cloud 将列出符合条件的应收单。选中步骤"（3）应收挂账"中所审核通过的应收单，如图 5-21 所示，单击右下角的"生成下游单据"按钮，便可生成收款单。在生成的收款单上，需要补充一些必填的数据项，例如，"结算方式"选择"网银"方式，"收款银行账户"选择鸿途集团水泥有限公司账户中较小的收入账户，"付款银行账户"选择客户企业的银行账户，如图 5-22 所示。单击右上角的"保存"按钮保存收款单。

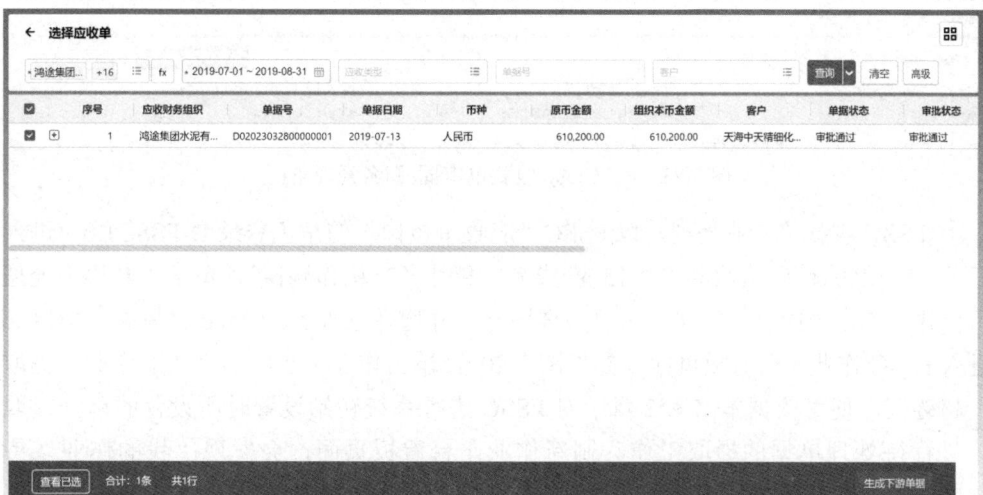

图 5-21　NC Cloud 由应收单生成收款单–查询应收单

图 5-22　NC Cloud 由应收单生成的收款单

【特别提示】

为了便于教学，D-FSSC1.0 给鸿途集团每家子公司准备的外部银行账户中，账号较小的账户作为企业收入户。

② 扫描上传影像并提交收款单。收款单保存后，业务财务单击右上角的"更多＞影像管理＞影像扫描"菜单，便可为该收款单扫描上传原始凭证（如收款银行的电子回单）的电子影像。扫描完成后，单击右上角的"提交"按钮，将收款单提交。

③ 审批收款单。以"财务经理"的角色登录 D-FSSC1.0，进入学习任务"F. 销售管理–应收共享＞15. 产成品销售业务＞构建测试"，单击"4. 协作处理"学习步骤。单击"财务经理"角色头像图标，并选择进入 NC Cloud 轻量端，在审批中心区域会发现有一个"未处理"状态的单据。单击"未处理"入口，找到步骤②所提交的待审批收款单，如图 5-23 所示，单击该行的"财务经理角色<批准>"按钮，完成收款单的审批工作。

图 5-23　NC Cloud 收款单审批–财务经理角色

④ FSSC 收款单作业处理。以 FSSC "应收审核岗"的角色登录 D-FSSC1.0，进入学习任务"F. 销售管理–应收共享＞15. 产成品销售业务＞构建测试"，单击"4. 协作处理"学习步骤。单击"应收审核岗"角色头像图标，并选择进入 NC Cloud 轻量端。NC Cloud 会进入 FSSC 作业平台看板页面（参见图 3-20），单击作业平台中的"我的作业＞提取任务"超链接，便可依据本书第 2 章中对 FSSC 进行系统初始设置时所设置的单据提取规则，进行待处理单据的提取工作。刷新作业平台看板页面，会发现"我的作业＞待处理"单据数量从 0 变成了 1。单击"我的作业＞待处理"超链接，NC Cloud 轻量端将进

入"我的作业"作业列表页面。单击"单据编码"列的超链接，便可进入 FSSC 收款单
审批情况页面，如图 5-24 所示。应收审核岗单击"批准"按钮，批准所提取的收款单单
据，NC Cloud 将自动生成应收账款收款的总账凭证。

图 5-24　NC Cloud FSSC 收款单审批情况页面

⑤ 确认收款结算。以 FSSC"中心出纳岗"角色的组员身份登录 D-FSSC1.0，进入
学习任务"F. 销售管理–应收共享＞15. 产成品销售业务＞构建测试"，单击"4. 协作处
理"学习步骤。单击"中心出纳岗"角色头像图标，并选择进入 NC Cloud 轻量端，然后
单击"结算处理"页签下的"结算"快捷入口，进入 NC Cloud 的"结算"页面。"财务
组织"选择鸿途集团水泥有限公司及其下属 16 家子公司，"业务单据日期"选择"2019-
07-01～2023-08-31"，单击"查询"按钮，并单击左侧的"待结算"页签，NC Cloud 将
查询出水泥板块待结算的所有业务单据列表。勾选上一步骤审核的收款单所对应的结算
单据行，如图 5-25 所示，单击结算单据行的"结算"超链接或本页面右上方的"结算"
按钮，确定收款结算完成。

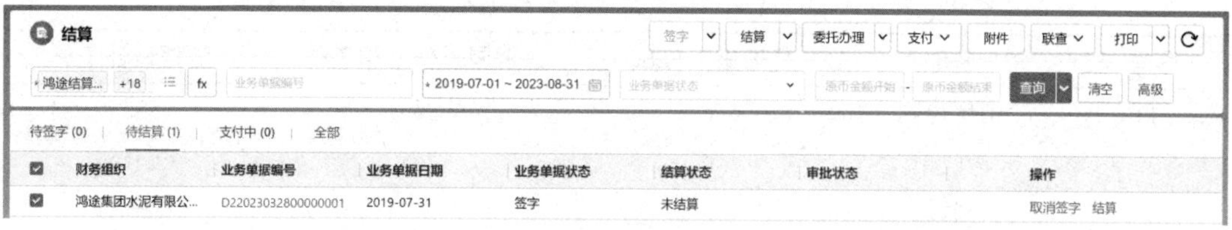

图 5-25　确认收款结算

⑥ 审核应收账款收款总账凭证。以 FSSC"总账主管岗"角色的组员身份登录 D-
FSSC1.0，进入学习任务"F. 销售管理–应收共享＞15. 产成品销售业务＞构建测试"，单
击"4. 协作处理"学习步骤。单击"总账主管岗"角色头像图标，并选择进入 NC Cloud
轻量端。然后单击"凭证管理"页签下的"凭证审核"快捷入口，进入 NC Cloud 的结算
页面。"核算账簿"选择鸿途集团水泥有限公司的基准账簿，"制单日期"可以选择"去
年～今年"，NC Cloud 将列出所有符合条件的待审核记账凭证。找到新生成的应收账款

收款记账凭证并双击，NC Cloud 便打开该凭证的详细页面，如图 5-26 所示。总账主管岗可以在凭证详细页面中单击右上角的"审核"按钮进行该记账凭证的审核。

图 5-26　NC Cloud 应收账款收款记账凭证详细页面

项目实训

1. 鸿途集团共享后产成品销售流程设计

鸿途集团建立 FSSC 后，基本核算工作从原业务单元财务部的工作中剥离，业务单元一般只保留财务经理岗和业务财务岗。

鸿途集团选择的是单共享中心模式。销售合同的审批由 FSSC 的档案综合岗负责。共享前属于普通财务人员审核的职责，若共享后划归 FSSC，则业务单元财务人员无须再审核；共享前属于财务经理审核的职责，共享后改由业务单元业务财务审核，但业务财务发起的流程仍需财务经理审批。

鸿途集团收款尚未实现银企直联，仍以普通企业网银方式查询收款情况。

鸿途集团在推行产成品销售到收款的业务共享时，进入 FSSC 的业务单据，如表 5-5 所示。

表 5-5　鸿途集团产成品销售业务共享流程进入 FSSC 的业务单据

序号	名称	是否进入FSSC	是否属于作业组工作	流程设计工具
1	销售合同	Y	N	审批流
2	应收单	Y	Y	工作流
3	收款单	Y	Y	工作流

要求：结合鸿途集团共享前产成品销售流程，进行鸿途集团产成品销售到收款的共享后流程图设计。每个小组需要用 Microsoft Visio 完成流程设计结果，并由组长提交 D-FSSC1.0 教学平台，由教师发起全班的同行评价。

2. 鸿途集团共享后产成品销售流程角色扮演

组长对组员进行分工，用角色扮演的方式路演一遍共享后的产成品销售到收款端到端流程，每个组员要明确报出自己的角色、输入单据、动作、输出单据或结果。

3. 鸿途集团共享后产成品销售作业处理

（1）启用预置的审批流和工作流。启用销售合同与销售订单预置的审批流，以及应收单和收款单预置的工作流。

（2）完成协作处理实训。用下述测试用例，完成共享后产成品销售端到端协作处理实训。

① 签订销售合同。2019 年 7 月 1 日，鸿途集团水泥有限公司与天海集团总公司签署《销售合同（合同编码：SC20190182）》，签约信息如下：合同甲方为天海集团公司；合同乙方为鸿途集团水泥有限公司；乙方为甲方提供通用水泥产品，供应天海集团总公司的袋装 PC32.5 水泥含税价格为 300 元/吨，月供应数量为 1000 吨左右，实际数量依据每月的要货申请。发票随货，并于当月底完成收款结算；此合同有效期 2019 年 7 月 1 日—2019 年 12 月 31 日。

② 销售发货出库。2019 年 7 月 5 日，鸿途集团水泥有限公司与天海集团总公司签订一笔销售订单并录入系统。相关信息如表 5-6 所示。销售订单审批通过后，2019 年 7 月 6 日，办理"PC32.5 水泥袋装"出库，并通过公路运输货物。

表 5-6　天海集团总公司 2019 年 7 月水泥订单信息

项目名称	需求数量/吨	含税单价/（元/吨）	客户
PC32.5 水泥袋装	1 000	300.00	天海集团总公司

③ 应收挂账。2019 年 7 月 6 日，针对"PC32.5 水泥袋装"发货，鸿途集团水泥有限公司开具增值税专用发票，票随货走。表 5-7 是开票相关信息。开具发票的同日，鸿途集团水泥有限公司完成了应收挂账流程。

表 5-7　天海集团总公司 2019 年 7 月水泥发票信息

项目名称	需求数量/吨	含税单价/（元/吨）	价税合计/元	税率	税额/元	客户
PC32.5 水泥袋装	1 000	300.00	300 000.00	13%	34 513.27	天海集团总公司

④ 应收账款收款。2019 年 7 月 31 日，客户打款 30 万元。

5.3　其他商品销售业务共享

5.3.1　共享前典型流程

其他商品是指企业除产成品以外的商品，如原材料等。其他商品销售业务共享前流程，如图 5-27 所示。其他商品销售业务在共享前需要经过以下六个步骤。

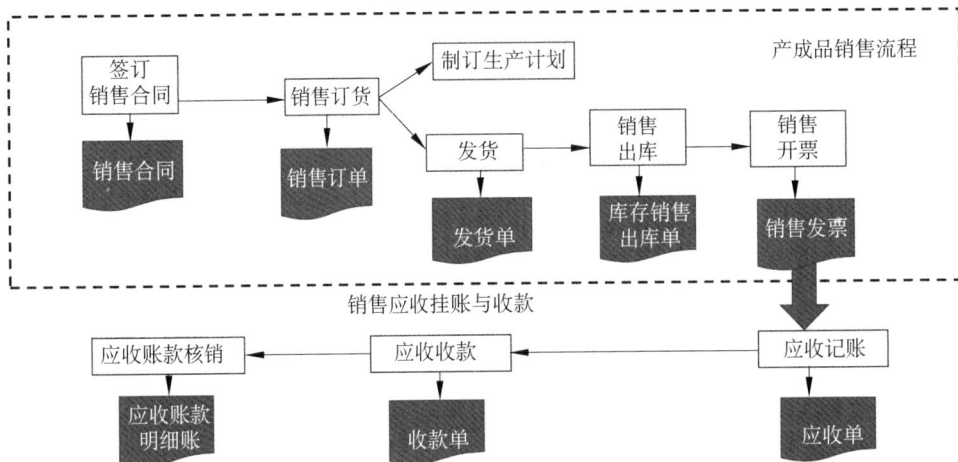

图 5-27 其他商品销售业务共享前流程

（1）销售订货。客户发出采购订货请求，企业在系统中录入采购并审批订单。

（2）销售发货。销售部门向仓库发出发货指令。

（3）销售出库。仓库装货发运。

（4）应收挂账。依据双方商定的收款条件，销售部门向财务部门申请开具销售发票。财务部门确认对客户的应收账款。

（5）应收账款收款。收到客户的款项后，在信息系统中确认收款记录。

（6）应收账款核销。匹配收款记录和应收账款记录，进行应收账款核销。

5.3.2 其他商品销售共享需求分析

1. 共享后的功能要求

【例 5-4】田螺水泥集团其他商品销售到收款业务在共享前的流程由销售订货出库、应收挂账、应收账款收款等三个环节组成。田螺水泥集团其他商品销售到收款共享的需求如下。

（1）共享前属于普通财务人员审核的职责，若共享后划归 FSSC，则业务单元财务人员无须再审核；共享前属于财务经理审核的职责，共享后改由业务单元业务财务审核，但业务财务发起的流程仍需财务经理审批。

（2）田螺水泥集团的收款尚未实现银企直联，以普通企业网银方式查询收款情况。

（3）田螺水泥集团选择的是单共享中心模式。

2. 共享后流程用到的业务单据

【例 5-5】田螺水泥集团基于用友 NC Cloud 实施其他商品销售业务共享时，所使用到的业务单据如表 5-8 所示，各列的含义与表 4-1 相同。

表 5-8　田螺水泥集团其他商品销售业务共享的业务单据

序号	名称	是否进入 FSSC	是否属于作业组工作	流程设计工具
1	销售订单	N	—	审批流
2	应收单	Y	Y	工作流
3	收款单	Y	Y	工作流

5.3.3　共享后其他商品销售流程设计与 NC Cloud 配置

1. 共享后流程图设计

【例 5-6】根据例 5-5 及企业财务职责和部门的调整情况与财务共享服务中心应收类岗位的初始配置情况，设计共享后的其他商品销售流程。

【解析】销售订货出库这个流程因为不涉及职责调整到 FSSC 的情况，不用重新设计；共享后其他商品销售应收账款收款的流程与产成品销售应收账款收款的流程完全相同，如图 5-4 所示；共享后其他商品销售流程中没有签订销售合同的环节，因此应收挂账流程与产成品销售流程中的应收挂账流程有差别，无法用销售合同生成销售发票，设计结果如图 5-28 所示。

2. NC Cloud 工作流配置

其他商品销售共享后的流程设计出来以后，需要在 NC Cloud 中配置流程。

（1）进入 D-FSSC1.0 学习任务。以学生的账号登录 D-FSSC1.0 的学习中心，进入学习任务"E. 采购管理-应付共享＞16. 其他商品销售业务＞构建测试"。

（2）以"系统管理员"角色进入系统配置任务步骤。单击"3. 系统配置"学习步骤，然后单击"系统管理员"角色头像。

（3）登录 NC Cloud 重量端。

（4）设置工作流。根据表 5-8，设置应收单、收款单的工作流。双击 NC Cloud 重量端"功能导航"页签下面的"动态建模平台＞流程管理＞流程设计＞工作流定义-集团"菜单，系统将打开工作流定义窗口。在左上角查询窗口中依次录入"应收单"和"收款单"，分别选中查询结果"F0 应收单""F2 收款单"，然后单击"新增"按钮，便可进入工作流定义窗口，如图 3-10 所示。

【特别提示】

应收单、收款单的工作流与"5.2 产成品销售业务共享"的相同，若在 5.2 节学习过程中已经完成初始设置，则无须重复设置。

3. 启用 D-FSSC1.0 预置的审批流和工作流

启用销售订单预置的审批流以及应收单和收款单预置的工作流，跳过"NC Cloud 工作流配置"环节。此部分工作在"5.2 产成品销售业务共享"中已经学习过，此处不再赘述。

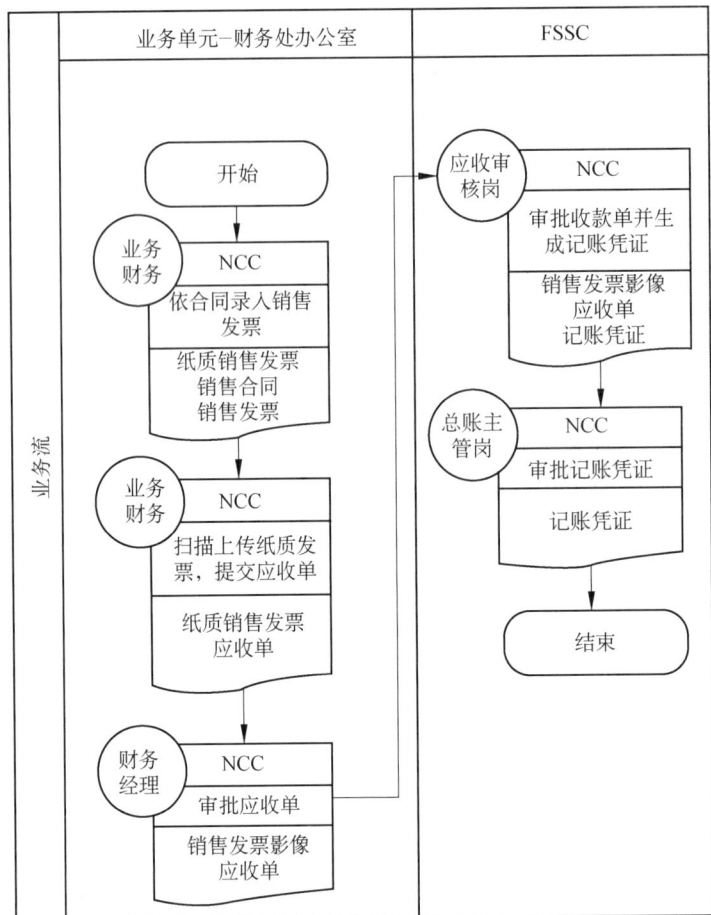

图 5-28　田螺水泥集团其他商品销售共享后流程设计–应收挂账

5.3.4　其他商品销售共享作业处理

1. 测试用例

【例 5-7】2019 年 7 月，鸿途集团水泥有限公司发生如下其他商品销售共享业务。

（1）销售订货出库。2019 年 7 月 12 日，鸿途集团水泥有限公司与天海集团总公司签订一笔 200 吨天然石膏的材料销售订单，基本信息如表 5-9 所示。计划发货时间为 7 月 18 日，价格为 248.6 元/吨（含税）。2019 年 7 月 18 日，"天然石膏"发货出库。

表 5-9　天海集团总公司 2019 年 7 月石膏订单信息

项目名称	需求数量/吨	含税单价/元	客户
天然石膏	200	248.60	天海集团总公司

（2）应收挂账。2019 年 7 月 18 日，针对"天然石膏"发货开具增值税专用发票，票随货走。发票的基本信息如表 5-10 所示，财务人员当日完成了后续的应收挂账流程。

表 5-10　天海集团总公司 2019 年 7 月石膏发票信息

项目名称	需求数量/吨	含税单价/（元/吨）	价税合计/元	税率	税额/元	客户
天然石膏	200	248.60	49 720.00	13%	5 720.00	天海集团总公司

（3）应收账款收款。2019 年 7 月 31 日，客户全额打款到账。鸿途集团水泥有限公司业务财务人员当日从网银查询到入账电子回单并打印，作为收款入账的原始凭证。

2. 角色分配

（1）确定组员分工。按照 D-FSSC1.0 预置的其他商品销售到收款的端到端共享流程，需要参与操作的角色包括销售员、销售经理、仓管员、业务财务、财务经理、应收审核岗、中心出纳岗、总账主管岗等。在学生进行分工协作之前，每个小组由组长进行角色指派。

（2）系统中分配角色。以组长身份登录 D-FSSC1.0，进入学习任务"F. 销售管理–应收共享＞16. 其他商品销售业务＞构建测试"，单击"2. 分配角色"学习步骤，按照指派的角色在系统中进行拖曳授权，授权结束后单击"完成设置"按钮保存。

3. 协作处理

（1）销售订货出库。

① 签订销售订单。以"销售员"角色的组员身份登录 D-FSSC1.0，进入学习任务"F. 销售管理–应收共享＞16. 其他商品销售业务＞构建测试"，单击"4. 协作处理"学习步骤。单击"销售员"角色头像图标，并选择进入 NC Cloud 轻量端。单击"销售业务＞销售订单维护"快捷入口，进入 NC Cloud 轻量端销售订单维护页面。单击右上角的"新增＞自制"菜单，进入 NC Cloud 轻量端销售订单维护页面。按照例 5-7 信息进行填写，如图 5-29 所示，填写后单击右上角的"保存提交"按钮提交销售订单。

图 5-29　新增自制销售订单

② 审批销售订单。以"销售经理"角色的组员身份登录 D-FSSC1.0，进入学习任务"F. 销售管理–应收共享＞16. 其他商品销售业务＞构建测试"，单击"4. 协作处理"学习

步骤。单击"销售经理"角色头像图标，选择进入 NC Cloud 轻量端，在审批中心区域会发现有一个"未处理"状态的单据。单击"未处理"入口，找到步骤"①签订销售订单"所提交的待审批销售订单并单击单据链接，NC Cloud 将进入销售订单审批页面。单击右上角的"批准"按钮，可完成销售订单的审批工作。

③ 办理销售发货。以"仓管员"角色的组员身份登录 D-FSSC1.0，进入学习任务"F. 销售管理–应收共享＞16. 其他商品销售业务＞构建测试"，单击"4. 协作处理"学习步骤。单击"仓管员"角色头像图标，并选择进入 NC Cloud 轻量端。单击"业务处理＞发货单维护"菜单进入发货单维护页面。单击右上角的"发货"按钮，NC Cloud 进入销售订单/调拨订单选择页面。单击左上角的"销售订单"页签，"财务组织"选择鸿途集团水泥有限公司，"单据日期"选择"去年～今年"，单击"查询"按钮，NC Cloud 将列出所有符合条件的销售订单。勾选步骤"② 审批销售订单"中所审批通过的销售订单，单击右下角的"生成发货单"按钮，NC Cloud 将依据所勾选的销售订单生成销售发货单，进入发货单维护界面。在发货单维护界面中确认实际的发货数量，然后单击右上角的"保存提交"按钮提交发货单。

④ 办理销售出库。以"仓管员"角色的组员身份登录 D-FSSC1.0，进入学习任务"F. 销售管理–应收共享＞16. 其他商品销售业务＞构建测试"，单击"4. 协作处理"学习步骤。单击"仓管员"角色头像图标，并选择进入 NC Cloud 轻量端。单击"业务处理＞销售出库"快捷入口，进入销售出库页面，再单击右上角的"新增＞销售业务出库"菜单，NC Cloud 进入"选择销售订单/发货单"页面。单击左上角的"发货单"页签，"发货库存组织"选择鸿途集团水泥有限公司，"计划发货日期"选择"去年～今年"，单击"查询"按钮，NC Cloud 将查询出所有满足条件的销售发货单。勾选步骤"③办理销售发货"中所提交的销售发货单，单击右下角的"生成出库单"按钮，NC Cloud 将依据所勾选的销售发货单生成销售出库单，进入销售出库单维护界面。补充填写"仓库""出入库类型"等必填数据项，并填写"详细信息"页签下的"实发数量"，单击右上角的"保存"按钮保存销售出库单。保存完毕后，单击右上角的"签字"按钮确认出库单上的商品已经出库。

【特别提示】

根据 D-FSSC1.0 的初始设置，天然石膏所在的仓库是"原燃料库"。

（2）应收挂账。

① 录入销售发票。以"业务财务"的角色登录 D-FSSC1.0，进入学习任务"F. 销售管理–应收共享＞16. 其他商品销售业务＞构建测试"，单击"4. 协作处理"学习步骤。单击"业务财务"角色头像图标，并选择进入 NC Cloud 轻量端。单击"销售业务＞销售发票维护"快捷入口，NC Cloud 进入销售发票管理页面。单击右上角的"开票"菜单，NC Cloud 进入"选择订单/出库单"页面。左上角选择"销售出库"页签，"财务组织"选择鸿途集团水泥有限公司，"出库日期"选择"去年～今年"，单击"查询"按钮，NC Cloud 将列出符合条件的销售出库单。勾选步骤"（1）销售订货出库"中生成并签字的销售出库单，然后单击右下角的"生成销售发票"按钮，NC Cloud 便根据销售出库单生

成相应的销售发票信息。补填"发票类型"必填数据项，确认"详细信息"页签下的数据与纸质发票信息一致，单击右上角的"保存提交"按钮进行销售发票的提交，NC Cloud 将保存销售发票信息并根据销售发票信息生成应收单。

② 扫描上传发票影像并提交应收单。以"业务财务"的角色登录 D-FSSC1.0，进入学习任务"F. 销售管理–应收共享＞16. 其他商品销售业务＞构建测试"，单击"4. 协作处理"学习步骤。单击"业务财务"角色头像图标，并选择进入 NC Cloud 轻量端。单击"销售业务＞应收单管理"快捷入口，NC Cloud 进入应收单管理页面。"财务组织"选择鸿途集团水泥有限公司，"单据日期"选择"去年～今年"，单击"查询"按钮，NC Cloud 将列出所有满足条件的应收单。选中步骤"①录入销售发票"中所生成的应收单，单击右上角的"更多＞影像管理＞影像扫描"菜单，便可扫描上传销售发票物理单据（如增值税专用发票记账联）的电子影像。扫描完成后，单击应收单管理页面右上角的"提交"按钮，将应收单提交。

③ 审批应收单。以"财务经理"的角色登录 D-FSSC1.0，进入学习任务"F. 销售管理–应收共享＞16. 其他商品销售业务＞构建测试"，单击"4. 协作处理"学习步骤。单击"财务经理"角色头像图标，并选择进入 NC Cloud 轻量端，审批中心区域会发现有一个"未处理"状态的单据。单击"未处理"入口，找到步骤②所提交的待审批应收单，单击该行的"财务经理角色<批准>"按钮，可完成应收单的审批工作。

④ FSSC 应收单作业处理。以 FSSC"应收审核岗"的角色登录 D-FSSC1.0，进入学习任务"F. 销售管理–应收共享＞16. 其他商品销售业务＞构建测试"，单击"4. 协作处理"学习步骤。单击"应收审核岗"角色头像图标，并选择进入 NC Cloud 轻量端。NC Cloud 会进入 FSSC 作业平台看板页面。单击作业平台中的"我的作业＞提取任务"链接，便可依据本教材第 2 章中对 FSSC 进行系统初始设置时所设置的单据提取规则，进行待处理单据的提取工作。刷新作业平台看板页面，会发现"我的作业＞待处理"单据数量从 0 变成了 1。单击"我的作业＞待处理"链接，NC Cloud 轻量端将进入"我的作业"作业列表页面。单击"单据编码"列的链接，便可进入应收单 FSSC 审核界面。应收审核岗单击"批准"按钮，批准所提取的应收单单据，NC Cloud 将自动生成应收挂账的总账凭证。

⑤ FSSC 应收挂账总账凭证审核。以 FSSC"总账主管岗"角色的组员身份登录 D-FSSC1.0，进入学习任务"F. 销售管理–应收共享＞16. 其他商品销售业务＞构建测试"，单击"4. 协作处理"学习步骤。单击"总账主管岗"角色头像图标，并选择进入 NC Cloud 轻量端。单击"凭证管理"页签下的"凭证审核"快捷入口，进入 NC Cloud 的"凭证审核"页面。左上角的"核算账簿"选择鸿途集团水泥有限公司的基准账簿，"制单日期"可以选择"去年～今年"，NC Cloud 将列出所有符合条件的待审核记账凭证。找到新生成的应收挂账记账凭证并双击，NC Cloud 便打开该凭证的详细页面，如图 5-30 所示，总账主管岗可以在凭证的详细页面中单击右上角的"审核"按钮进行该记账凭证

的审核。

图 5-30 其他商品销售应收挂账记账凭证详细页面

（3）应收账款收款。

① 录入收款单。以"业务财务"的角色登录 D-FSSC1.0，进入学习任务"F. 销售管理–应收共享＞16. 其他商品销售业务＞构建测试"，单击"4. 协作处理"学习步骤，单击"业务财务"角色头像图标，并选择进入 NC Cloud 轻量端。单击"销售业务＞收款单管理"快捷入口，NC Cloud 进入收款单管理页面。单击右上角的"新增＞应收单"菜单，NC Cloud 进入"选择应收单"页面。左上角"财务组织"选择鸿途集团水泥有限公司，"单据日期"选择"去年～今年"，点击"查询"按钮，NC Cloud 将列出符合条件的应收单。选中步骤"（2）应收挂账"中所审核通过的应收单，单击右下角的"生成下游单据"按钮，便可生成收款单。在生成的收款单上，需要补充一些必填的数据项，例如，"结算方式"选择"网银"方式，"收款银行账户"选择鸿途集团水泥有限公司账号较小的收入账户，"付款银行账户"选择客户企业的银行账户。单击右上角的"保存"按钮保存收款单。

【特别提示】

为了便于教学，D-FSSC1.0 给鸿途集团每家子公司准备的外部银行账户中，账号较小的账户作为企业收入户。

② 扫描上传影像并提交收款单。收款单保存后，业务财务单击右上角的"更多＞影像管理＞影像扫描"菜单，便可为该收款单扫描上传原始凭证（如收款的银行电子回单）的电子影像。扫描完成后，单击右上角的"提交"按钮，将收款单提交。

③ 审批收款单。以"财务经理"的角色登录 D-FSSC1.0，进入学习任务"F. 销售管理–应收共享＞16. 其他商品销售业务＞构建测试"，单击"4. 协作处理"学习步骤。单击"财务经理"角色头像图标，并选择进入 NC Cloud 轻量端，在审批中心区域会发现有一个"未处理"状态的单据。单击"未处理"入口，找到步骤②所提交的待审批收款单，单击该行的"财务经理角色<批准>"按钮，可完成收款单的审批工作。

④ FSSC 收款单作业处理。以 FSSC"应收审核岗"的角色登录 D-FSSC1.0，进入学习任务"F. 销售管理–应收共享＞16. 其他商品销售业务＞构建测试"，单击"4. 协作处理"学习步骤。单击"应收审核岗"角色头像图标，并选择进入 NC Cloud 轻量端。NC

Cloud 会进入 FSSC 作业平台看板。单击作业平台中的"我的作业＞提取任务"链接，便可依据本教材第 2 章对 FSSC 进行系统初始设置时设置的单据提取规则，进行待处理单据的提取工作。刷新作业平台看板页面，会发现"我的作业＞待处理"单据数量从 0 变成 1。单击"我的作业＞待处理"链接，NC Cloud 轻量端将进入"我的作业"作业列表页面。单击"单据编码"列的链接，便可进入收款单 FSSC 审核界面。应收审核岗单击"批准"按钮，批准所提取的应收单据，NC Cloud 将自动生成应收账款收款的总账凭证。

⑤ 确认收款结算。以 FSSC"中心出纳岗"角色的组员身份登录 D-FSSC1.0，进入学习任务"F. 销售管理-应收共享＞16. 其他商品销售业务＞构建测试"，单击"4. 协作处理"学习步骤。单击"中心出纳岗"角色头像图标，并选择进入 NC Cloud 轻量端，然后单击"结算处理"页签下的"结算"快捷入口，进入 NC Cloud 的结算页面。"财务组织"选择鸿途集团水泥有限公司及其下属 16 家子公司，"单据日期"选择"去年～今年"，单击"查询"按钮，并单击左侧的"待结算"页签，NC Cloud 将查询出水泥板块待结算的所有业务单据列表。勾选上一步骤审核的收款单所对应的结算单据行，单击本行的"结算"超链接或本页面右上方的"结算"按钮，确定收款结算完成。

⑥ 审核应收账款收款的总账凭证。以 FSSC"总账主管岗"角色的组员身份登录 D-FSSC1.0，进入学习任务"F. 销售管理-应收共享＞16. 其他商品销售业务＞构建测试"，单击"4. 协作处理"学习步骤。单击"总账主管岗"角色头像图标，并选择进入 NC Cloud 轻量端。然后单击"凭证管理"页签下的"凭证审核"快捷入口，进入 NC Cloud 的结算页面。"核算账簿"选择鸿途集团水泥有限公司的基准账簿，"制单日期"可以选择"去年～今年"，NC Cloud 将列出所有符合条件的待审核记账凭证。找到新生成的应收账款收款记账凭证并双击，NC Cloud 便打开该凭证的详细页面。总账主管岗可以在凭证详细页面中单击右上角的"审核"按钮进行该记账凭证的审核。

项目实训

鸿途集团共享后其他商品销售作业处理

1. 启动预置的审批流和工作流

（1）启用预置的鸿途集团销售订单审批流。

（2）启用系统预置的鸿途集团共享后应收单和收款单的工作流。

2. 完成协作处理实训

用下述测试用例，完成其他商品销售业务共享的端到端协作处理实训。

（1）销售订货出库。2019 年 7 月 5 日，鸿途集团水泥有限公司与天海中天精细化工有限公司签订一笔材料销售订单，信息如表 5-11 所示。发货时间为 7 月 11 日，价格为 226 元/吨（含税），并生成销售发货单。2019 年 7 月 11 日，"天然石膏"发货出库。

（2）应收挂账。2019 年 7 月 11 日，对"天然石膏"发货开具增值税专用发票，票随货走。当日完成了后续的应收挂账流程。发票信息如表 5-12 所示。

表 5-11　天海中天精细化工有限公司 2019 年 7 月石膏订单信息

项目名称	需求数量/吨	客户
天然石膏	1 000	天海中天精细化工有限公司

表 5-12　天海中天精细化工有限公司 2019 年 7 月石膏发票信息

项目名称	需求数量/吨	含税单价/元	价税合计/元	税率	税额/元	客户
天然石膏	1 000	226.00	226 000.00	13%	26 000.00	天海中天精细化工有限公司

（3）应收账款收款。2019 年 7 月 31 日，客户天海中天精细化工有限公司全额付款。鸿途集团水泥有限公司相关员工收到客户通知，并从网银系统获得银行收款电子回单的打印件后，在系统里完成了应收账款收款的操作流程。

思考题：

画 NC Cloud 中产成品和其他商品销售流程的配置流程图。

第6章 TR 资金结算共享

知识导读

资金结算业务主要是单位或个人之间由商品交易、劳务服务等经济往来所引起的货币收付行为。在现实生活中的资金结算存在着管控等诸多问题，实现资金结算共享势在必行。

通过资金结算业务的学习，学生能在财务共享信息系统中完成收付款合同、收款单的录入与审核，并依据收款单生成记账凭证，能依据审批通过的付款申请单，在财务共享信息系统中生成付款单、确认现金支付，并生成记账凭证。

学习目标

➢ 掌握收付款合同的概念和适用条件
➢ 熟悉收付款合同结算的典型流程
➢ 理解资金结算业务和银企直联的概念

6.1 认知资金结算业务

6.1.1 非往来收付款结算业务

第 4 章和第 5 章实际上已经涉及与客户、供应商物资购销往来所形成的收付款业务及业务处理。本章的资金结算是处理不涉及与客户、供应商有物资购销往来所形成的收付款，这类非往来收付款结算业务又包括收付款合同结算业务和无合同结算业务两种。

6.1.2 收付款合同结算业务

1. 收付款合同结算与管理的含义

收付款合同结算，是指企业与外部结算对象之间虽无有形产品购销合同，但存在明确双方结算权利与义务的收付款合同。企业结算业务的起点是收付款合同的缔结，当收付款条件满足后，合同双方依据收付款合同的收款或付款条款进行结算。

收付款合同，是指企业签署的、具有收款或付款条款的、不属于销售合同或采购合同或项目合同等的合同。

收付款合同管理是以合同为主线，帮助企业财务部门加强合同收付款业务的过程管理与控制。它支持企业对以自身为当事人的合同依法进行录入登记、审批、履约、变更、冻结、终止等一系列活动，有助于降低企业资金风险，提高部门协作效率。

在 NC Cloud 中，收付款合同结算使用应付单/应收单、付款单/收款单分别作为应付/应收挂账、应付/应收结算的业务单据，这一点与第 4 章、第 5 章的往来结算相同。

2. 收付款合同结算应用场景

收付款合同结算，通常会经过以下三个业务阶段。

（1）收付款合同签订。企业的业务部门与客户或供应商经过协商、谈判并达成一致后，拟定收款或付款合同，合同在按照企业合同审批流程通过后正式生效，同时合同进入履行状态。

（2）收付款合同立账（应收/应付挂账）。当合同中的客户或供应商发生应收或应付业务时，财务部参照合同进行应收或应付账款的确认。

（3）收付款结算。合同执行人根据相应收付款计划或按照通过后的企业结算审批流程，进行收款或付款。

6.1.3　资金结算业务

资金结算业务又称为无合同结算业务，是指并不存在任何与结算对象之间的合同、订单等书面合约，但是双方仍然需要进行结算的业务。企业内部在处理无合同结算业务时，可以用付款结算单、收款结算单作为内部业务流转的结算依据，并由出纳或者会计等非业务人员完成全部操作。

1. 资金结算业务应用场景

下面列举了几种可能的无收付款合同结算场景。

（1）整个业务流程仅涉及现金的收付，例如罚没收入直接收到现金、水电费支出、银行手续费支出等。

（2）从银行获得到账信息后及时进行核算确认，例如付款方采用网银转账等方式向企业支付的款项、企业进行收款到账认领、银行主动扣款、企业进行付款认领、银行定期对企业的存款计息等。

（3）不涉及往来的内部划账，例如公司内外部账户之间的划账业务。

2. 资金结算共享前的典型环节

（1）财务人员发起结算流程：填制收款结算单或付款结算单，选择相应业务的收支项目，如利息收入、水电费支出等。

（2）业务领导进行业务审批。

（3）财务负责人进行财务审批。

（4）出纳岗结算后生成结算记账凭证。

（5）总账岗审核结算记账凭证。

项目实训

绘制鸿途集团共享前无合同资金结算的现状流程图

本实训为组员个人实训。参照系统资源中的扩展阅读文档"鸿途集团资金结算业务流程现状"，组员需独立使用 Microsoft Visio 重新绘制鸿途集团无合同收款结算、无合同付款结算的现状流程图。

6.2　收付款合同结算业务共享

6.2.1　共享前典型痛点

在实现财务共享服务前，收付款合同结算都是在业务单元内部完成。从集团结算管理的角度考虑，典型的痛点有以下几个方面。

（1）收付款合同的签订流程，各子公司各自为政，流程不统一。

（2）集团无法及时获得准确的收付款合同执行情况。

（3）超合同金额的收付款控制，集团没有统一的控制点，增加了合同执行风险。

6.2.2　收付款合同结算共享需求分析

1. 共享后的功能要求

【例 6-1】田螺水泥集团收付款合同结算业务在实施财务共享服务时，要求遵循如下需求或原则。

（1）收款合同、付款合同的审批均实现共享，由 FSSC 的档案综合岗负责。共享前属于普通财务人员审核的职责，若共享后划归 FSSC，则业务单元财务人员无须再审核；共享前属于财务经理审核的职责，共享后改由业务单元业务财务审核，但业务财务发起的流程仍需财务经理审批。

（2）田螺水泥集团的所有收付款，均以网银（银企直联）方式完成。

（3）田螺水泥集团选择的是单共享中心模式。

2. 共享后流程用到的业务单据

【例 6-2】田螺水泥集团基于用友 NC Cloud 实施收付款合同结算业务共享时，所使用到的业务单据如表 6-1 所示。

表 6-1　田螺水泥集团收付款合同结算业务共享的业务单据

序号	名称	是否进入FSSC	是否属于作业组工作	流程设计工具
1	付款合同	Y	Y	工作流
2	应付单	Y	Y	工作流
3	付款单	Y	Y	工作流
4	收款合同	Y	Y	工作流
5	应收单	Y	Y	工作流
6	收款单	Y	Y	工作流

6.2.3　共享后收付款合同结算流程设计与 NC Cloud 配置

1. 共享后流程图设计

【例 6-3】在田螺水泥集团收付款合同结算业务现状流程的基础上，结合例 6-1 和例 6-2 所给出的财务共享需求及相关业务单据，根据企业财务职责和部门的调整情况、财务共享服务中心各作业组及其职责的初始配置情况，设计共享后的收付款合同结算流程。

【解析】

（1）付款合同结算。图 6-1、图 6-2 与图 6-3 分别是田螺水泥集团共享后收付款合同结算流程设计的付款合同签订、付款合同应付挂账和付款合同付款结算，设计依据如表 6-2 所示。

（2）收款合同结算。图 6-4、图 6-5 与图 6-6 分别是田螺水泥集团共享后收付款合同结算流程设计的收款合同签订、收款合同应收挂账和收款合同收款结算，设计依据如表 6-2 所示。

2. NC Cloud 工作流配置

共享后的收付款合同结算的流程设计出来，需要在 NC Cloud 中进行配置。

（1）进入 D-FSSC1.0 学习任务。以学生的账号登录 D-FSSC1.0 的学习中心，进入学习任务"G. 资金结算共享＞17. 收款/付款合同结算＞构建测试"。

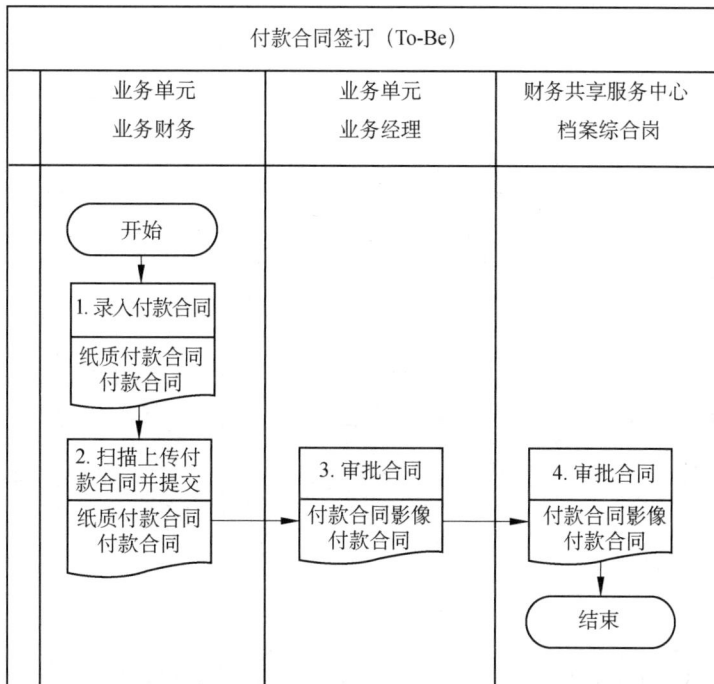

图 6-1　田螺水泥集团共享后收付款合同结算流程设计–付款合同签订

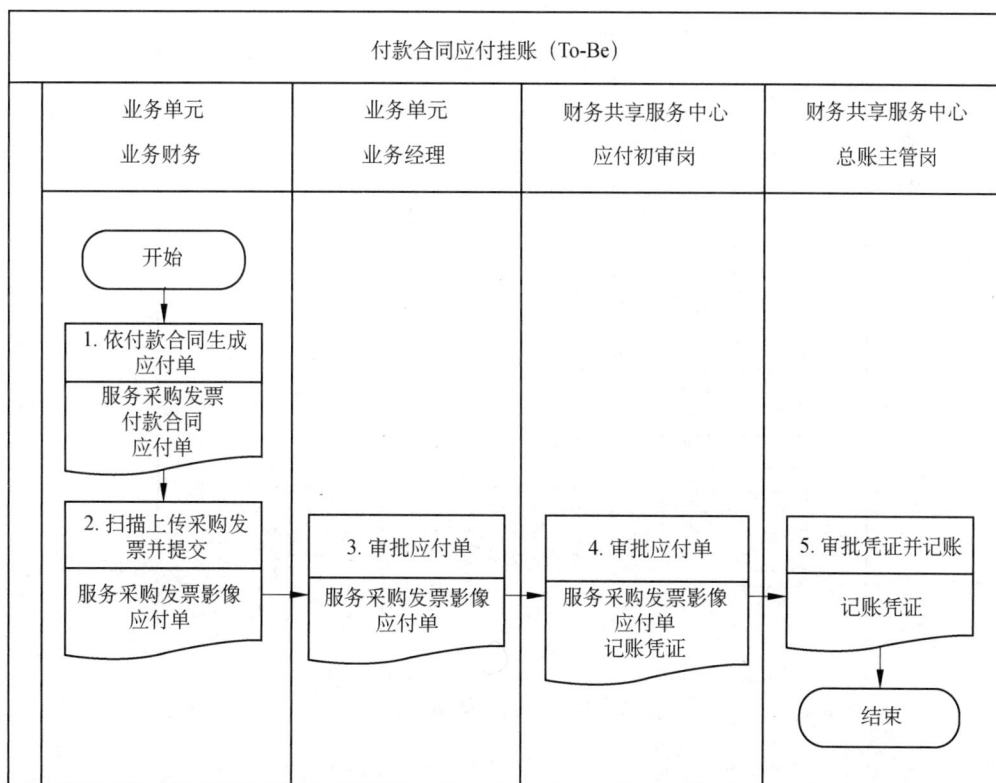

图 6-2　田螺水泥集团共享后收付款合同结算流程设计–付款合同应付挂账

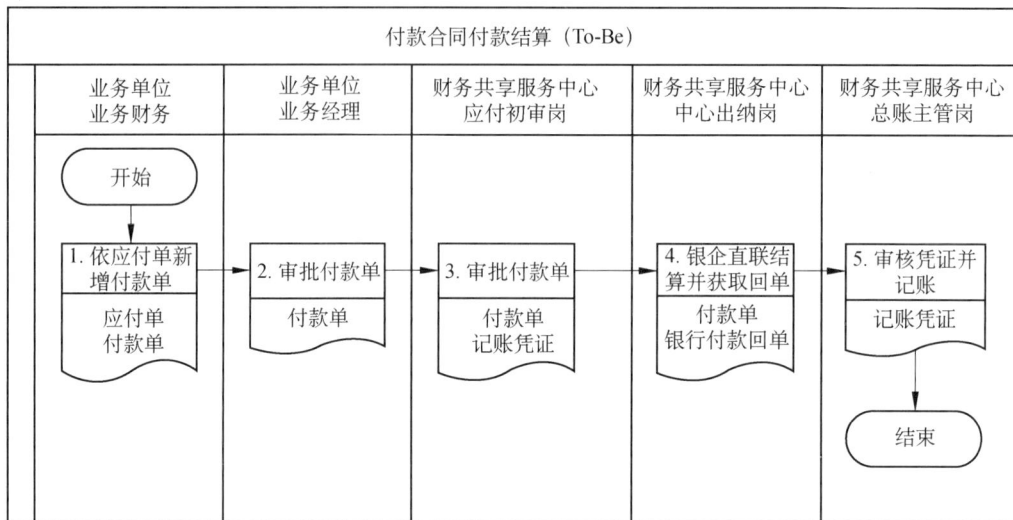

图 6-3　田螺水泥集团共享后收付款合同结算流程设计–付款合同付款结算

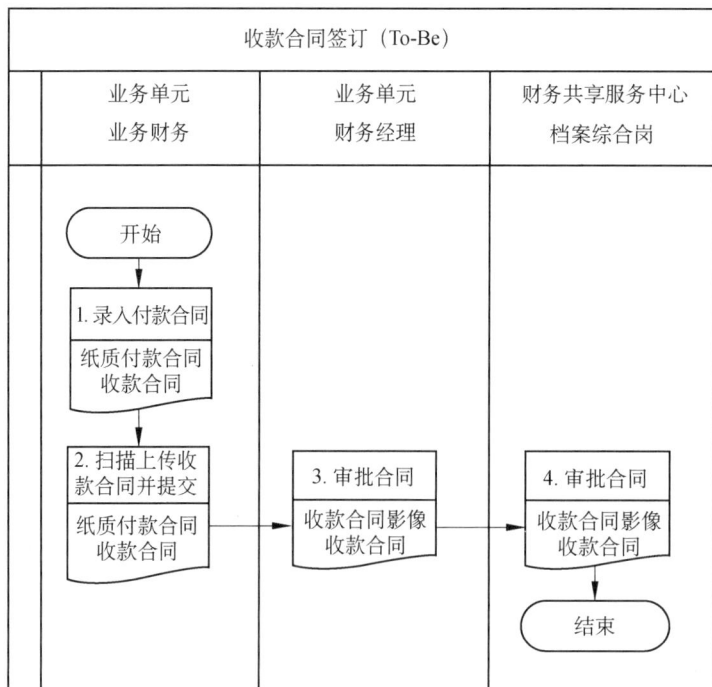

图 6-4　田螺水泥集团共享后收付款合同结算流程设计–收款合同签订

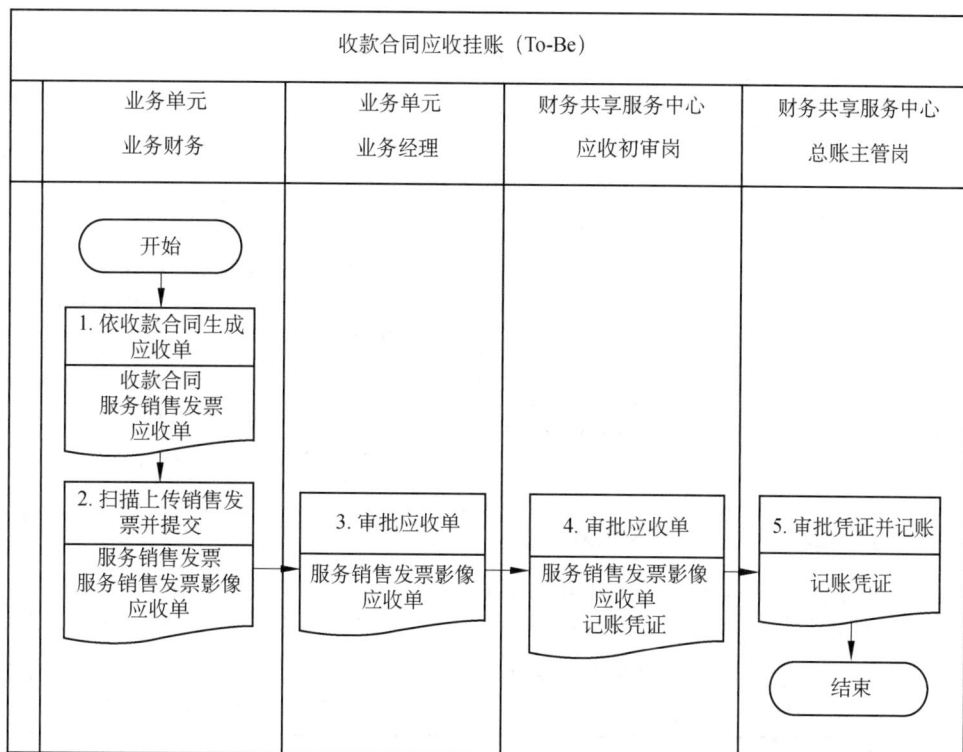

图 6-5　田螺水泥集团共享后收付款合同结算流程设计–收款合同应收挂账

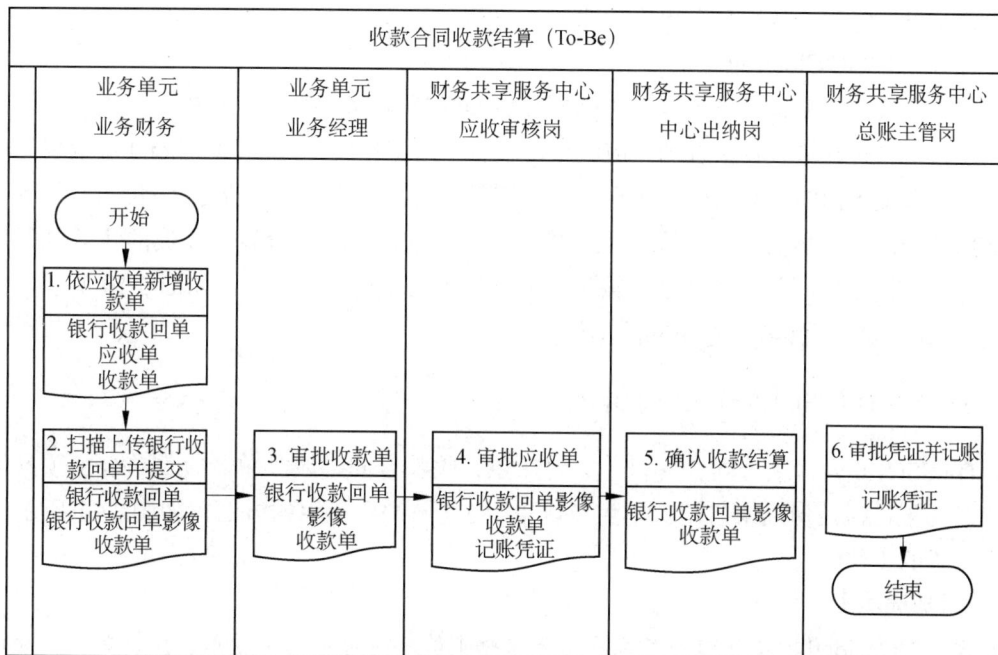

图 6-6　田螺水泥集团共享后收付款合同结算流程设计–收款合同收款结算

表 6-2　田螺水泥集团共享后收付款合同结算流程设计依据

序号	共享前	共享后	设计依据
1	业务单元结算会计发起收付款合同结算流程	改由业务单元业务财务发起	业务单元只保留业务财务岗和财务经理岗
2	无	业务单元业务财务扫描上传影像	FSSC 与业务单元和原始凭证不在一起，要基于影像进行共享审核
3	无	FSSC 应付初审岗审核应付单及付款单	从应付初审岗开始，付款合同结算的应付挂账和付款结算流程从业务单元进入 FSSC 环节
4	无	FSSC 应收审核岗审核应收单及收款单	从应收审核岗开始，收款合同结算的应收挂账和收款结算流程从业务单元进入 FSSC 环节
5	业务单元综合办公室专员审批收付款合同	FSSC 档案综合岗审批收付款合同	建设 FSSC 时，同时实现了合同共享
6	业务单元财务部出纳通过网银进行结算	FSSC 中心出纳岗通过银企直联结算	资金结算实现了 FSSC 共享，同步建设了银企直联
7	业务单元财务部总账会计审核记账凭证	FSSC 总账主管岗审核记账凭证	集团实现了总账共享，总账会计职责不再隶属于业务单元

（2）以"系统管理员"角色进入系统配置任务步骤。单击"3. 系统配置"学习步骤，然后单击"系统管理员"角色头像。

（3）登录 NC Cloud 重量端。

（4）设置工作流。根据表 6-1，在收付款合同结算业务共享后流程中，要设置付款合同、应付单、付款单、收款合同、应收单、收款单的工作流。双击 NC Cloud 重量端"功能导航"页签下面的"动态建模平台＞流程管理＞流程设计＞工作流定义–集团"菜单，系统将打开工作流定义窗口。在左上角查询窗口中依次录入要设置工作流的业务单据名称，选中查询结果，单击"新增"按钮，便可进入工作流定义窗口，如图 3-10 所示。可分别按照图 6-1～图 6-6 设置相应的工作流。

3. 启用 D-FSSC1.0 预置的工作流

D-FSSC1.0 为付款合同、应付单、付款单、收款合同、应收单、收款单分别预置了共享后的工作流，但尚未启用。学生可以采用 3.2 节中所使用的方法，如图 3-11 所示，启用预置的工作流。

【特别提示】

用友 NC Cloud 的工作流是建立在业务单据上的，应付单、付款单、应收单、收款单与第 4 章和第 5 章中往来结算所用到的同名业务单据相同，工作流无须重复启用。

6.2.4 付款合同结算共享作业处理

1. 测试用例

【例 6-4】2019 年 7 月 8 日，鸿途集团水泥有限公司销售处拟聘请深圳市博源伟业科技有限公司为服务方，为本公司设计新产品广告文案，双方签订了设计服务合同。合同基本信息如下。

合同名称：设计服务合同；

合同编码：FCT12019070800000001；

合同甲方：鸿途集团水泥有限公司；

合同乙方：深圳市博源伟业科技有限公司；

合同金额：7.42 万元，其中包括增值税税额 0.42 万元（增值税税率为 6%）；

付款方式：在项目验收后一次性支付。

2019 年 7 月 22 日，设计方案通过鸿途集团水泥有限公司销售部门的验收并收到乙方提供的增值税专用发票，7 月 27 日完成付款流程。

2. 角色分配

（1）确定组员分工。按照 D-FSSC1.0 预置的付款合同结算端到端共享流程，需要参与操作的角色包括业务财务、财务经理、FSSC 档案综合岗、FSSC 应付初审岗、FSSC 中心出纳岗、FSSC 总账主管岗等。在学生进行分工协作之前，每个小组由组长进行角色指派。

（2）在系统中分配角色。以组长身份登录 D-FSSC1.0，进入学习任务"G. 资金结算共享＞17. 收款/付款合同结算＞构建测试"，单击"2.分配角色"学习步骤，按照指派的角色在系统中进行拖曳授权，授权结束后单击"完成设置"按钮保存。

3. 协作处理

（1）签订付款合同。

① 录入付款合同。以"业务财务"角色的组员身份登录 D-FSSC1.0，进入学习任务"G. 资金结算共享＞17. 收款/付款合同结算＞构建测试"，单击"4. 协作处理"学习步骤。单击"业务财务"角色头像图标，并选择进入 NC Cloud 轻量端，然后单击"收付款合同＞付款合同管理"快捷入口，进入 NC Cloud "付款合同管理"页面。单击右上角的"新增"按钮，进入 NC Cloud 付款合同录入页面。按照例 6-4 中的测试用例进行填报，如图 6-7 所示，然后单击右上方的"保存"按钮进行保存。

② 扫描上传付款合同并提交。在图 6-7 中保存付款合同后，单击右上角的"更多＞影像管理＞影像扫描"菜单，便可扫描上传付款合同物理单据（如纸质合同）的电子影像。扫描完成后，单击右上角的"提交"按钮，将付款合同提交。

③ 财务经理审批付款合同。以"财务经理"角色的组员身份登录 D-FSSC1.0，进入学习任务"G. 资金结算共享＞17. 收款/付款合同结算＞构建测试"，单击"4. 协作处

图 6-7　NC Cloud 付款合同录入页面

理"学习步骤。单击"财务经理"角色头像图标，并选择进入 NC Cloud 轻量端，在审批中心区域会发现有一个"未处理"状态的单据。单击"未处理"入口，找到步骤②所提交的待审批付款合同，如图 6-8 所示，然后单击该行右侧的"财务经理角色<批准>"按钮，便可完成付款合同的审批工作。

图 6-8　NC Cloud 付款合同审批页面-财务经理角色

④ FSSC 付款合同审批。以"档案综合岗"的角色登录 D-FSSC1.0，进入学习任务"G. 资金结算共享＞17. 收款/付款合同结算＞构建测试"，单击"4. 协作处理"学习步骤。单击"档案综合岗"角色头像图标，并选择进入 NC Cloud 轻量端，NC Cloud 会进入平台中的"我的作业＞提取任务"超链接，便可依据本教材第 2 章所设置的单据提取规则，进行待处理单据的提取工作。刷新作业平台看板页面，会发现"我的作业＞待处理"单据数量从 0 变成了 1。单击"我的作业＞待处理"链接，NC Cloud 轻量端将进入"我的作业"作业列表页面。单击"单据编码"列的超链接，便可进入 FSSC 付款合同审核界面，如图 6-9 所示。单击右上角的"更多＞影像管理＞影像查看"菜单，可以查看前序环节扫描上传的原始凭证影像；单击"批准"按钮，批准所提取的付款合同。

⑤ FSSC 付款合同生效。档案综合岗批准付款合同后，在付款合同管理页面中单击右上角的"执行＞生效"菜单，该付款合同才能正式生效。

（2）付款合同应付挂账。在业务实务中，当收到付款合同的收款方所开具的发票后，启动付款合同应付账款立账（或称为挂账）流程、确认对收款方的负债。

①依付款合同生成应付单。以"业务财务"的角色登录 D-FSSC1.0，进入学习任务"G. 资金结算共享＞17. 收款/付款合同结算＞构建测试"，单击"4. 协作处理"学习步

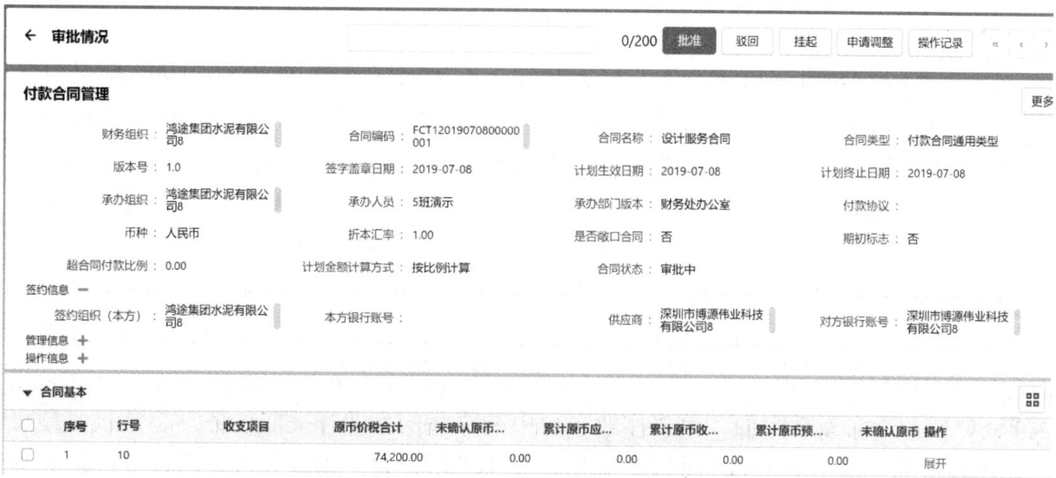

图 6-9　NC Cloud FSSC 付款合同审核界面

骤。单击"业务财务"角色头像图标，并选择进入 NC Cloud 轻量端。单击"采购业务>应付单管理"快捷入口，NC Cloud 进入应付单管理页面。单击右上角的"新增>付款合同"菜单，NC Cloud 进入"选择合同"页面。"财务组织"选择鸿途集团水泥有限公司，"制单日期"选择"2019-07-01～2019-08-31"，单击"查询"按钮，NC Cloud 将列出符合条件的付款合同。勾选步骤"（1）签订付款合同"中生效的付款合同，如图 6-10 所示，然后单击右下角的"生成单据"按钮，NC Cloud 便根据所选中的付款合同生成相应的应付单。在应付单管理页面中，单击右上角的"保存"按钮保存应付单。

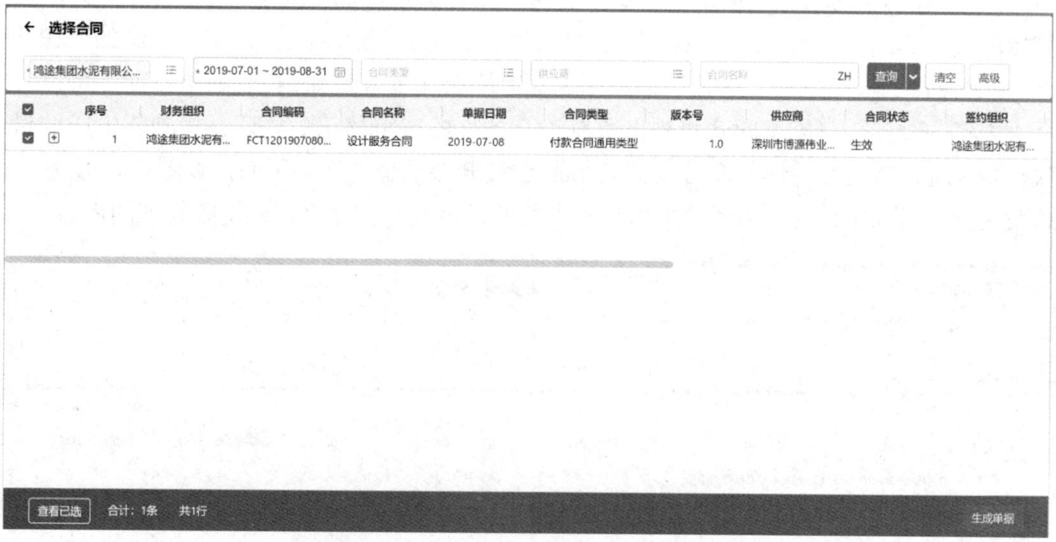

图 6-10　查询用于生成应付单的付款合同

②　扫描上传发票影像并提交应付单。业务财务保存应付单后，在应付单管理页面单击右上角的"更多>影像管理>影像扫描"菜单，便可扫描上传原始凭证（如增值税专用发票的发票联和抵扣联等）的电子影像。扫描完成后，单击右上角的"提交"按钮提

交应付单。

③ 财务经理审批应付单。以"财务经理"的角色登录 D-FSSC1.0，进入学习任务"G. 资金结算共享＞17. 收款/付款合同结算＞构建测试"，单击"4. 协作处理"学习步骤。单击"财务经理"角色头像图标，并选择进入 NC Cloud 轻量端，在审批中心区域会发现有一个"未处理"状态的单据。单击"未处理"入口，找到步骤②所提交的待审批应付单，单击该行的"财务经理角色<批准>"按钮，可完成应付单的审批工作。

④ FSSC 应付单作业处理。以"应付初审岗"的角色登录 D-FSSC1.0，进入学习任务"G. 资金结算共享＞17. 收款/付款合同结算＞构建测试"，单击"4. 协作处理"学习步骤。单击"应付初审岗"角色头像图标，并选择进入 NC Cloud 轻量端。NC Cloud 会进入 FSSC 作业平台看板页面。单击作业平台中的"我的作业＞提取任务"超链接，便可依据本教材第 2 章中对 FSSC 进行系统初始设置时所设置的单据提取规则，进行待处理单据的提取工作。刷新作业平台看板页面，会发现"我的作业＞待处理"单据数量从 0 变成了 1。单击"我的作业＞待处理"超链接，NC Cloud 轻量端将进入"我的作业"作业列表页面。单击"单据编码"列的超链接，便可进入应付单 FSSC 审核界面。应付初审岗单击右上角的"更多＞影像管理＞影像查看"菜单，可以查看前序环节扫描上传的原始凭证影像；单击"批准"按钮，批准所提取的应付单单据，NC Cloud 将自动生成付款合同应付挂账的总账凭证。

⑤ FSSC 应付挂账总账凭证审核。以"总账主管岗"角色的组员身份登录 D-FSSC1.0，进入学习任务"G. 资金结算共享＞17. 收款/付款合同结算＞构建测试"，单击"4. 协作处理"学习步骤。单击"总账主管岗"角色头像图标，并选择进入 NC Cloud 轻量端。然后单击"凭证管理"页签下的"凭证审核"快捷入口，进入 NC Cloud 的"凭证审核"页面。"核算账簿"选择鸿途集团水泥有限公司的基准账簿，"制单日期"可以选择"去年～今年"，NC Cloud 将列出所有符合条件的待审核记账凭证。找到新生成的付款合同应付挂账记账凭证并双击，NC Cloud 便打开该凭证的详细页面，如图 6-11 所示。总账主管岗可以在凭证详细页面中单击右上角的"审核"按钮进行该记账凭证的审核。

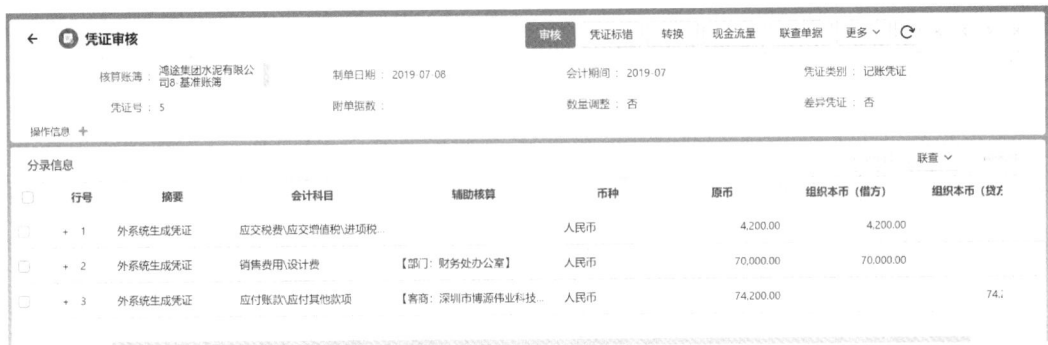

图 6-11　付款合同应付挂账记账凭证详细页面

（3）付款合同付款结算。

① 依应付单生成付款单。以"业务财务"的角色登录 D-FSSC1.0，进入学习任务

"G. 资金结算共享＞17. 收款/付款合同结算＞构建测试"，单击"4. 协作处理"学习步骤。单击"业务财务"角色头像图标，并选择进入 NC Cloud 轻量端。单击"采购业务＞付款单管理"快捷入口，NC Cloud 付款单管理页面。单击右上角的"新增＞应付单"菜单，NC Cloud 进入"选择应付单"页面。"财务组织"选择鸿途集团水泥有限公司，"单据日期"选择"去年～今年"，单击"查询"按钮，NC Cloud 将列出符合条件的应付单。选中步骤"2. 付款合同应付挂账"所审核通过的应付单，单击右下角的"生成下游单据"按钮，便可生成付款单并进入付款单管理页面。在付款单管理页面中补充必填的数据项，例如，"结算方式"选择"网银"方式（即采用银企直联、购买方直接支付的方式），"付款银行账户"选择鸿途集团水泥有限公司的支出户（即银行账号较大的账户），"收款银行账户"选择付款合同上乙方企业的账户，如图 6-12 所示。单击右上角的"保存提交"按钮提交付款单。

图 6-12　NC Cloud 付款合同付款结算的付款单

② 财务经理审批付款单。以"财务经理"的角色登录 D-FSSC1.0，进入学习任务"G. 资金结算共享＞17. 收款/付款合同结算＞构建测试"，单击"4. 协作处理"学习步骤。单击"财务经理"角色头像图标，并选择进入 NC Cloud 轻量端，在审批中心区域会发现有一个"未处理"状态的单据。单击"未处理"入口，找到步骤①所提交的待审批付款单，单击该行的"财务经理角色<批准>"按钮，即可完成付款单的审批工作。

③ FSSC 审核付款单。以"应付初审岗"的角色登录 D-FSSC1.0，进入学习任务"G. 资金结算共享＞17. 收款/付款合同结算＞构建测试"，单击"4. 协作处理"学习步骤。单击"应付初审岗"角色头像图标，并选择进入 NC Cloud 轻量端。NC Cloud 会进入 FSSC 作业平台看板页面。单击作业平台中的"我的作业＞提取任务"链接，便可依据本教材第 2 章对 FSSC 进行系统初始设置时所设置的单据提取规则，进行待处理单据的提取工作。刷新作业平台看板页面，会发现"我的作业＞待处理"单据数量从 0 变成了 1。单击"我的作业＞待处理"链接，NC Cloud 轻量端将进入"我的作业"作业列表页面。单击"单据编码"列的链接，便可进入付款单 FSSC 审核界面。应付初审岗单击"批准"按钮，批准所提取的付款单单据，NC Cloud 将自动生成应付账款付款的总账凭证。

④ FSSC 付款单银企直联结算。以"中心出纳岗"角色的组员身份登录 D-FSSC1.0，进入学习任务"G. 资金结算共享＞17. 收款/付款合同结算＞构建测试"，单击"4. 协作处

理"学习步骤。单击"中心出纳岗"角色头像图标，并选择进入 NC Cloud 轻量端，然后单击"结算处理"页签下的"结算"快捷入口，进入 NC Cloud 的结算页面。"财务组织"选择鸿途集团水泥有限公司及其下属 16 家子公司，"单据日期"选择"去年～今年"，单击"查询"按钮并单击左侧的"待结算"页签，NC Cloud 将查询出水泥板块待结算的所有业务单据列表。选中需要支付的单据行，单击右上方的"支付＞网上转账"并确定进行网上支付，系统便完成了"银企直联"模式下的支付结算操作。

⑤ FSSC 付款合同付款结算总账凭证审核。以"总账主管岗"角色的组员身份登录 D-FSSC1.0，进入学习任务"G. 资金结算共享＞17. 收款/付款合同结算＞构建测试"，单击"4. 协作处理"学习步骤。单击"总账主管岗"角色头像图标，并选择进入 NC Cloud 轻量端。然后单击"凭证管理"页签下的"凭证审核"快捷入口，进入 NC Cloud 的"凭证审核"页面。"核算账簿"选择鸿途集团水泥有限公司的基准账簿，"制单日期"可以选择"去年～今年"，NC Cloud 将列出所有符合条件的待审核记账凭证。找到新生成的付款合同付款结算记账凭证并双击，NC Cloud 便打开该凭证的详细页面，如图 6-13 所示。总账主管岗可以在凭证详细页面中单击右上角的"审核"按钮进行该记账凭证的审核。

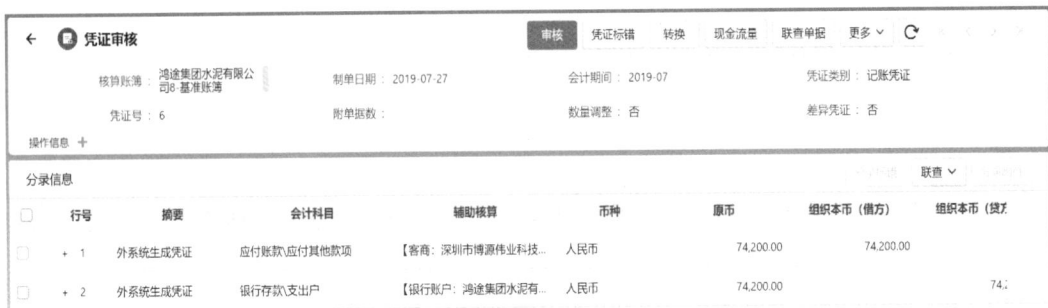

图 6-13　付款合同付款结算记账凭证详细页面

6.2.5　收款合同结算共享作业处理

1. 测试用例

【例 6-5】天海通达化工有限公司要设计和试制一种新型水泥石，特聘请鸿途集团水泥有限公司综合办公室为其提供水泥石研制方法培训。2019 年 7 月 12 日，双方签订了商务合同，合同金额为 3.18 万元（其中增值税税率为 6%，增值税税额为 0.18 万元），期限一周。合同主要信息如下。

合同名称：培训服务合同；

合同编码：SK-201907088；

合同甲方：天海通达化工有限公司；

合同乙方：鸿途集团水泥有限公司；

合同标的与金额：乙方为甲方提供水泥石研制方法培训，培训结束后收取含税金额 3.18 万元；

收款方式：培训结束后一次性收取。

2019 年 7 月 17 日至 2019 年 7 月 21 日，乙方交付了合同规定的培训任务并得到甲方的接受。乙方于 7 月 25 日向甲方开具了增值税专用发票；甲方于 2019 年 7 月 31 日通过网银支付了合同款项，同日乙方收到了银行收款入账的电子回单。

2．角色分配

（1）确定组员分工。按照 D-FSSC1.0 预置的收款合同结算端到端共享流程，需要参与操作的角色包括业务财务、财务经理、档案综合岗、应收审核岗、中心出纳岗、总账主管岗等。在学生进行分工协作之前，每个小组由组长进行角色指派。

（2）系统中分配角色。以组长身份登录 D-FSSC1.0，进入学习任务"G.资金结算共享＞17.收款/付款合同结算＞构建测试"单击"2.分配角色"学习步骤，按照指派的角色在系统中进行拖曳授权，授权结束后单击"完成设置"按钮保存。

3．协作处理

（1）签订收款合同。

① 录入收款合同。以"业务财务"角色的组员身份登录 D-FSSC1.0，进入学习任务"G.资金结算共享＞17.收款/付款合同结算＞构建测试"，单击"4.协作处理"学习步骤。单击"业务财务"角色头像图标，并选择进入 NC Cloud 轻量端，然后单击"收付款合同＞收款合同管理"快捷入口，进入 NC Cloud "收款合同管理"页面。单击右上角的"新增"按钮，进入 NC Cloud 收款合同录入页面。按照例 6-5 中测试用例及相关原始凭证进行填报，如图 6-14 所示。"计划金额计算方式"可以保留默认的"按比例计算"；"本方银行账号"要选择鸿途集团水泥有限公司收入户（即预置的账号较小的那个银行账户）；"物料"要选择"培训服务"。填报完毕后单击右上方的"保存"按钮进行保存。

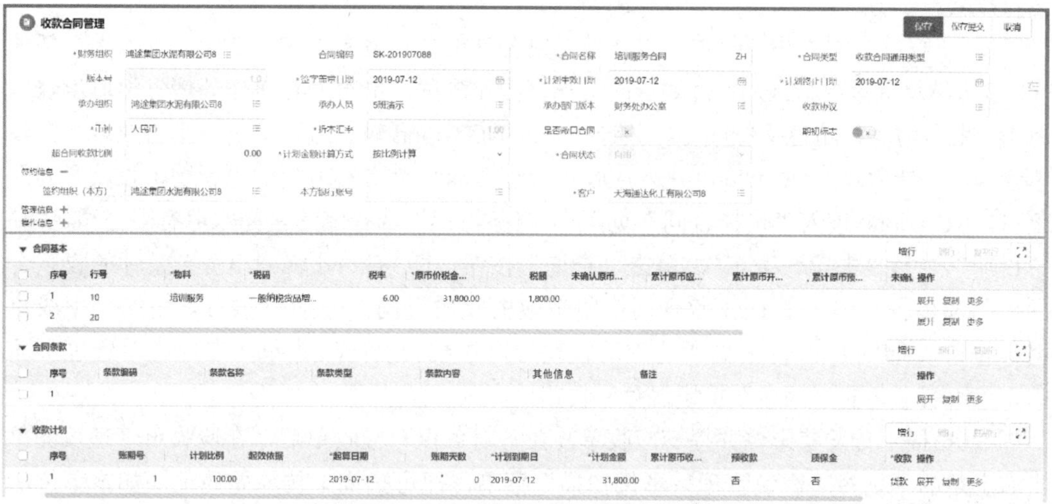

图 6-14　NC Cloud 收款合同录入页面

② 扫描上传收款合同原始凭证。在图 6-14 中保存了收款合同后，单击右上角的"更多＞影像管理＞影像扫描"菜单，便可扫描上传收款合同物理单据（如纸质合同）的电子影像。扫描完成后，单击右上角的"提交"按钮，将收款合同提交。

③ 财务经理审批收款合同。以"财务经理"角色的组员身份登录 D-FSSC1.0，进入学习任务"G. 资金结算共享＞17. 收款/付款合同结算＞构建测试"，单击"4. 协作处理"学习步骤。单击"财务经理"角色头像图标，并选择进入 NC Cloud 轻量端，在审批中心区域会发现有一个"未处理"状态的单据。单击"未处理"入口，找到步骤②所提交的待审批收款合同行，然后单击该行右侧的"财务经理角色＜批准＞"按钮，便可完成收款合同的审批工作。

④ FSSC 收款合同审批。以"档案综合岗"的角色登录 D-FSSC1.0，进入学习任务"G. 资金结算共享＞17. 收款/付款合同结算＞构建测试"，单击"4. 协作处理"学习步骤。单击"档案综合岗"角色头像图标，并选择进入 NC Cloud 轻量端，NC Cloud 会进入 FSSC 作业平台中的"我的作业＞提取任务"链接，便可依据本教材第 2 章中对 FSSC 进行系统初始设置时所设置的单据提取规则，进行待处理单据的提取工作。刷新作业平台看板页面，会发现"我的作业＞待处理"单据数量从 0 变成了 1。单击"我的作业＞待处理"链接，NC Cloud 轻量端将进入"我的作业"作业列表页面，单击"单据编码"列的链接，便可进入收款合同 FSSC 审核界面。单击右上角的"更多＞影像管理＞影像查看"菜单，可以查看前序环节扫描上传的原始凭证影像；单击"批准"按钮，批准所提取的收款合同。

⑤ FSSC 收款合同生效。档案综合岗批准收款合同后，在收款合同管理页面中单击右上角的"执行＞生效"菜单，该收款合同才能正式生效。

（2）收款合同应收挂账。在业务实务中，当与服务购买方（即本例中的天海通达化工有限公司）协商一致，对方同意结算后，服务提供方（即本例中的鸿途集团水泥有限公司）会开具发票并启动收款合同应收账/款立账（或称为挂账）流程，确认对付款方的应收账款。

① 依收款合同生成应收单。以"业务财务"的角色登录 D-FSSC1.0，进入学习任务"G. 资金结算共享＞17. 收款/付款合同结算＞构建测试，单击"4. 协作处理"学习步骤。单击"业务财务"角色头像图标，并选择进入 NC Cloud 轻量端。单击"销售业务＞应收单管理"快捷入口，NC Cloud 进入应收单管理页面。单击右上角的"新增＞收款合同"菜单，NC Cloud 进入"选择合同"页面。"财务组织"选择鸿途集团水泥有限公司，"制单日期"选择"去年～今年"，单击"查询"按钮，NC Cloud 将列出符合条件的收款合同。勾选步骤"（1）签订收款合同"中生效的收款合同，然后单击右下角的"生成单据"按钮，NC Cloud 便根据所选中的收款合同生成相应的应收单。在应收单管理页面中，单击右上角的"保存"按钮保存应收单。

② 扫描上传发票影像并提交应收单。业务财务保存应收单后，在应收单管理页面单击右上角的"更多＞影像管理＞影像扫描"菜单，便可扫描上传原始凭证（如本单位所开具的增值税专用发票的记账联等）的电子影像。扫描完成后，单击右上角的"提交"

按钮提交应收单。

③ 财务经理审批应收单。以"财务经理"的角色登录 D-FSSC1.0，进入学习任务"G. 资金结算共享＞17. 收款/付款合同结算＞构建测试"，单击"4. 协作处理"学习步骤。单击"财务经理"角色头像图标，并选择进入 NC Cloud 轻量端，在审批中心区域会发现有一个"未处理"状态的单据。单击"未处理"入口，找到步骤②所提交的待审批应收单，单击该行的"财务经理角色<批准>"按钮，完成应收单的审批工作。

④ FSSC 应收单作业处理。以"应收审核岗"的角色登录 D-FSSC1.0，进入学习任务"G. 资金结算共享＞17. 收款/付款合同结算＞构建测试"，单击"4. 协作处理"学习步骤。单击"应收审核岗"角色头像图标，并选择进入 NC Cloud 轻量端。NC Cloud 会进入 FSSC 作业平台看板页面。单击作业平台中的"我的作业＞提取任务"链接，便可依据本教材第 2 章对 FSSC 进行系统初始设置时所设置的单据提取规则，进行待处理单据的提取工作。刷新作业平台看板页面，会发现"我的作业＞待处理"单据数量从 0 变成了 1。单击"我的作业＞待处理"链接，NC Cloud 轻量端将进入"我的作业"作业列表页面。单击"单据编码"列的链接，便可进入应收单 FSSC 审核界面。应收审核岗单击"批准"按钮，批准所提取的应收单单据，NC Cloud 将自动生成收款合同应收挂账的总账凭证。

⑤ FSSC 应收挂账总账凭证审核。以"总账主管岗"角色的组员身份登录 D-FSSC1.0，进入学习任务"G. 资金结算共享＞17. 收款/付款合同结算＞构建测试"，单击"4. 协作处理"学习步骤。单击"总账主管岗"角色头像图标，并选择进入 NC Cloud 轻量端。然后单击"凭证管理"页签下的"凭证审核"快捷入口，进入 NC Cloud 的"凭证审核"页面。"核算账簿"选择鸿途集团水泥有限公司的基准账簿，"制单日期"可以选择"去年～今年"，NC Cloud 将列出所有符合条件的待审核记账凭证。找到新生成的收款合同应收挂账记账凭证并双击，NC Cloud 便打开该凭证的详细页面，如图 6-15 所示。总账主管岗可以在凭证详细页面中单击右上角的"审核"按钮进行该记账凭证的审核。

图 6-15　收款合同应收挂账记账凭证详细页面

（3）收款合同收款结算。

① 依应收单生成收款单。以"业务财务"的角色登录 D-FSSC1.0，进入学习任务"G. 资金结算共享＞17. 收款/付款合同结算＞构建测试"，单击"4. 协作处理"学习步骤。单击"业务财务"角色头像图标，并选择进入 NC Cloud 轻量端。单击"销售业务＞

收款单管理"快捷入口，NC Cloud 进入收款单管理页面。单击右上角的"新增＞应收单"菜单，NC Cloud 进入"应收单"页面。"财务组织"选择鸿途集团水泥有限公司，"单据日期"选择"去年～今年"，单击"查询"按钮，NC Cloud 将列出符合条件的应收单。选中步骤"（2）收款合同应收挂账"所审核通过的应收单，单击右下角"生成下游单据"按钮，便可生成收款单并进入"收款单"页面。依据银行收款电子回单上的信息，在"收款单"页面中补充必填的数据项："结算方式"选择"网银"方式；"收款银行账户"选择鸿途集团水泥有限公司的收入户（即银行账号较小的账户）；"付款银行账户"选择付款合同上甲方企业（即客户企业）天海通达化工有限公司的账户，如图 6-16 所示。单击右上角的"保存提交"按钮提交收款单。

图 6-16　NC Cloud 收款合同收款结算的收款单

【特别说明】

图 6-16 中的"部门"默认会填入当前用户的所属部门。本例中提供培训服务的部门是综合部办公室，因此"部门"可以选择"综合部办公室＞办公室"，这样生成的记账凭证可以辅助核算到该部门，可以作为部门绩效或收入考核的依据。

② 扫描上传银行回单影像并提交收款单。业务财务保存收款单后，在收款单管理页面单击右上角的"更多＞影像管理＞影像扫描"菜单，便可扫描上传原始凭证（如本例中银行收款入账电子回单）的电子影像。扫描完成后，单击右上角的"提交"按钮提交收款单。

③ 财务经理审批收款单。以"财务经理"的角色登录 D-FSSC1.0，进入学习任务"G. 资金结算共享＞17. 收款/付款合同结算＞构建测试"，单击"4. 协作处理"学习步骤。单击"财务经理"角色头像图标，并选择进入 NC Cloud 轻量端，在审批中心区域会发现有一个"未处理"状态的单据。单击"未处理"入口，找到步骤②所提交的待审批收款单，单击该行的"财务经理角色<批准>"按钮，即可完成收款单的审批工作。

④ FSSC 审核收款单。以"应收审核岗"的角色登录 D-FSSC1.0，进入学习任务"G. 资金结算共享＞17. 收款/付款合同结算＞构建测试"，单击"4. 协作处理"学习步骤。单击"应收审核岗"角色头像图标，并选择进入 NC Cloud 轻量端。NC Cloud 会进

入 FSSC 作业平台看板页面。单击作业平台中的"我的作业＞提取任务"超链接，便可依本教材第 2 章中对 FSSC 进行系统初始设置时所设置的单据提取规则，进行待处理单据的提取工作。刷新作业平台看板页面，会发现"我的作业＞待处理"单据数量从 0 变成了 1，单击"我的作业＞待处理"超链接，NC Cloud 轻量端将进入"我的作业"作业列表页面。单击"单据编码"列的链接，便可进入收款单 FSSC 审核界面。应收审核岗单击"批准"按钮，批准所提取的收款单单据，NC Cloud 将自动生成应收账款收款的总账凭证。

⑤ FSSC 确认收款结算。以"中心出纳岗"角色的组员身份登录 D-FSSC1.0，进入学习任务"G. 资金结算共享＞17. 收款/付款合同结算＞构建测试"，单击"4. 协作处理"学习步骤。单击"中心出纳岗"角色头像图标，并选择进入 NC Cloud 轻量端，然后单击"结算处理"页签下的"结算"快捷入口，进入 NC Cloud 的结算页面。"财务组织"选择鸿途集团水泥有限公司及其下属 16 子公司，"单据日期"选择"去年～今年"，单击"查询"按钮并单击左侧"待结算"页签，NC Cloud 将查询出水泥板块待结算的所有业务单据列表。勾选上一步骤审核的收款单所对应的结算单据行，单击本行的"结算"超链接或本页面右上方的"结算"按钮，确定收款结算完成。

⑥ FSSC 收款合同收款结算总账凭证审核。以"总账主管岗"角色的组员身份登录 D-FSSC1.0，进入学习任务"G. 资金结算共享＞17. 收款/付款合同结算＞构建测试"，单击"4. 协作处理"学习步骤。单击"总账主管岗"角色头像图标，并选择进入 NC Cloud 轻量端。然后单击"凭证管理"页签下的"凭证审核"快捷入口，进入 NC Cloud 的"凭证审核"页面。"核算账簿"选择鸿途集团水泥有限公司的基准账簿，"制单日期"可以选择"去年～今年"，NC Cloud 将列出所有符合条件的待审核记账凭证。找到新生成的收款合同收款结算记账凭证并双击，NC Cloud 便打开该凭证的详细页面，如图 6-17 所示。总账主管岗可以在凭证详细页面中单击右上角的"审核"按钮进行该记账凭证的审核。

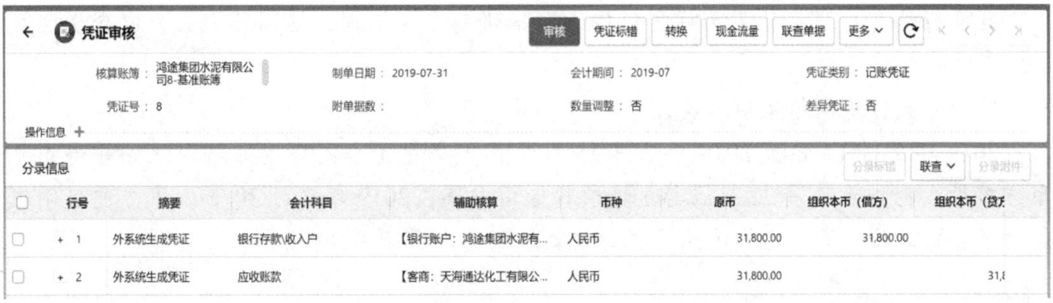

图 6-17　收款合同收款结算记账凭证详细页面

项目实训

1. 鸿途集团共享后付款合同结算作业处理

（1）启用预置的工作流。启用预置的鸿途集团共享后付款合同、应付单和付款单的工作流。

（2）完成协作处理实训。用下述测试用例，完成共享后付款合同结算的协作处理实训。

鸿途集团水泥有限公司销售处拟聘请广东万昌印刷包装有限公司为服务方，为本公司设计新产品广告文案。2019 年 7 月 1 日，双方签订了设计服务合同，合同的主要信息如下。

合同名称：设计服务合同；

合同编码：FK-201907012；

合同甲方：鸿途集团水泥有限公司；

合同乙方：广东万昌印刷包装有限公司；

合同金额：5.30 万元，其中包括增值税税额 0.30 万元（增值税税率为 6%）；

付款方式：在项目验收后一次性支付。

2019 年 7 月 15 日，鸿途集团水泥有限公司有关部门收到了合同乙方发来的设计方案并通过验收，同日收到乙方开具的增值税专用发票。7 月 20 日，鸿途集团水泥有限公司完成了付款流程。

2. 鸿途集团共享后收款合同结算作业处理

（1）启动预置的工作流。启用预置的鸿途集团共享后收款合同、应收单和收款单的工作流。

（2）完成协作处理实训。用下述测试用例，完成共享后收款合同结算的协作处理实训。

天海中天精细化工有限公司要设计和试制一种新型水泥石，特聘请鸿途集团水泥有限公司为其提供水泥石研制方法培训。2019 年 7 月 5 日，双方签订了商务合同，合同金额为 4.24 万元（其中增值税税率为 6%，增值税税额为 0.24 万元）。合同的主要信息如下。

合同名称：培训服务合同；

合同编码：SK-201907005；

合同甲方：天海中天精细化工有限公司；

合同乙方：鸿途集团水泥有限公司；

合同标的与金额：乙方为甲方提供水泥石研制方法培训，培训结束后收取含税金额 4.24 万元；

收款方式：培训结束后一次性收取。

2019 年 7 月 13 日至 2019 年 7 月 15 日，乙方交付了合同规定的培训任务并得到了甲方接受。乙方于 7 月 22 日开具了增值税专用发票；2019 年 7 月 30 日，甲方通过网银支付了合同款项，同日乙方收到了银行收款入账的电子回单。

6.3 资金结算业务共享

6.3.1 共享前典型痛点

在实现财务共享服务前，资金结算都是在业务单元内部完成的。从集团结算管理的角度考虑，集团企业共享前资金结算典型的痛点有以下两个方面。

（1）不能进行集团级统一的结算处理，无法满足付款应用的方便性。

（2）不能将资金支付与审批流程、CA 认证和数字签名等进行有效整合，无法满足付款的安全性。

6.3.2　资金结算共享需求分析

1．共享后的功能要求

【例 6-6】田螺水泥集团资金结算业务在实施财务共享服务时，要求遵循如下需求或原则。

① 员工罚款收入的处理：FSSC 系统中设置"营业外收入−罚款净收入"收支项目，FSSC 设置"人员"交易对象类型来表示与员工进行交易。

② 行政性费用（如办公楼水电费）支出的处理：费用归口于"综合办公室"，FSSC 系统中采用"管理费用"下面的详细收支项目（如"管理费用−水费"）。

③ 田螺水泥集团的所有收付款，均以网银（银企直联）方式完成。

④ 田螺水泥集团选择的是单共享中心模式。

2．共享后流程用到的业务单据

【例 6-7】田螺水泥集团基于用友 NC Cloud 实施资金结算业务共享时，所使用到的业务单据如表 6-3 所示。

表 6-3　田螺水泥集团资金结算业务共享的业务单据

序号	名称	是否进入FSSC	是否属于作业组工作	流程设计工具
1	付款结算单	Y	Y	工作流
2	收款结算单	Y	Y	工作流

6.3.3　共享后资金结算流程设计与 NC Cloud 配置

1．共享后流程图设计

【例 6-8】在田螺水泥集团资金结算业务现状流程的基础上，结合例 6-6 和例 6-7 所给出的财务共享需求及相关业务单据，根据企业财务职责和部门的调整情况、财务共享服务中心各作业组及其职责的初始配置情况，设计共享后的资金结算流程。

【解析】

（1）付款结算流程。图 6-18 是田螺水泥集团共享后付款结算流程的一种设计结果，设计依据如表 6-4 所示。

（2）收款结算流程。图 6-19 是田螺水泥集团共享后收款结算流程的一种设计结果，设计依据如表 6-4 所示。

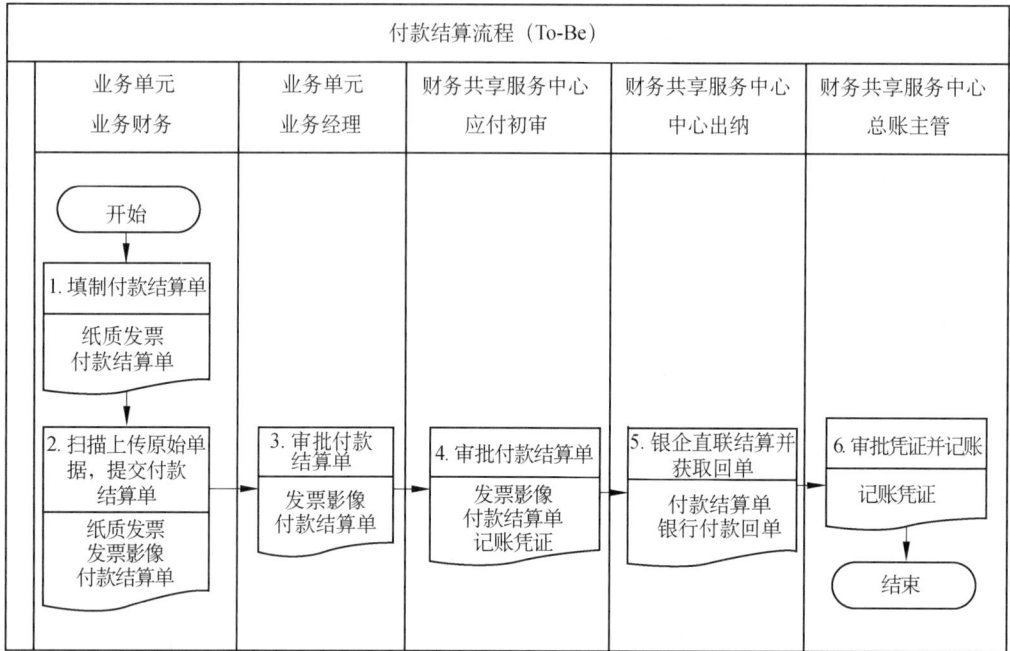

图 6-18　田螺水泥集团共享后付款结算流程设计

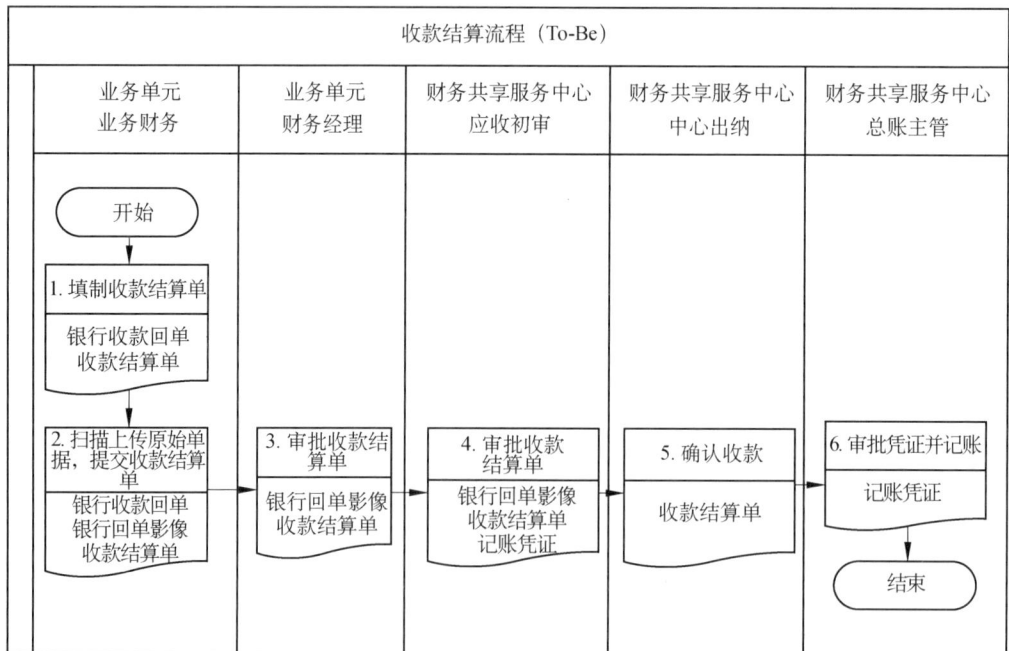

图 6-19　田螺水泥集团共享后收款结算流程设计

表 6-4　田螺水泥集团共享后资金结算流程设计依据

序号	共享前	共享后	设计依据
1	业务单元财务部结算会计发起资金结算流程	改由业务单元业务财务发起	业务单元只保留业务财务岗和财务经理岗
2	无	业务单元业务财务扫描上传影像	FSSC 与业务单元和原始凭证不在一起，要基于影像进行共享审核
3	无	FSSC 应付初审岗审核付款结算单	从应付初审岗开始，付款结算流程从业务单元进入 FSSC 环节
4	无	FSSC 应收审核岗审核收款结算单	从应收审核岗开始，收款结算流程从业务单元进入 FSSC 环节
5	业务单元财务部出纳通过网银进行结算	FSSC 中心出纳岗通过银企直联结算	资金结算实现了 FSSC 共享，同步建设了银企直联
6	业务单元财务部总账会计审核记账凭证	FSSC 总账主管岗审核记账凭证	集团实现了总账共享，总账会计职责不再隶属于业务单元

2. NC Cloud 工作流配置

当共享后的资金结算流程设计出来以后，需要在 NC Cloud 中进行配置。

（1）进入 D-FSSC1.0 学习任务。以学生的账号登录 D-FSSC1.0 的学习中心，进入学习任务"G. 资金结算共享>18. 资金结算业务>构建测试"。

（2）以"系统管理员"角色进入系统配置任务步骤。单击"3. 系统配置"学习步骤，然后单击"系统管理员"角色头像。

（3）登录 NC Cloud 重量端。

（4）设置工作流。根据表 6-3，在资金结算共享后流程中，要设置付款结算单与收款结算单的工作流。双击 NC Cloud 重量端"功能导航"页签下面的"动态建模平台>流程管理>流程设计>工作流定义–集团"菜单，系统将打开工作流定义窗口。在左上角查询窗口中依次录入要设置工作流的业务单据名称，选中查询结果，单击"新增"按钮，便可进入图 3-10 工作流定义窗口。分别按照图 6-18 与图 6-19 设置付款结算单与收款结算单的工作流。

3. 启用 D-FSSC1.0 预置的工作流

D-FSSC1.0 结算单与主收款结算单分别预置了共享后的工作流，但尚未启用。在"工作流定义–集团"功能节点下，由于"F5 主付款结算单"是"D5 付款结算单"的父节点、"F4 主收款结算单"是"D4 收款结算单"的父节点，这些预置的工作流同样适用付款结算单与收款结算单。学生可以采用 3.2 节中所使用的方法，如图 3-11 所示，启用预置的工作流。

6.3.4　资金结算业务共享作业处理–付款结算

1. 测试用例

【例 6-9】2019 年 7 月 12 日，鸿途集团水泥有限公司向绿城物业服务集团有限公司缴纳上个月公司行政办公大楼水费，后者已经开具增值税专用发票、税率（征收率）为 3%。根据发票所记载的情况，上个月共使用了 5 000 立方米的自来水，自来水价格（含税）为每立方米 4.12 元。应缴纳的水费总金额为 20 600.00 元（不含税金额为 20 000.00 元）。

2. 角色分配

（1）确定组员分工。按照 D-FSSC1.0 预置的资金结算–付款结算端到端共享流程，需要参与操作的角色包括业务财务、财务经理、应付初审岗、中心出纳岗、总账主管岗等。在学生进行分工协作之前，每个小组由组长进行角色指派。

（2）系统中分配角色。以组长身份登录 D-FSSC1.0，进入学习任务"G.资金结算共享＞18.资金结算业务＞构建测试"，单击"2.分配角色"学习步骤，按照指派的角色在系统中进行拖曳授权，授权结束后单击"完成设置"按钮保存。

3. 协作处理

（1）填制付款结算单。以"业务财务"角色的组员身份登录 D-FSSC1.0，进入学习任务"G.资金结算共享＞18.资金结算业务＞构建测试"，单击"4.协作处理"学习步骤。单击"业务财务"角色头像图标，并选择进入 NC Cloud 轻量端，然后单击"现金结算＞付款结算"快捷入口，进入 NC Cloud"付款结算"页面。单击右上角的"付款交易类型"按钮，并在弹出的"付款交易类型"对话框中选中"付款结算单"，如图 6-20 所示，单击"确定"按钮关闭"付款交易类型"对话框。

图 6-20　NC Cloud 付款结算前选择付款交易类型

再单击"付款结算"页面右上角的"新增"按钮，进入 NC Cloud 付款结算单录入页面。按照例 6-9 中的测试用例进行填报："结算方式"选择网银（银企直联），"付款银行账户"选择鸿途集团水泥有限公司的支出户（即账号较大的银行账户），"交易对象类型"为供应商，并选择"绿城物业服务集团有限公司"这个供应商，"收款银行账户"选择供应商预置的银行账户，"详细信息"中的"收支项目"选择"管理费用-水费"，如图 6-21 所示。填报完毕后单击右上方的"保存"按钮进行保存。

图 6-21　NC Cloud 付款结算单录入页面

【特别提示】

图 6-21 中的"付款交易类型"是灰色的，表示不可输入或修改，需要先通过图 6-20 的方法进行选择。

（2）扫描上传付款发票并提交付款结算单。在图 6-21 中保存付款结算单后，单击右上角的"更多>影像管理>影像扫描"菜单便可扫描上传纸质付款发票（抵扣联和发票联）的电子影像。扫描完成后，单击右上角的"提交"按钮，将付款结算单提交。

（3）财务经理审批付款结算单。以"财务经理"角色的组员身份登录 D-FSSC1.0，进入学习任务"G. 资金结算共享>18. 资金结算业务>构建测试"，单击"4. 协作处理"学习步骤。单击"财务经理"角色头像图标，并选择进入 NC Cloud 轻量端，在审批中心区域会发现有一个"未处理"状态的单据。单击"未处理"入口，找到步骤"（1）填制付款结算单"所提交的待审批付款结算单这一行，然后单击该行右侧的"财务经理角色<批准>"按钮，便可完成付款结算单的审批工作。

（4）FSSC 付款结算单作业处理。以"应付初审岗"的角色登录 D-FSSC1.0，进入学习任务"G. 资金结算共享>18. 资金结算业务>构建测试"，单击"4. 协作处理"学习步骤。单击"应付初审岗"角色头像图标，并选择进入 NC Cloud 轻量端。NC Cloud 会进入 FSSC 作业平台看板页面。单击作业平台中的"我的作业>提取任务"链接，便可依据本教材第 2 章中对 FSSC 进行系统初始设置时所设置的单据提取规则，进行待处理单据的提取工作。刷新作业平台看板页面，单击"我的作业>待处理"链接，NC Cloud 轻量端将进入"我的作业"作业列表页面。单击"单据编码"列的链接，便可进入付款结算单 FSSC 审核界面。

应付初审岗单击右上角"更多>影像管理>影像查看"菜单，可以查看前序环节扫描上传的原始凭证影像；单击"批准"按钮，批准所提取的付款结算单。

（5）FSSC 付款结算单银企直联结算。以"中心出纳岗"角色的组员身份登录 D-

FSSC1.0，进入学习任务"G.资金结算共享＞18.资金结算业务＞构建测试"，单击"4.协作处理"学习步骤。单击"中心出纳岗"角色头像图标，并选择进入 NC Cloud 轻量端，然后单击"结算处理"页签下的"结算"快捷入口，进入 NC Cloud 的结算页面。"财务组织"选择鸿途集团水泥有限公司及其下属 16 家子公司，"单据日期"选择"去年～今年"，单击"查询"按钮并单击左侧"待结算"页签，NC Cloud 将查询出水泥板块待结算的所有业务单据列表。选中需要支付的单据行，单击右上方的"支付＞网上转账"并确定进行网上支付，则系统便完成了"银企直联"模式下的付款结算单支付结算操作。

（6）审核付款结算单支付结算的总账凭证。以"总账主管岗"角色的组员身份登录 D-FSSC1.0，进入学习任务"G.资金结算共享＞18.资金结算业务＞构建测试"，单击"4.协作处理"学习步骤。单击"总账主管岗"角色头像图标，并选择进入 NC Cloud 轻量端。然后单击"凭证管理"页签下的"凭证审核"快捷入口，进入 NC Cloud 的"凭证审核"页面。"核算账簿"选择鸿途集团水泥有限公司的基准账簿，"制单日期"可以选择"去年～今年"，NC Cloud 将列出所有符合条件的待审核记账凭证。找到新生成的付款结算单支付结算的记账凭证并双击，NC Cloud 便打开该凭证的详细页面，如图 6-22所示。总账主管岗可以在凭证详细页面中单击右上角的"审核"按钮进行该记账凭证的审核。

图 6-22 付款结算单支付结算的记账凭证详细页面

6.3.5 资金结算业务共享作业处理–收款结算

1. 测试用例

【例 6-10】鸿途集团水泥有限公司销售员李军，在公司 2019 年 7 月 12 日的原始凭证收款结算日召开全员工作会议时无故缺席，被罚款 500 元。7 月 15 日，李军已经通过网银将罚款转入公司收入账户。

2. 角色分配

（1）确定组员分工。按照 D-FSSC1.0 预置的资金结算–收款结算共享流程，需参与操作的角色包括业务财务、财务经理、应收审核岗、中心出纳岗、总账主管岗等。在学生进行分工协作之前，每个小组由组长进行角色指派。

（2）系统中分配角色。以组长身份登录 D-FSSC1.0，进入学习任务"G. 资金结算共享＞18. 资金结算业务＞构建测试"，单击"2. 分配角色"学习步骤，按照指派的角色在系统中进行拖曳授权，授权结束后单击"完成设置"按钮保存。

3. 协作处理

（1）填制收款结算单。以"业务财务"角色的组员身份登录 D-FSSC1.0，进入学习任务"G. 资金结算共享＞18. 资金结算业务＞构建测试"，单击"4. 协作处理"学习步骤。单击"业务财务"角色头像图标，并选择进入 NC Cloud 轻量端，然后单击"现金管理＞收款结算"快捷入口，进入 NC Cloud 的"收款结算"页面。单击右上角的"收款交易类型"按钮，并在弹出的"收款交易类型"对话框中选中"收款结算单"，单击"确定"按钮关闭"收款交易类型"对话框。

再单击"收款结算"页面右上角的"新增"按钮，进入 NC Cloud 收款结算单录入页面。按照例 6-10 中的测试用例进行填报："结算方式"选择网银，"收款银行账户"选择鸿途集团水泥有限公司的收入户（即账号较小的银行账户），"交易对象类型"为"人员"（企业内部员工），"业务员"选择员工编号为 z001038 的员工（李军），"付款银行账号"选择员工"李军"预置的银行账户，"详细信息"中的"收支项目"选择"营业外收入-罚款净收入"，如图 6-23 所示。填报完毕后单击右上方的"保存"按钮进行保存。

图 6-23　NC Cloud 收款结算单录入页面

【特别说明】

D-FSSC1.0 采用了"单点登录"技术，也就是说，会把学生登录信息自动绑定到系统中预置的员工或用户。图 6-23 中设置"业务员"时，可能姓名已经不是"李军"，而是一个学生的姓名，这说明该学生以李军（销售员）的角色操作过 NC Cloud。此时使用员工编号选择就可以了，不用担心姓名问题。

（2）扫描上传收款银行回单并提交收款结算单。在图 6-23 中保存收款结算单后，单击右上角的"更多＞影像管理＞影像扫描"菜单，便可扫描上传纸质原始凭证（本例中的银行回单）的电子影像。扫描完成后，单击右上角的"提交"按钮，将收款结算单提交。

（3）财务经理审批收款结算单。以"财务经理"角色的组员身份登录 D-FSSC1.0，进入学习任务"G. 资金结算共享＞18. 资金结算业务＞构建测试"，单击"4. 协作处理"学习步骤。单击"财务经理"角色头像图标，并选择进入 NC Cloud 轻量端，在审批中心区域会发现有一个"未处理"状态的单据。单击"未处理"入口，找到步骤"（2）扫描上传收款银行回单并提交收款结算单"所提交的待审批收款结算单这一行，然后单击该行右侧的"财务经理角色<批准>"按钮，便可完成收款结算单的审批工作。

（4）FSSC 收款结算单作业处理。以"应收审核岗"的角色登录 D-FSSC1.0，进入学习任务"G. 资金结算共享＞18. 资金结算业务＞构建测试"，单击"4. 协作处理"学习步骤。单击"应收审核岗"角色头像图标，并选择进入 NC Cloud 轻量端。NC Cloud 会进入 FSSC 作业平台看板页面。单击作业平台中的"我的作业＞提取任务"链接，便可依据本教材第 2 章中对 FSSC 进行系统初始设置时所设置的单据提取规则，进行待处理单据的提取工作。刷新作业平台看板页面，单击"我的作业＞待处理"链接，NC Cloud 轻量端将进入"我的作业"作业列表页面。单击"单据编码"列的链接，便可进入收款结算单 FSSC 审核界面。

应收审核岗单击右上角的"更多＞影像管理＞影像查看"菜单，可以查看前序环节扫描上传的原始凭证影像；单击"批准"按钮，批准所提取的收款结算单。

（5）FSSC 确认收款结算单收款到账。以"中心出纳岗"角色的组员身份登录 D-FSSC1.0，进入学习任务"G. 资金结算共享＞18. 资金结算业务＞构建测试"，单击"4. 协作处理"学习步骤。单击"中心出纳岗"角色头像图标，并选择进入 NC Cloud 轻量端，然后单击"结算处理"页签下的"结算"快捷入口，进入 NC Cloud 结算页面。"财务组织"选择鸿途集团水泥有限公司及其下属 16 家子公司，"单据日期"选择"去年～今年"，单击"查询"按钮，并单击左侧的"待结算"页签，NC Cloud 将查询出水泥板块待结算的所有业务单据列表。勾选上步骤审核的收款结算单所对应的单据行，单击本行的"结算"链接或本页面右上方的"结算"按钮，确定收款结算单结算完成。

（6）结算单收款结算的总账凭证。以"总账主管岗"角色的组员身份登录 D-FSSC1.0，进入学习任务"G. 资金结算共享＞18. 资金结算业务＞构建测试"，单击"4. 协作处理"学习步骤。单击"总账主管岗"角色头像图标并选择进入 NC Cloud 轻量端。然后单击"凭证管理"页签下的"凭证审核"快捷入口，进入 NC Cloud 的"凭证审核"页面。"核算账簿"选择鸿途集团水泥有限公司的基准账簿，"制单日期"可以选择"去年～今年"，NC Cloud 将列出所有符合条件的待审核记账凭证。找到新生成的收款结算单收款结算的记账凭证并双击，NC Cloud 便打开该凭证的详细页面，单击右上方的"审核"按钮进行该记账凭证的审核，如图 6-24 所示。

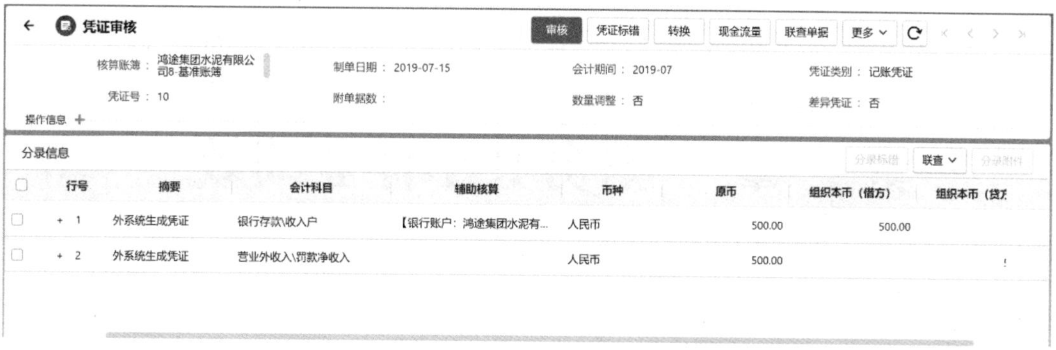

图 6-24　收款结算单收款结算的记账凭证详细页面

项目实训

1. 鸿途集团资金结算共享后付款结算作业处理

（1）启用预置的鸿途集团共享后付款结算单的工作流。

（2）用下述测试用例，完成资金结算共享后付款结算的协作处理实训。2019 年 7 月 5 日，鸿途集团水泥有限公司向绿城物业服务集团有限公司缴纳上个月公司行政办公大楼水费，后者已经开具增值税专用发票，税率（征收率）为 3%。根据发票所记载的情况，上个月应缴纳的水费总金额为 36 676.24 元（不含税金额为 35 608.00 元）。

2. 鸿途集团资金结算共享后收款结算作业处理

（1）启用预置的鸿途集团资金结算共享后收款结算单的工作流。

（2）用下述测试用例，完成资金结算共享后收款结算的协作处理实训。鸿途集团水泥有限公司综合办公室经理杨天波（员工编号 z002032），在公司 2019 年 7 月 8 日召开中层干部工作会议时无故缺席，被罚款 300 元。7 月 8 日，杨天波已经通过网银将罚款转入公司收入账户。

思考题：

画 NC Cloud 中收付款合同业务流程和资金结算业务流程的配置流程图。

第 **7** 章　财务共享作业绩效

知识导读

　　财务绩效可衡量企业战略及其实施和执行是否正在为最终的经营业绩做出的贡献。财务绩效能够很全面地表达企业成本控制的效果、资产运营管理的效果、资金来源调配的效果以及股东权益报酬率的组成。

　　通过本章的学习，学生能在财务共享信息系统中完成绩效看板设置，包括综合主题定义、中心主题定义、作业组主题定义、作业人员主题定义等，能在财务共享信息系统中完成绩效看板的管理，在财务共享信息系统中完成绩效数据提取及绩效看板监控。

学习目标

➢ 掌握案例企业对财务共享作业绩效看板的需求
➢ 熟悉财务共享作业绩效看板的配置方法
➢ 理解财务共享绩效看板的概念

7.1　作业绩效管理认知

7.1.1　作业绩效管理及绩效看板的概念

　　财务共享作业绩效管理，就是利用技术手段自动提取 FSSC 作业处理数据，并将这些数据以可视化的形式展现出来，以便用于日常绩效显示、监控以及为员工评价提供参考依据等。

　　以可视化形式集中展示 FSSC 作业处理数据的载体称作财务共享绩效看板，图 7-1 是一幅财务共享作业绩效看板示例图。

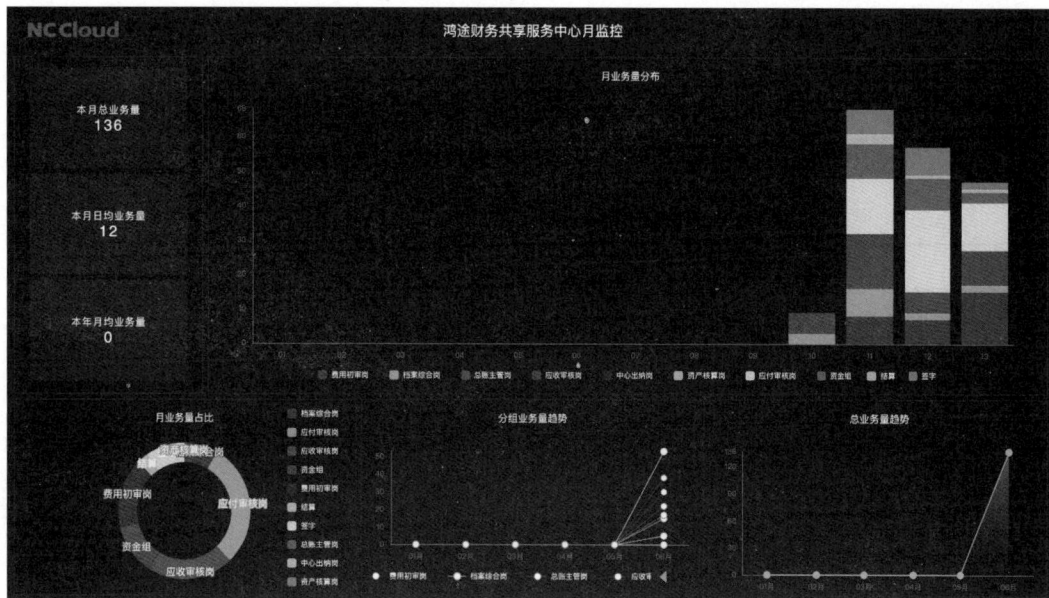

图 7-1　财务共享作业绩效看板示例图

7.1.2　绩效看板的作用

财务共享服务中心的绩效看板主要有下面这些作用。

（1）传递财务共享服务中心作业处理现场的生产信息，统一思想。财务共享服务中心人员众多，而且由分工不同所导致的信息传递不及时的现象时有发生。在实施看板管理后，任何人都可从看板中及时了解现场的生产信息，并从中掌握自己的作业任务，避免了信息传递中的遗漏。此外，针对生产过程中出现的问题，作业人员可提出自己的意见或建议。这些意见或建议大多都可通过看板来展示，供大家讨论，以便统一员工的思想，使大家朝着共同的目标去努力。

（2）杜绝现场管理中的漏洞。通过看板，可以满足共享中心管理层对共享整体业务进行管理和监管的需要；可以关注、对比、分析共享流程中每个环节的工作量、工作效率和工作质量，实现对共享业务的数字化跟踪管理，为其进行管控决策提供直接依据。

（3）绩效考核的公平化、透明化。通过看板，作业组和作业人员的工作业绩一目了然，使得对作业组和作业人员的绩效考核公开化、透明化，同时也起到了激励先进、督促后进的作用。

（4）帮助集团了解财务共享服务中心的任务执行情况及运行效率，有效提高企业在内部管理决策方面的有效性、可靠性和准确性。

7.1.3　财务共享绩效看板可处理的数据项

NC Cloud 系统能储存每一个 FSSC 所处理的业务单据，并读取其各项数据进行处理，用来绘制 FSSC 绩效看板。

【例 7-1】在田螺水泥集团的财务共享处理流程中，扫描专岗常驻业务单元进行专岗扫描工作。田螺水泥集团拟采用一些数据项和绩效指标对共享业务处理的效率进行绩效考评，部分数据项和绩效指标如表 7-1 所示。

表 7-1　田螺水泥集团财务共享作业绩效的部分数据项和绩效指标

序号	数据名称	含义及作用
1	单据号	业务单据的唯一标识
2	交易类型	该数据是对单据类型进行进一步细分的标准，可用于界定绩效数据的业务范围
3	单据日期	指单据的制单日期，可用于界定绩效数据的时间空间
4	单据金额	指单据的合计金额，可用于区分单据的重要程度
5	单据提交时间	指制单人正式提交单据的时间
6	报账人	指制单人信息
7	专岗扫描开始时间	指扫描专岗进行原始凭证影像扫描的开始时间，用于计算第 9 项数据
8	专岗扫描完成时间	指扫描专岗进行原始凭证影像扫描的结束时间，用于计算第 9 项数据
9	专岗扫描时长	指扫描专岗原始凭证影像扫描的耗时，可用于度量扫描专岗的工作效率
10	入池时间	指单据进入 FSSC 作业池的时间
11	共享初核处理时间	指 FSSC 初核岗完成单据处理的时间
12	初核处理时长	指 FSSC 初核岗处理单据所耗费的时长，可度量 FSSC 初核岗的单据处理效率
13	共享初核人	指 FSSC 初核岗姓名，可用于绩效考核到人
14	共享复核处理时间	指 FSSC 复核岗完成单据复核的时间
15	复核处理时长	指 FSSC 复核岗复核单据所耗费的时长，可度量 FSSC 复核岗的单据处理效率
16	共享复核人	指 FSSC 复核岗姓名，可用于绩效考核到人
17	签字处理时间	指 FSSC 中心出纳岗完成结算单据签字的时间
18	签字处理时长	指 FSSC 中心出纳岗结算单据签字所耗费的时长，可度量 FSSC 中心出纳岗结算单据签字处理的效率
19	签字处理人	指 FSSC 中心出纳岗姓名，可用于绩效考核到人
20	结算处理时间	指 FSSC 资金结算岗完成结算的时间
21	结算处理时长	指 FSSC 资金结算岗完成结算所耗费的时长，可度量 FSSC 资金结算岗处理的效率
22	结算处理人	指 FSSC 资金结算岗姓名，可用于绩效考核到人
23	共享审批流程时长	等于第 14 项减去第 10 项之差，可用于度量 FSSC 审核组的工作效率
24	共享付款流程时长	等于第 21 项减去第 14 项之差，可用于度量 FSSC 结算组的工作效率
25	本地流程时长	等于第 10 项减去第 5 项之差，可用于度量业务单元单据处理的工作效率

序号	数据名称	含义及作用
26	共享流程时长	等于第 21 项减去第 10 项之差，或等于第 24 项与第 25 项之和，可用于度量 FSSC 单据业务处理的工作效率
27	全流程时长	等于第 21 项减去第 5 项之差，或等于第 25 项与第 26 项之和，可用于计算整个单据处理流程的时长，度量单据处理流程的总体效率

7.2　FSSC 绩效看板设置与展示

7.2.1　NC Cloud FSSC 绩效看板操作流程

在 NC Cloud 中，FSSC 绩效看板的典型操作流程是：运营管理员负责绩效看板的设置，作业组长（业务员）负责看板管理和看板监控，如图 7-2 所示。

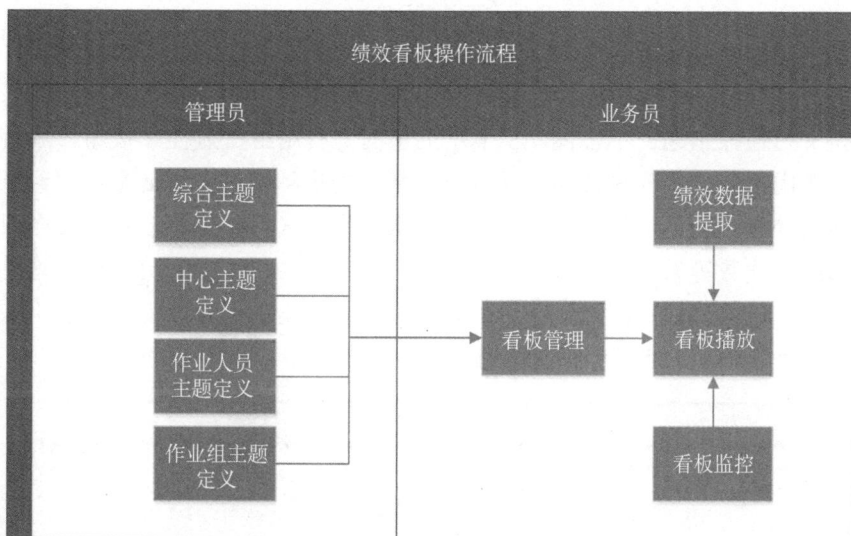

图 7-2　NC Cloud FSSC 绩效看板操作流程

7.2.2　绩效看板设置

【例 7-2】鸿途集团财务共享服务中心经过几个月的运营，各项工作逐步走向正轨。为了深化 FSSC 的运营管理，鸿途集团财务共享服务中心决定建立一套 FSSC 绩效看板。要求以费用组及费用初审岗试点，按照相关绩效考评方案进行绩效看板设置。

1. 角色分配

参与财务共享作业绩效操作的角色只有共享中心运营管理角色和共享中心作业组长

角色，需要每个小组由组长进行角色指派。以组长身份登录 D-FSSC1.0，进入学习任务"K.财务共享作业绩效＞25.财务共享作业绩效＞构建测试"，单击"2.分配角色"学习步骤，按照指派的角色在系统中进行拖曳授权，授权结束后单击"完成设置"按钮保存。

2. 综合主题定义

（1）选择作业组。以"共享中心运营管理"角色的组员身份登录 D-FSSC1.0，进入学习任务"K.财务共享作业绩效＞25.财务共享作业绩效＞构建测试"，单击"4.协作处理"学习步骤。单击"共享中心运营管理"角色头像图标，并选择进入 NC Cloud 轻量端。单击"看板管理＞看板管理"快捷入口，进入绩效看板管理页面。单击顶部的"综合主题定义"按钮，系统将进入绩效看板"综合主题定义"页面。"共享中心"区域选中"第五组财务共享中心"，"作业组"选中"费用组"，如图 7-3 所示。

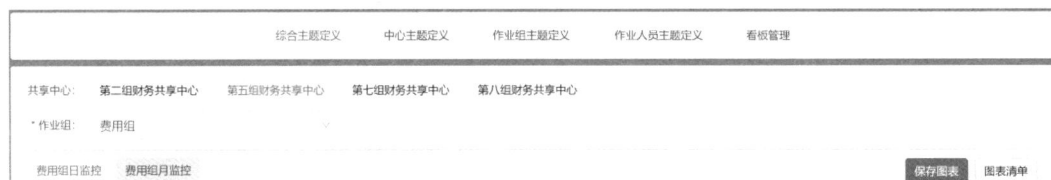

图 7-3　绩效看板综合主题定义–选择作业组

（2）定义日监控主题。单击图 7-3 中左上角的"费用组日监控"按钮，系统将进入绩效看板"费用组日监控"图表设置页面，如图 7-4 所示。NC Cloud 系统已经预置了一些作业组日监控图表，包括的内容有当日关键数据统计（待处理、已处理、今日新增、上日留存、驳回次数等）、业务量日排行（按人）柱形图（大图）、分时已处理趋势图、平均处理时长（按人）柱形图、分时待处理趋势图。单击右上角"保存图表"按钮并对该日监控图表进行命名，便可保存费用组日监控图表。

图 7-4　绩效看板"费用组日监控"图表设置页面

（3）定义月监控主题。单击图 7-4 中左上角的"费用组月监控"按钮，系统将进入绩效看板"费用组月监控"图表设置页面。与日监控主题类似，NC Cloud 系统也预置了一作业组月监控图表，包括的内容有当月关键数据统计（本月新增、已处理、日均处理量、驳回次数等）、业务量月排行（按人）柱形图（大图）、已处理趋势图、平均处理时长（按人）柱形图、驳回量趋势图。单击右上角的"保存图表"按钮，并对该月监控图表进行命名，便可保存费用组月监控图表。

单击右上角的"图表清单"按钮，可以维护多个不同命名的费用组日监控、费用组月监控图表设计结果。

3. 中心主题定义

（1）定义中心月监控主题。在图 7-4 中单击顶部的"中心主题定义"按钮，系统将进入绩效看板"中心主题定义"页面。"共享中心"区域选中"鸿途财务共享服务中心"。

单击"作业组"选择框，系统会自动根据这个财务共享服务中心找到并列出已定义的作业组。选择一个或多个作业组，单击左上角的"第五组财务共享中心月监控"按钮，便可定义中心月监控主题，如图 7-5 所示。NC Cloud 系统也预置了一些中心月监控图表，包括的内容有当月关键数据统计（本月总业务量、本月日均业务量、本年月均业务量等）、业务量月排行（按人）柱形图（大图）、月业务量占比、平均处理时长（按人）柱形图、总业务量趋势图。可以看出，如果选择了多个作业组，这些作业组将作为一个维度出现在"月业务量分布""月业务量占比""分组业务量趋势"等绩效图表中。单击右上角的"保存图表"按钮，可对中心月监控图表进行命名并保存。

图 7-5　多作业组的"中心月监控主题"定义

（2）定义中心日监控主题。单击图 7-5 中的"第五组财务共享中心当日分组统计"按钮，系统将进入绩效看板中心当日分组统计主题图表设置页面，如图 7-6 所示。单击右上角的"保存图表"按钮，并对中心当日分组统计图表进行命名，便可保存中心当日分组统计图表。

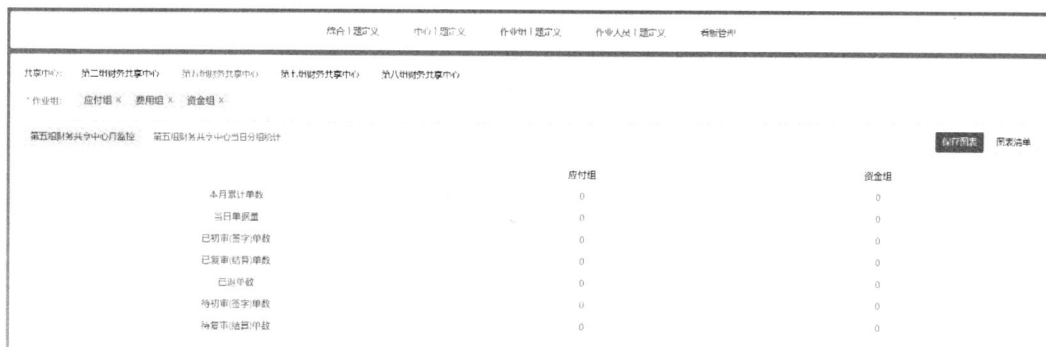

图 7-6　"中心当日分组统计图表"定义

单击右上角的"图表清单"按钮，可以维护多个不同命名的中心月监控图表和中心当日分组统计图表设计结果。

4. 作业组主题定义

（1）选择作业组范围，确定时间维度与时间范围。在图 7-6 中单击顶部的"作业组主题定义"按钮，系统将进入绩效看板"作业组主题定义"页面。在"共享中心"区域选中"第五组财务共享中心"。单击"作业组"选择框，系统会自动根据这个财务共享服务中心找到并列出已定义的作业组。这里我们选择鸿途财务共享服务中心的 3 个作业组，如图 7-7 所示。

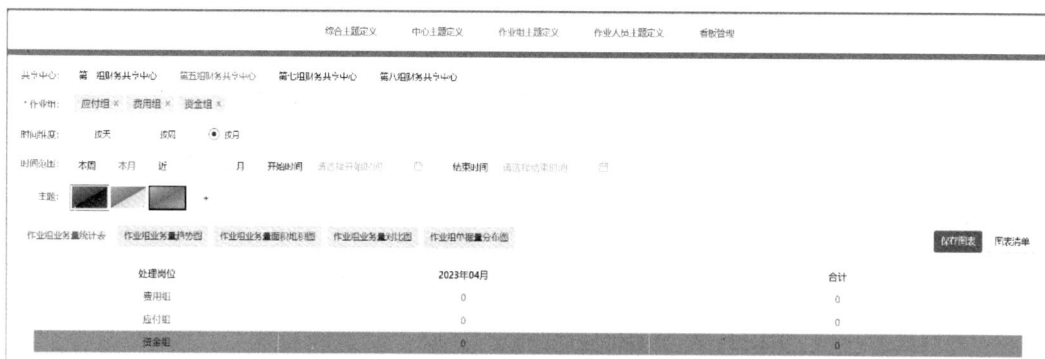

图 7-7　"作业组主题图表"定义

"时间维度"，是指图表读取数据的时间间隔或时间单位。根据例 7-2 的扩展阅读资料，这里我们选择"按月"。

"时间范围"，是指图表显示数据所属的时间区间，可以是相对区间，如"本周""本月"等，这里我们输入"近 3 月"。

（2）选择并保存风格与主题。"主题"，就是展示的风格与色调。如图 7-7 所示，系统预置了 3 种风格，用户还可以使用"+"按钮设置自定义主题风格，自定义主题需要分别选择文字颜色、图形颜色并上传背景图片。

作业组主题是以作业组为集合进行统计和展现的各种形式的图或表，如图 7-7 所示预置的作业组主题图表有作业组业务量统计表（按指定的时间维度和作业岗位展现的二维表）、作业组业务量趋势图（以折线图展示作业组或岗位的业务量趋势）、作业组业务量堆积图、作业组业务量对比图、作业组单据量分布图等。用户可以依次单击计划使用的作业组主题图标按钮，然后单击"保存图表"按钮进行命名并保存。

单击右上角的"图表清单"按钮，可以维护多个不同命名的"作业组主题图表"设计结果。

5. 作业人员主题定义

（1）选择作业人员作业组。在图 7-7 中单击顶部的"作业人员主题定义"按钮，系统将进入绩效看板中心主定义页面。"共享中心"区域选中"第五组财务共享中心"。单击"作业组"选择框，系统会自动根据这个财务共享服务中心找到并列出已定义的作业组。可以选择一个或多个末级作业组（代表末级组内的各个作业人员），所选作业组必须同属于一个上级作业组。这里我们选择鸿途财务共享服务中心的应收组和费用组，如图 7-8 所示，这两个作业组可以认为同属于"第五组财务共享中心"这个虚拟的上级作业组。

图 7-8　"作业人员主题图表"定义

（2）选择时间维度与时间范围。如果选择了周或月，则最近不足一周或一月的按一周或一月统计。根据例 7-2 的扩展阅读资料，这里我们选择"按月"。

"时间范围"，这里我们输入"近 1 月"。

（3）选择并保存风格与主题。"主题"就是展示的风格与色调，如图 7-8 所示。

作业人员主题是以所选作业组内的岗位人员为集合进行统计和展现的各种形式的图或表，如图 7-8 所示，预置的作业人员主题图表有以下几种。

① 人员作业量统计表。按指定的时间维度和作业人员展现的二维表，包括的指标有通过数量、驳回数量、被驳回的数量、总处理时长（min）、平均处理时长（min）、驳回率。

② 人员驳回率统计图。以柱形图展示作业人员的审批通过业务量、驳回业务量和驳回率情况。

③ 人员作业量统计图。以柱形图展示指定区间内每个作业人员的作业量。

④ 作业组作业量统计图。以柱形图展示指定区间内所选作业组全体人员合计审批通

过与合计驳回的作业量。

用户可以依次单击计划使用的作业人员主题图标按钮，然后单击"保存图表"按钮进行命名并保存。

单击右上角的"图表清单"按钮，可以维护多个不同命名的"作业人员主题图表"设计结果。

7.2.3 绩效看板管理与展示

1. 看板管理

以"共享中心运营管理"角色的组员身份登录 D-FSSC1.0，进入学习任务"K. 财务共享作业绩效＞25. 财务共享作业绩效＞构建测试"，单击"4. 协作处理"学习步骤。单击"共享中心运营管理"角色头像图标，并选择进入 NC Cloud 轻量端。单击"看板管理＞看板管理"快捷入口，进入"绩效看板管理"页面。单击顶部的"看板管理"按钮，系统将进入"绩效看板管理"页面。

（1）新增绩效看板。单击右上角的"新增"按钮，系统将弹出"增加一组绩效看板信息"对话框。在"名称"文本框中录入"例 7-2 看板"，"序号"保留默认的"1"，单击对话框中的"保存"按钮保存，系统将增加一组绩效看板，如图 7-9 所示。

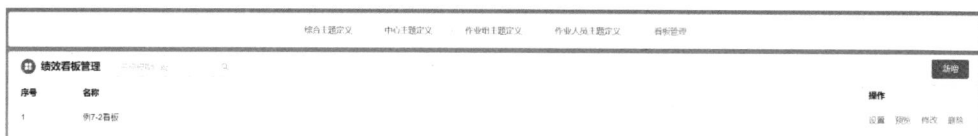

图 7-9　增加一组绩效看板

（2）设置绩效看板。单击图 7-9 中新增绩效看板这一行右侧的"设置"链接，系统将进入绩效看板设置页面，如图 7-10 所示。

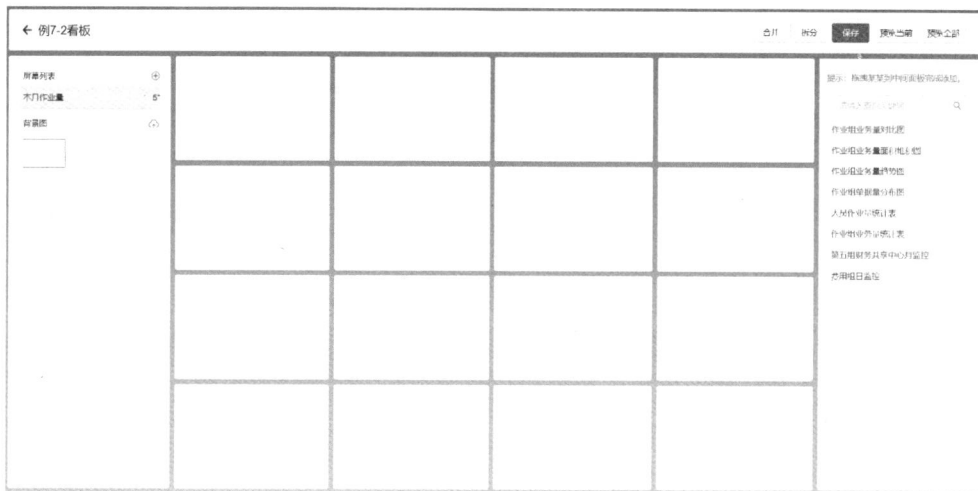

图 7-10　绩效看板设置页面

单击左侧栏顶部"屏幕列表"行的"+"按钮，在弹出的"增加绩效看板"对话框中，"名称"栏输入"本月作业量"，"显示时间（秒）"设置为 5，"排序"保持默认的 1，单击对话框中的"保存"按钮保存，系统将进入绩效看板屏幕设计页面。

该设置界面的中间为当前看板的预览效果图，由 4 行 4 列的 16 宫格屏幕构成；左侧为已增加的看板屏幕及其排列顺序的列表，如果存在多个屏幕，则这些屏幕将按照排列顺序轮播，每个屏幕的停留时间或显示时间（秒）在增加屏幕时设置；右侧为待选的资源（即之前在各个主题定义时所保存的各类图表），用来填充看板屏幕。

空的看板屏幕默认以 16 宫格展现，16 宫格是最细的颗粒度，不能再进行细分。一张图表只能在同一个宫格展现，不可以跨宫格展现；可以拖选相邻的四方格，进行"合并"宫格的操作。合并后的区域既可以完整地定义和展现图表，还可以对已合并的宫格进行拆分操作。通过对宫格的合并和拆分，确定好当前展板的布局，就可以把右边的各种图表资源往相应的区域进行拖曳了。图 7-11 是绩效看板屏幕"本月作业量"的设计结果示例。定义好要展现的图表后，还可以选择左侧的图片确定当前展板的背景图。做完上述工作后，可以通过预览当前展板看看实际效果，如果不满意，还可以继续调整。确定好后，可单击图 7-11 右上角的"保存"按钮将当前定义的结果保存下来，继续按上述方法定义下一块供轮播用的绩效看板屏幕。

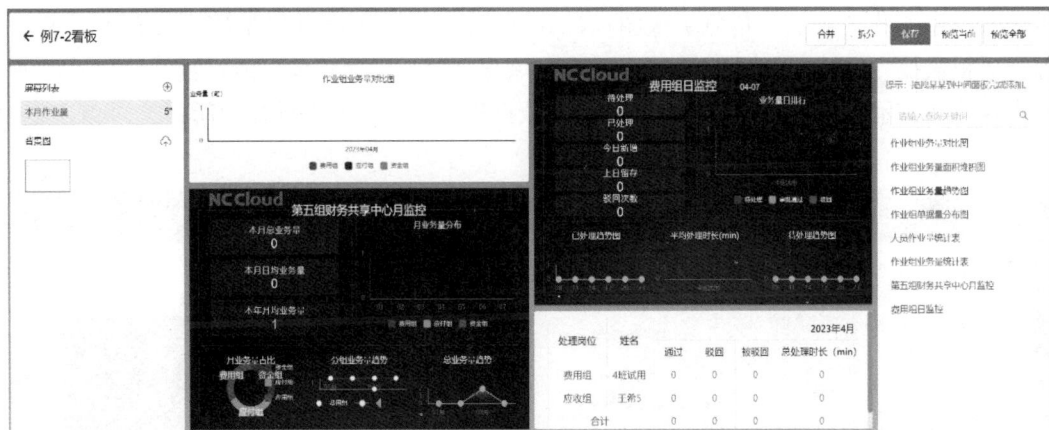

图 7-11　绩效看板屏幕设计结果示例

定义好整组看板后，可单击图 7-11 右上方的"预览全部"按钮，看看实际的绩效看板屏幕轮播效果。

2. 绩效数据提取

绩效看板所使用的数据需要先进行提取（或称为"数据刷新"），然后才能被看板统计并展现。

以"共享中心运营管理"角色的组员身份登录 D-FSSC1.0，进入学习任务"K.财务共享作业绩效＞25.财务共享作业绩效＞构建测试"，单击"4.协作处理"学习步骤。单击"共享中心运营管理"角色头像图标，并选择进入 NC Cloud 轻量端。查看"看板管理＞绩效数据提取"操作区域，如图 7-12 所示，该区域显示当前绩效看板的数据提取状态、最近时间（即最近数据提取时间），状态启动表示系统已经按照每 5 分钟自动提取一次绩效数据；单击"提取数据"链接，可立即重新提取一次绩效数据。

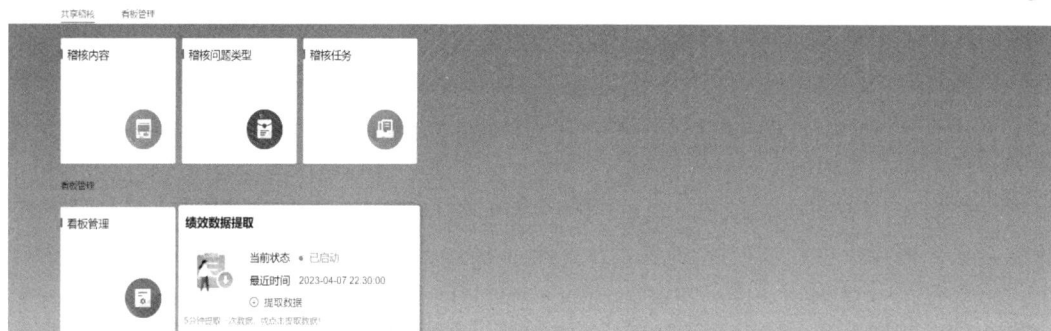

图 7-12　"绩效数据提取"操作区域

3. 看板监控

以"共享中心作业组长"角色的组员身份登录 D-FSSC1.0，进入学习任务"K.财务共享作业绩效＞25.财务共享作业绩效＞构建测试"，单击"4.协作处理"学习步骤。单击"共享中心作业组长"角色头像图标，并选择进入 NC Cloud 轻量端。查看"看板管理＞看板监控"区域，如图 7-13 所示，该区域根据"1.看板管理"所设置的绩效看板屏幕进行轮播显示，显示的数据根据"2.绩效数据提取"中的规则进行刷新。

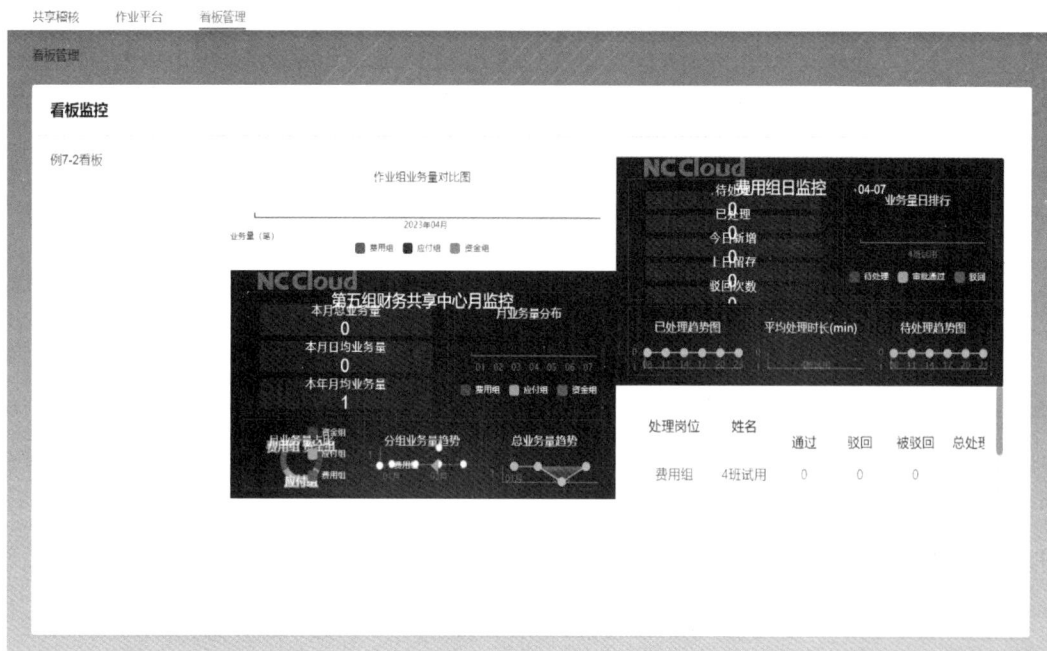

图 7-13　"看板监控"区域

注：图中叠字为系统生成，原图如此。

项目实训

鸿途集团财务共享服务中心绩效看板设置与展示

（1）根据鸿途集团财务共享服务中心绩效考评方案，分析哪些绩效考评指标可以通过绩效看板获取相关数据。

（2）设计财务共享服务中心的绩效看板指标与展示方案，并按照角色分工在系统中进行设置与展示。展示形式与风格尽量美观大方，展示内容适合财务共享服务中心绩效大屏投放。小组将构建配置与测试过程视频或截图汇集以 Word 格式上传分享。教师发起互评后，小组之间互评。

思考题：

案例企业财务共享绩效看板方案测试分享。

第 **8** 章   财务共享作业稽核

知识导读

本章主要讲解财务共享作业稽核。关于财务共享作业绩效工作，除了要统计 FSSC 工作人员的工作业绩，还需要检查 FSSC 中各个岗位人员在进行业务处理时是否按照操作规范进行操作，是否符合操作要求，并通过发现问题、归纳总结，进而解决问题，更好地让 FSSC 为企业服务。

学习目标

➢ 掌握案例企业对财务共享作业稽核的需求
➢ 熟悉财务共享作业稽核的主要内容
➢ 理解财务共享作业稽核的概念

8.1   财务共享作业稽核的认知

8.1.1   财务共享作业稽核的概念

1. 会计稽核与抽样

（1）会计稽核与抽样的定义。稽核是稽查和复核的简称。内部稽核制度是内部控制制度的重要组成部分，会计稽核是会计机构本身对于会计核算工作进行的一种自我检查或审核工作。建立会计机构内部稽核制度，其目的在于防止会计核算工作中的差错和人员舞弊。通过稽核，对日常会计核算工作中出现的疏忽、错误等及时加以纠正或制止，可以提高会计核算工作的质量。会计稽核是会计工作的重要内容，也是规范会计行为，提高会计资料质量的重要保证。

抽样是指从一个大群体中随机地选取一部分个体进行调查或研究的过程。抽样通常用于统计学和市场研究中，以代表整个群体的情况。进行抽样时，应该确保选取的样本具有代表性，即样本应该能够代表整个群体的特征。为了实现这一点，通常需要使用随机抽样技术，例如简单随机抽样、分层随机抽样、系统抽样等。这些方法可以确保每个群体成员被选中的机会相同，从而减小抽样误差。抽样的样本量应该足够大，以便准确地反映群体的情况。样本量的大小通常取决于群体的大小、研究目的和可接受的抽样误差。较大的样本量通常能够提供更准确的结果，但也需要更多的时间和资源。总之，抽样是一种非常重要的统计学方法，可以帮助我们在研究和决策过程中更准确地了解和代表整个群体的情况。

（2）会计稽核与抽样的联系。会计稽核和抽样有一定的联系。在会计稽核过程中，会计师通常需要从大量的数据和信息中选择一部分来进行检查和审核。为了使这个过程更高效和准确，会计师会使用抽样方法来选择样本。抽样是一种从总体中随机选择一部分样本进行检查的方法，以代表总体的特征和属性。通过抽样，会计师可以有效地了解总体的情况，同时减少对大量数据的审核和检查工作。

在进行会计稽核时，抽样通常用于检查账户余额、交易记录、发票等重要的财务信息。通过抽取一部分样本进行检查，会计师可以确定总体的准确性和可靠性，同时确保符合财务准则和法规的要求。总之，抽样是会计稽核中的一个重要工具，它可以帮助会计师有效地进行审核和检查工作，从而确保财务报告的准确性和可靠性。

2. 共享作业稽核业务的描述

作业稽核，是针对流入共享中心的单据为目标范围进行的稽核，其是以财务共享服务中心的作业任务为对象而进行的。通过检查共享服务各个岗位人员是否按照操作规范及操作要求处理作业，加强共享中心所有员工的质量意识，产出符合质量要求的作业成果；同时根据检查结果不断总结、归纳发生问题的原因，并提出解决办法，从而为不断完善制度和规则提供依据。

3. 共享作业稽核的价值

抽样时有多种方法，在进行共享作业稽核时，选择分层抽样。利用分层抽样的技术，从共享服务处理的历史作业任务中抽取有代表性的单据进行检查，对发现的问题进行记录，通知作业人员整改并描述整改过程，进而评估共享服务的作业处理情况，指导财务共享服务中心建立健全内部控制制度，堵塞漏洞，提高管理水平。

4. 共享稽核任务的概念

每一次稽核需要由管理人员发起一个稽核事项，明确本次稽核包括的单据范围，如时间区间、所覆盖的作业组、本次稽核要关注的重点内容以及稽核以后的阶段性评价和成果汇报等，这个事项的表现形式就是财务共享的"稽核任务"。

8.1.2 财务共享作业稽核的典型流程

财务共享作业稽核的典型流程如图 8-1 所示，其中"整改"环节为信息系统外的线下操作。运营管理人员进行基础数据和作业任务的管理；稽核人员（D-FSSC1.0 中授权给作业组长）负责稽核任务的执行并生成稽核报告；作业人员依据稽核结果进行整改；FSSC 负责人查看稽核报告并持续改进共享中心绩效考核方案。

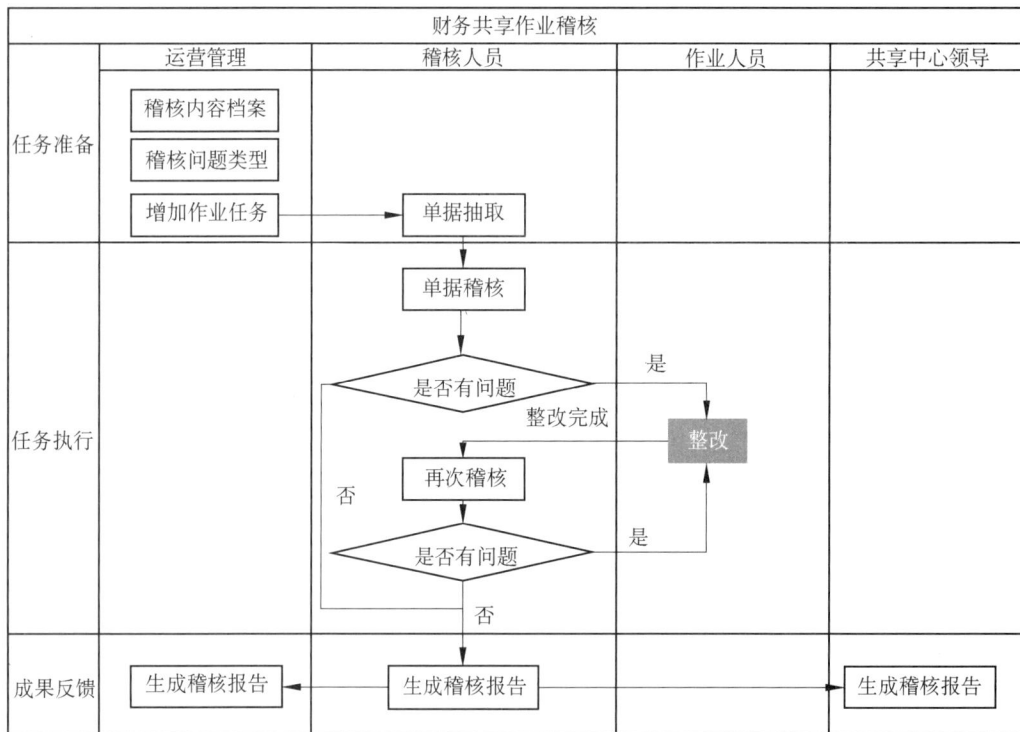

图 8-1　财务共享作业稽核的典型流程

项目实训

鸿途集团财务共享服务中心设置了共享中心运营管理角色和共享中心作业组长角色来负责财务共享作业稽核工作。在图 8-1 中，"运营管理"列中的工作由共享中心运营管理角色完成，其余工作均由共享中心作业组长角色承担。要求：参照图 8-1，每一名学生用 Microsoft Visio 工具独立绘制鸿途集团财务共享服务中心的共享作业稽核业务流程。

8.2　财务共享作业稽核协助处理

8.2.1　案例情境

【例 8-1】鸿途集团财务共享服务中心于 2019 年 1 月建成之后，经过半年的试运营，各项工作逐步走向正轨。2019 年 7 月，为了强化财务共享服务中心的运营职能，共享中心对上半年的工作进行了总结，认为在财务共享作业处理的质量方面存在核算规范执行标准不够统一、日常会计稽核与监督手段尚未制度化、员工考核和评价体系还需要进一步优化的问题。鸿途集团财务共享服务中心计划从 2019 年 7 月份起实施新的绩效考评方案，并制定了鸿途集团财务共享服务中心业务质量评价指标表，节选部分如表 8-1 所示。

表 8-1　鸿途集团财务共享服务中心业务质量评价指标表（节选部分）

业务类型	评价指标	责任人	考核办法
扫描 （100 分）	1. 扫描质量	业务单元 财务助理	扫描影像不清楚或重叠，单据漏扫或夹页，每单扣 5 分，共 50 分
	2. 原始单据	业务单元 财务助理	原始单据不符合公司要求的，每单扣 2 分，共 20 分
	3. 单据台账记录	业务单元 财务助理	台账内容未核对，每发现一次扣 5 分，共 20 分
	4. 影像效果	业务单元 财务助理	单据影像未上传或不能辨认的，每单扣 5 分，共 10 分
审核核算 （100 分）	1. 审核报账信息准确	FSSC 审核岗	未依照制度正确审核，每单扣 5 分，共 30 分
	2. 会计核算的科目、金额、币种、期间等正确	FSSC 审核岗	科目核算信息错误，每单扣 5 分，共 20 分
	3. 原始凭证审核无误	FSSC 审核岗	使用不当原始凭证做账，每单扣 5 分，共 20 分
	4. 其他信息准确无误，包括摘要规范、调整说明等	FSSC 审核岗	错误处理，每单业务扣 5 分，共 20 分
	5. 内部对账准确、及时	FSSC 审核岗	未按时对账或对账错误未查明，每检测出一次扣 5 分，共 10 分
资金结算 （100 分）	1. 准确支付：账户信息准确、金额准确、及时处理未成功支付问题	中心出纳岗	支付错误，每单扣 5 分，共 50 分
	2. 收付款及时准确	中心出纳岗	未及时准确进行收付款确认，每单扣 5 分，共 30 分
	3. 系统密码及银行支付保密工具管理	中心出纳岗	未按照规定保管密钥和其他银行加密工具，每一项扣 5 分，共 20 分

8.2.2　协作处理

1. 角色分配

参与财务共享作业绩效操作的角色，只有共享中心运营管理角色和共享中心作业组长角色，测试时每个小组应由组长进行角色指派。以组长身份登录 D-FSSC1.0，进入学习任务"L. 财务共享作业稽核＞26. 财务共享作业稽核＞构建测试"，单击"2. 分配角色"学习步骤，按照指派的角色在系统中进行拖曳授权，授权结束后单击"完成设置"

按钮保存。

2. 稽核内容设置

稽核内容设置，实际上就是设置共享作业稽核的审核重点。随着业务复杂度的提高，需要稽核的内容也越来越多，会导致在稽核时漏掉关键内容，所以要先定义稽核的内容，再明确到任务中，在稽核时予以提醒，确保稽核的有效性。

【例 8-2】2019 年 7 月份，鸿途集团财务共享服务中心根据 2019 年上半年的运营经验和所发现的问题，结合表 8-1 确定稽核内容，如表 8-2 所示。要求：分组协同完成表8-2 中共享稽核内容的设置。

表 8-2　鸿途集团共享稽核内容

内容编码	上级内容编码	内容名称
JHNR01		单据质量
JHNR0101	JHNR01	单据填写完整性
JHNR0102	JHNR01	单据正确性
JHNR02		影像质量
JHNR0201	JHNR02	影像全面性
JHNR0202	JHNR02	影像可识别度

【解析】以"共享中心运营管理"角色的组员身份登录 D-FSSC1.0，进入学习任务"L. 财务共享作业稽核＞26. 财务共享作业稽核＞构建测试"，单击"3. 系统配置"学习步骤。单击"共享中心运营管理"角色头像图标，并选择进入 NC Cloud 轻量端。单击"共享稽核＞稽核内容"快捷入口，进入 NC Cloud 的"稽核内容"页面。依据表 8-2，鼠标放在左侧"上级内容编码"所在行（如果没有上级内容，则视同上级内容为"root 稽核内容"），单击出现的"⊞"图标，系统将在所选行的下级建立一条共享稽核内容。可依据表 8-2 完成所有共享稽核内容的设置，如图 8-2 所示。

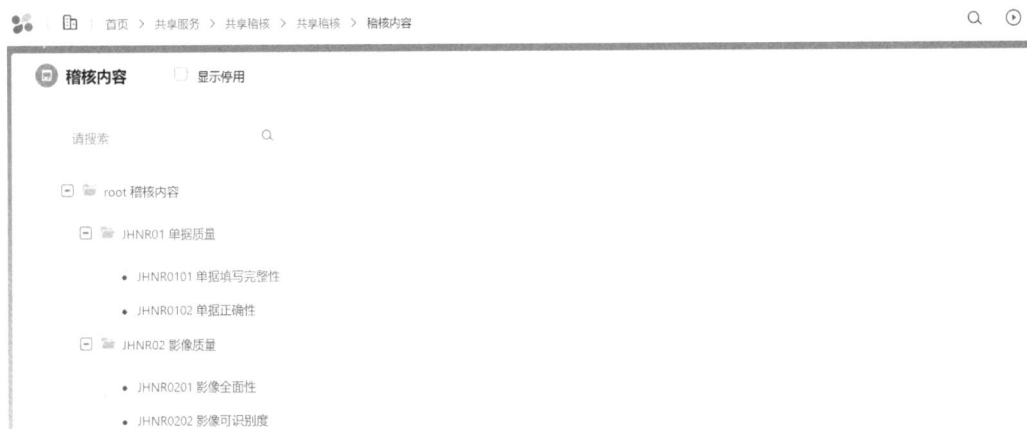

图 8-2　设置共享稽核内容

8.2.3 稽核问题类型设置

【例 8-3】2019 年 8 月 1 日，鸿途集团财务共享服务中心根据表 8-1 中的扣分项目及扣分分值，抽取了共享稽核的问题类型及严重程度，如表 8-3 所示。要求：分组协同完成表 8-3 中共享作业稽核问题类型设置。

表 8-3 鸿途集团财务共享服务中心共享作业稽核问题类型

编码	扣分标准	名称	严重程度
WTLX06	−3	收付款不及时	严重
WTLX05	−5	收款方信息错误	非常严重
WTLX04	−1	超出审批的最长期限	一般
WTLX03	−3	原始凭证不符合公司要求	严重
WTLX02	−5	单据影像未全部上传	非常严重
WTLX01	−5	扫描影像模糊，无法识别	非常严重

【解析】以"共享中心运营管理"角色的组员身份登录 D-FSSC1.0，进入学习任务"L. 财务共享作业稽核＞26. 财务共享作业稽核＞构建测试"，单击"3. 系统配置"学习步骤。单击"共享中心运营管理"角色头像图标，并选择进入 NC Cloud 轻量端。单击"共享稽核＞稽核问题类型"快捷入口，进入 NC Cloud 的"稽核问题类型"页面。鼠标放在左侧"root 稽核问题类型"所在行，单击出现的"⊞"图标，依据表 8-3 逐项进行共享作业稽核问题类型设置，如图 8-3 所示。每完成一项稽核问题类型的设置，可单击右上角的"保存"按钮进行保存，系统将自动启用该项稽核问题类型。

图 8-3 设置共享作业稽核问题类型

8.2.4 创建作业稽核任务

【例 8-4】2019 年 8 月 3 日，鸿途集团财务共享服务中心拟对 2019 年 7 月份的共享作业单据进行稽核，稽核任务编码和名称分别为"JHRW201907""2019 年 7 月作业稽核"。鸿途集团财务共享服务中心 7 月总共处理了 17 家服务对象，大约 5 000 张单据，本次指定的抽样规则如下：对 17 家服务对象财务组织进行平等抽样，总的抽样样本数为

200 张，即抽样比例为 4%；样本金额的范围为 5 000 元（含）以上。要求：分组协同完成共享作业稽核任务的创建。

【解析】以"共享中心运营管理"角色的组员身份登录 D-FSSC1.0，进入学习任务"L. 财务共享作业稽核＞26. 财务共享作业稽核＞构建测试"，单击"3. 系统配置"学习步骤。单击"共享中心运营管理"角色头像图标，并选择进入 NC Cloud 轻量端。单击"共享稽核＞稽核任务"快捷入口，进入 NC Cloud 的"稽核任务"页面。单击右上角的"新增"按钮，进入稽核任务创建页面。"共享服务中心"选择第八组财务共享中心（根据每个小组对应的财务共享中心进行选择），输入"任务编码"和"任务名称"，"任务属性"选择"日常"，"抽样比例（%）"填写"4"，其余按照例 8-4 给定的数据填写，如图 8-4 所示。填写完毕后，单击右上角的"保存"按钮进行保存。

图 8-4　鸿途集团财务共享服务中心作业稽核任务创建

8.2.5　单据抽样及稽核

【例 8-5】2019 年 8 月 8 日，鸿途集团财务共享服务中心抽调资深作业组成员组成质量稽核小组，启用步骤"8.2.4 创建作业稽核任务"中所创建的财务共享作业稽核任务并进行作业稽核。要求：分组协同完成单据抽样及稽核操作（至少完成 3 张单据的稽核操作）。

【解析】

1. 查询并启用稽核任务

以"共享中心运营管理"角色的组员身份登录 D-FSSC1.0，进入学习任务"L. 财务共享作业稽核＞26. 财务共享作业稽核＞构建测试"，单击"3. 系统配置"学习步骤。单击"共享中心运营管理"角色头像图标，并选择进入 NC Cloud 轻量端。单击"共享稽核＞稽核任务"快捷入口，进入 NC Cloud 的"稽核任务"页面。在顶部查询区域的"共享服务中心"选择框内，选中"第八组财务共享中心"（每个小组选择该小组所对应的财务共享中心），单击右侧的"查询"按钮，系统将列出所选财务共享服务中心已经设置的稽核任务，如图 8-5 所示。单击"2019 年 7 月作业稽核"任务行右侧的"启用"链接，便可启用该共享作业稽核任务。

图 8-5 查询并启用财务共享作业稽核任务

2. 单据抽取及确认

以"共享中心作业组长"的组员身份登录 D-FSSC1.0，进入学习任务"L. 财务共享作业稽核＞26. 财务共享作业稽核＞构建测试"，单击"4. 协作处理"学习步骤。单击"共享中心作业组长"角色头像图标，并选择进入 NC Cloud 轻量端。单击"共享稽核＞单据抽取"快捷入口，进入 NC Cloud 的"单据抽取"页面。在顶部查询区域的"共享服务中心"选择框内，选中"第八组财务共享中心"（每个小组选择该小组所对应的财务共享中心），在"稽核任务"选择框内，选中刚刚启用的"2019 年 7 月作业稽核"任务，单击右上角的"抽取"按钮，系统将从满足稽核任务条件的财务共享作业单据中进行抽取，如图 8-6 所示。用户可以检查抽取出来的单据列表是否合适，如果不合适，可以再次单击右上角的"抽取"按钮重新抽取。抽样完成后，单击右上角的"确认"按钮，便确认了抽样结果。

图 8-6 财务共享作业稽核单据抽取及确认

3. 单据稽核

以"共享中心作业组长"的组员身份登录 D-FSSC1.0，进入学习任务"L. 财务共享作业稽核＞26. 财务共享作业稽核＞构建测试"，单击"4. 协作处理"学习步骤。单击"共享中心作业组长"角色头像图标，并选择进入 NC Cloud 轻量端。单击"共享稽核＞单据稽核"快捷入口，进入 NC Cloud 的"单据稽核"页面。顶部查询区域的"共享服务中心"选择框选中"第八组财务共享中心"（每个小组选择小组对应的财务共享中心），"稽核任务"选择框选中"2019 年 7 月作业稽核"任务，单击右上角的"查询"按钮便可查询待稽核单据列表，如图 8-7 所示。单击其中一条查询结果右侧的"稽核"链接，便可对该单据进行稽核，如图 8-8 所示。

图 8-7　查询可稽核的共享作业单据

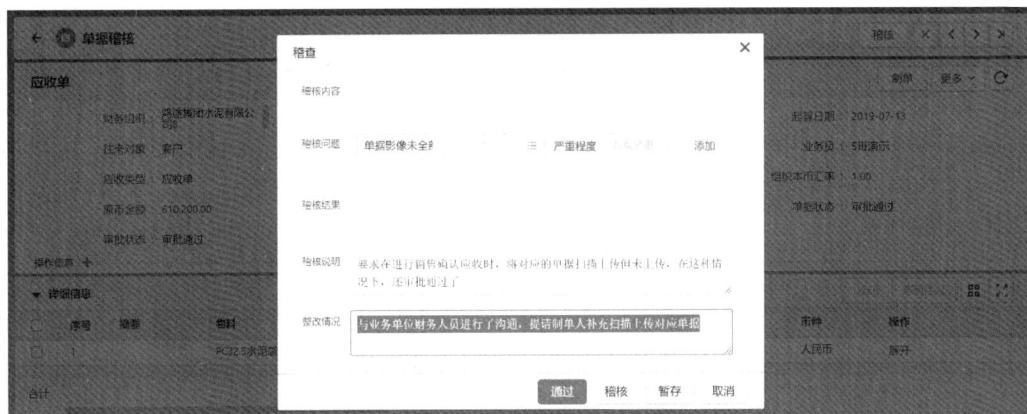

图 8-8　对共享作业单据进行稽核

8.2.6　生成稽核报告

【例 8-6】2019 年 8 月 19 日，鸿途集团财务共享服务中心质量稽核小组完成了全部抽样单据的稽核工作。小组负责人拟生成稽核报告向鸿途集团财务共享服务中心总经理进行汇报。要求：分组协同完成此次稽核任务的稽核报告生成操作。

【解析】以"共享中心作业组长"的组员身份登录 D-FSSC1.0，进入学习任务"L. 财务共享作业稽核＞26. 财务共享作业稽核＞构建测试"，单击"4. 协作处理"学习步骤。单击"共享中心作业组长"角色头像图标，并选择进入 NC Cloud 轻量端。单击"共享稽核＞稽核报告"快捷入口，进入 NC Cloud 的"稽核报告"页面。单击右上角的"生成"按钮，在弹出的对话框中选择财务共享服务中心及拟生成稽核报告的稽核任务，如图 8-9所示。单击对话框中的"确定"按钮，系统将生成相应的稽核报告，如图 8-10 所示。单击右上角的"保存"按钮进行稽核报告的保存。注意：只有已经有抽样单据被稽核（即处于"已稽核"状态）的稽核任务，才能生成稽核报告。

图 8-9　选择稽核任务生成稽核报告

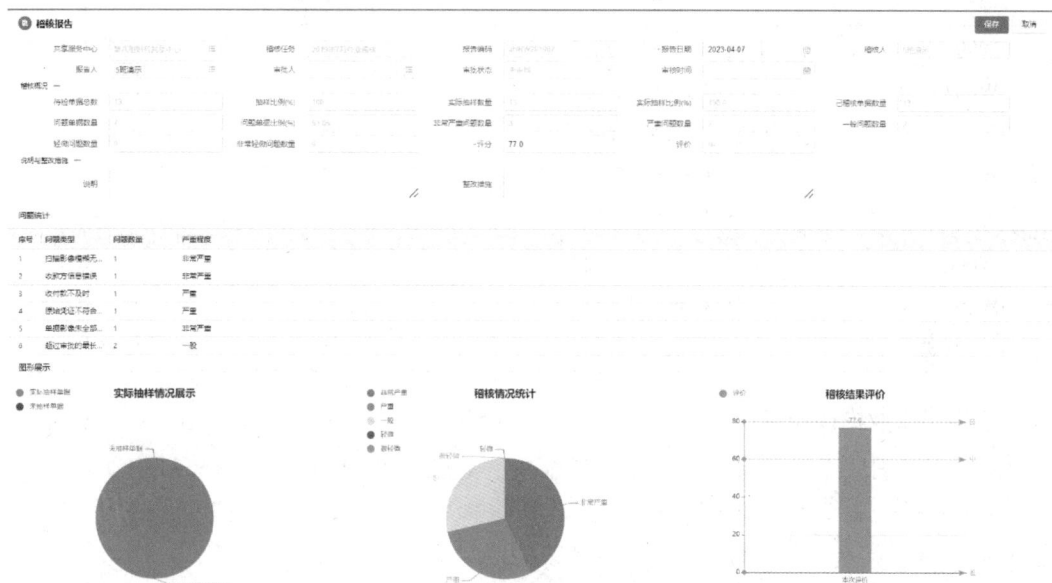

图 8-10　共享作业稽核报告生成后保存页面

项目实训

1. 稽核内容设置

2019 年 7 月，鸿途集团财务共享服务中心根据 2019 年上半年的运营经验和所发现的问题，确定的稽核内容如表 8-4 所示。

要求：在 D-FSSC1.0 的学习中心里，完成表 8-4 中的共享作业稽核内容设置。

表 8-4　鸿途集团共享作业稽核内容

内容编码	上级内容编码	内容名称
1		单据质量
101	1	单据完整性
102	1	单据准确性
2		影像质量
201	2	影像齐全性
202	2	影像清晰度

2. 稽核问题类型设置

2019 年 7 月 1 日，鸿途集团财务共享服务中心根据《2019 年鸿途财务共享服务中心业务质量评价方案》中的扣分项目及扣分分值，抽取了共享作业稽核的问题类型及严重程度，如表 8-5 所示。

要求：在 D-FSSC1.0 的学习中心里，完成表 8-5 中共享作业稽核问题类型的设置。

表 8-5　鸿途集团共享作业稽核问题类型

编码	名称	扣分标准	严重程度
JW001	扫描影像不清楚或重影	−5	非常严重
JW002	单据影像未上传	−5	严重
JW003	使用不当原始凭证做账	−5	严重
JW004	原始单据不符合公司要求	−2	一般
JW005	单据匹配错误	−5	严重
JW006	单据未按照制度正确审核	−5	非常严重
JW007	审核核算错误处理	−5	非常严重
JW008	支付信息错误	−5	严重

3. 创建作业稽核任务

2019 年 8 月 1 日，鸿途集团财务共享服务中心拟对 2019 年 7 月（1—31 日）的单据进行财务共享作业稽核。鸿途集团财务共享服务中心 7 月总共处理了 17 家服务对象，大约 2000 张单据，本次制定的抽样规则如下。

（1）对 17 家服务对象财务组织进行平等抽样，总的抽样样本数为 200 张，即抽样率为 10%。

（2）样本金额的范围为 30 000 元（含）以上。

要求：在财务数字化平台上完成共享作业稽核任务的创建。

4. 进行单据抽样并稽核

2019 年 8 月 1 日，鸿途集团财务共享服务中心抽调资深作业组成员组成质量稽核小组，启用步骤"3. 创建作业稽核任务"中所创建的稽核任务并进行质量稽核。要求：在 D-FSSC1.0 的学习中心里完成上述操作（至少完成 5 张单据的质量稽核）。

5. 生成稽核报告

2019 年 8 月 5 日，鸿途集团财务共享服务中心的质量稽核小组完成了全部抽样单据的稽核工作。要求：在 D-FSSC1.0 的学习中心里生成此次稽核任务的稽核报告。

思考题：

1. 共享作业稽核与共享作业绩效的区别与联系各是什么？

2. 如何更有效地进行共享作业稽核？

第 3 篇

拓 展 篇

第 **9** 章　中国财务共享服务中心总体发展概述

知识导读

在加快构建以国内大循环为主体、国内国际双循环相互促进的新发展格局下，越来越多的中国企业通过组建财务共享服务中心，进而推进流程和组织再造、管理理念创新，为企业更高质量发展提供保障。本章从分析中国企业财务共享服务中心整体建设情况入手，进而介绍中国企业财务共享服务中心整体运营情况，深入分析中国企业财务共享服务中心面临的挑战，最后分析财务数字化转型开启财务共享服务中心新篇章。

学习目标

➢ 了解中国企业财务共享服务中心整体建设情况
➢ 熟悉中国企业财务共享服务中心运营情况
➢ 理解中国企业财务共享服务中心面临的挑战
➢ 掌握中国企业财务共享服务中心转型方向

9.1　中国企业财务共享服务中心的整体建设现状

9.1.1　中国财务共享服务中心建设的快速增长

相关调查研究显示，截至 2020 年年底，我国境内已有超过 1 000 家财务共享服务中心，近几年来，我国财务共享服务中心建设呈现高速增长的趋势。我国第一家财务共享服务中心始于 2005 年中兴通讯，在短短的十几年时间里，中国财务共享服务中心快速发展，尤其是近五年以来，越来越多的集团公司开始建设财务共享服务中心。

9.1.2　中国企业财务共享服务中心大多是单中心模式

通过分析中国企业现存财务共享服务中心的建设模式，总体上可以分为单中心模式和多中心模式两种。顾名思义，单中心模式是指集团只建立一个财务共享服务中心，而多中心模式是指建立多个财务共享服务中心。单中心模式又可细分为标准模式、业态模式和区域模式等；多中心模式又可分为分散模式、联邦模式、专业化中心模式等。总的来说，中国企业财务共享服务中心模式及特征如表 9-1 所示。

表 9-1　中国企业财务共享服务中心模式及特征

FSSC 模式	特征说明	典型企业	考虑因素	客户画像
单中心模式	一套作业系统，一个 FSSC，内部组织按照先业务、后业态或地域设置	国家开发银行、陕西移动、中国国旅、信发集团、博天环境、天瑞集团	管控力度：强；地域分布：广；主业明显，其他业态比例较小	集团体量规模小于上一类，管控力度强，多为运营管控。以单一集团较为常见
	一套作业系统或其他财务系统，一个 FSSC，内部组织按照先业态或地域、后业务设置	中兴通讯、北控水务	管控力度：强；地域分布：广；业务独立性：较弱；多业态平行发展	
多中心模式	● 多套作业系统，多个 FSSC，相互间没有关联及协作关系。 ● 一套作业系统，多个 FSSC，相互间没有关联及协作关系	● 中国铝业 ● IBM、中国移动	管控力度：较弱；地域分布：广；业务独立性：强；集中难度：大；各中心业务差异性：大	多为超大型集团，有多个子集团，集团对于子集团是战略管控或财务管控。 1. 各子集团业务相同，按照行政区域管理。 2. 各子集团业务差异大，按照业务线管理

目前，中国大部分企业在建立财务共享服务中心时，倾向于选择单中心模式，因为以单中心模式运营的财务共享服务中心有利于业务流程、数据标准、信息系统的统一，可最大限度地发挥规模效应，也便于实现集中管控的目的。有部分企业会选择多中心模式，多中心模式是企业根据不同的职能或服务对象，分别成立多个财务共享服务中心，独立或者协同运作，可进一步细分为区域多中心、下级单位多中心、业务板块多中心和专长多中心。除此之外，部分企业会出于灾备中心的考虑建立多个财务共享服务中心，以使自然灾害、系统故障等不可预见事件发生时，财务共享服务中心的业务不会受到严重影响。

9.1.3　新一线城市逐渐成为中国企业财务共享服务中心选址热点

第一财经·新一线城市研究所近几年发布的"新一线城市"数据显示，北京、上海、广州、深圳等一线城市仍然是我国企业财务共享服务中心选址的热门，武汉、西安、成都、杭州、南京等新一线城市也备受青睐，逐渐成为财务共享服务中心选址热点城市。根据 ACCA（特许公认会计师公会）、中兴新云、厦门国家会计学院联合发布的2020 年中国财务共享服务领域调研报告可知，我国企业财务共享服务中心选址排名前十的城市，分别是上海、北京、广州、武汉、深圳、西安、成都、杭州、厦门和南京。

9.1.4 大多数财务共享服务中心为中国（不包括港澳台）企业提供服务

大部分选择建立财务共享服务中心的企业，一般都是大型集团公司，随着经济全球化的发展，中国越来越多的企业开始走出国门，在世界各地建立分支机构。虽然调查显示多数建立了财务共享服务中心的企业服务范围覆盖了公司下属所有分支机构，但由于使用的语言、会计准则、货币等不一致，目前我国企业建立的财务共享服务中心主要是为中国（不包括港澳台）分/子公司提供服务。

9.2 中国企业财务共享服务中心的运营分析

9.2.1 FSSC 组织人员需"因企制宜"

从组织定位来看，财务共享服务中心应用在企业中一般有以下几种组织形式：公司总部财务部下属部门、总部财务部平级部门、独立于财务组织的组织、作为独立法人的组织，其经营管理独立程度越高，运营就越成熟。但在实际应用中，并非每家企业的财务共享服务中心都要发展成为独立法人，企业根据自身具体情况选择合适的模式即可。这是因为不同运营形式在财务共享服务中心发展的不同阶段会发挥出不同的优势：隶属于总部的模式有利于财务政策的下达执行和上下级单位之间沟通协调；总部财务部平级部门模式下汇报层级少，可以保持管理的灵活性；独立于财务组织的组织，对内提供服务，便于提升组织独立性；作为独立法人的组织，对内部或外部提供服务，这种独立运营、市场化运作的方式，更有利于自我发展空间的提升，更有动力实现降低成本、提高效率的目标，同时也实现了财务共享服务中心定位的转变，带来了价值创造。从职能定位来看，财务共享服务中心可以分为成本中心和利润中心。目前，大多数财务共享服务中心仅仅作为公司的成本中心，以公司内部职能部门定位，面向公司内部客户提供服务。

目前，大多数财务共享服务中心的人员数量在 100 人以下，部分财务共享服务中心的规模在 100～300 人，少数企业财务共享服务中心的人员超过 300 人。人员规模代表着财务共享服务中心的业务承接能力，也体现了共享服务建设的规模效应。通常，人员规模大的财务共享服务中心，其业务覆盖范围和业务量相对较大，对管理水平的要求会更高，也更有动力不断进行流程优化和技术创新以降低成本。随着业务流程和信息系统的不断标准化、自动化、智能化，财务共享服务中心的人员规模也会在一定程度上得以精简，促使更多的财务人员完成职能转型，实现企业财务人员组织架构和规模分布的逐渐优化。随着集团公司业务的发展，公司规模不断扩大，财务共享服务中心的业务范围也日益广泛，但财务共享团队的人员规模依然保持相对稳定。通过财务共享服务中心的系统建设，可逐步优化集团财务流程，进而提升企业运营效率。

基于财务共享服务中心目前组织人员的现状分析，未来财务共享服务中心的组织形式和人员规模需要根据集团企业实际情况来进一步完善。

9.2.2　FSSC 业务流程要"持续优化"

业务流程的专业化、标准化、统一化是财务共享服务中心建设和运营的重要前提。财务共享服务中心所覆盖的业务流程越多，则说明财务共享服务中心所提供的服务范围越广，财务共享服务中心业务流程建设越完善。目前，大部分企业建立的财务共享服务中心业务流程包括费用报销、资金结算、固定资产核算、采购应付、总账、成本核算、销售应收。随着财务共享服务中心的不断运营和优化，所涵盖和纳入的业务范围将会得到逐渐扩展，目前，大部分企业财务共享服务中心涵盖了 6～10 个流程。

业务流程的标准化是对各财务业务流程、运营管理流程的设计、执行、固化、优化等环节进行规范化管理和标准化要求，是财务共享服务中心专业化分工和高效运作的重要基础，促使财务共享服务中心通过清晰的流程架构来厘清现状，通过明确的流程规则来规范业务，通过固定的步骤环节来降低风险。目前，企业用来保证流程标准化应用最多的举措包括统一会计科目、政策及制度，厘清业务现状，构建完整的流程架构，设计岗位工作标准，岗位操作标准化。

除流程覆盖度和标准化外，流程自动化水平也是衡量财务共享服务中心成熟度的重要方面，如费用核算流程自动化、采购到付款核算流程自动化、总账到报表流程自动化等。流程自动化可通过信息系统间 API（应用程序编程接口）接口的对接、RPA（机器人流程自动化）的应用等方式来实现，从而真正实现业财税一体化。

9.2.3　FSSC 信息系统应"互联互通"

信息系统是实现财务共享服务中心高效运行的有力工具。一方面，信息系统的上线可在提高业务处理效率，加强风险合规管控，提升员工、客户、供应商等利益相关者满意度方面取得良好成效，有效提高财务信息化水平和财务管理能力。另一方面，通过建立统一的财务共享平台，实现各个业务系统、财务系统间的互联互通，方能更好地支撑财务共享服务中心作为企业数据中心的定位和职能，助力企业的数字化转型。在实际应用的过程中，企业应紧跟时代发展的趋势，不断迭代更新优化财务共享服务中心信息系统，实现更多的业务场景应用，提升财务的自动化、智能化水平。一般而言，财务共享服务中心信息化、自动化、智能化水平越高，代表财务共享服务中心运营越成熟，在降本增效、价值创造、风险管控等方面越能发挥更大的作用。目前，企业财务共享服务中心中最常应用的系统有财务核算系统、费用报销/业务报账系统、电子影像系统、资金管理系统和银企互联系统。通过信息系统与财务系统的广泛连接，能够更加充分地发挥出系统间的协同效应，实现企业财务运营的合规高效和价值创造，支持企业经营管理决策，助力企业财务数字化转型和创新。

9.2.4　FSSC 运营管理宜"持续改进"

目前，在财务共享服务中心发展的不同阶段，财务共享服务中心管理者主要从目标管理、服务管理、人员管理、知识管理、学习管理、流程管理、系统管理、质量管理、标准化管理、绩效管理和创新管理等维度来评价财务共享服务中心运营管理情况。

（1）目标管理。目标管理是财务共享服务中心的管理导向，确定财务共享服务中心的目标，是衡量财务共享服务中心组织活动成效的标准，也是其他所有运营管理行为得以有效运行的前提。所以，财务共享服务中心需要有一个明确的、贯穿各项活动的统一目标，并在财务共享服务中心建设和运营的过程中持续地向全体员工进行宣贯，达到公司整体层面的目标一致，文化相符。当然，在财务共享服务中心发展的不同阶段，目标会有不同的偏重。目前，很多企业会将财务共享服务中心的目标与全体员工进行充分说明、沟通和宣传。

（2）服务管理。服务管理是财务共享服务中心对服务对象提供服务的效果、能力、时限、态度等服务质量工作的管理与提升过程。服务管理通过对一系列指标的监控、分析，了解客户需求，并依托全员参与服务，以达到客户满意的目标。财务共享服务中心提供服务的方式多样，包括服务热线、公共邮箱、交流网站等。服务质量的测定，可以通过逐单反馈、电话访谈，以及定期发放问卷调研等方式收集客户反馈。目前，成熟企业已经建立了专门的组织以服务窗口的形式为客户提供服务，通过建立专门的服务组织，同时培养服务人员的良好服务意识、积极服务态度、娴熟服务技能，从而高效应对员工的咨询与投诉；同时，定期满意度调查和客户回访这两种方式在企业中运用较多。但还有很多企业财务共享服务中心的服务管理处于初始阶段，尚未建立公开服务渠道。

（3）人员管理。人员管理主要目的是帮助财务共享服务中心选拔合适的员工、进行人员培训、激励员工、设计员工发展通道，进而形成并完善财务共享服务中心人员的招聘、培养、激励和晋升机制，发挥人员的最大"能动力"。除在财务共享服务中心内部明确晋升通道外，许多企业的管理者也将财务共享服务中心定位为企业财务人才的资源池，希望可以发挥"人才中心"的作用，从中选拔优秀人才，通过跨部门调动或晋升的通道，为不断优化财务人员结构服务。制定合理的轮岗机制是财务共享服务中心最主要的人员管理途径，明确的晋升机制、对外输送通道也有助于加强对财务共享服务中心人员的管理工作，能够实现良好的人员管理循环。部分企业财务共享服务中心人员离职率在 10%及以下，说明大部分财务共享服务中心的人员流动率处于良性状态。离职率过低和过高都不利于共享财务服务中心的良性发展。一方面，离职率过低，财务共享服务中心内部组织和思维容易固化，不利于持续优化和创新管理。另一方面，离职率过高，会导致人员不稳定，不利于日常业务运行。但在特定情况下，如果财务共享服务中心的岗位拆分很细或各岗位的标准化程度极高，那么新员工可以快速接任上岗，较高的流动率相反会在一定程度上帮助企业降低成本。

（4）知识管理。对于财务共享服务中心来说，知识管理即为有意识地将日常所需和形成的知识进行整理和沉淀，对知识的流动过程加以引导，鼓励员工在工作中不断学习与创新，形成信任合作、分享交流的组织文化，从而将财务共享服务中心建设为知识型组织。财务共享服务中心的知识管理可通过建立知识管理组织、成立专家网络、建立知识库、进行知识贡献度管理等方式来进行，搭建知识库是最为常见和易于进行知识沉淀、分享的方式，知识库的内容是否充足、更新是否及时也是对知识管理维度进行考量的重要指标。目前，小部分企业财务共享服务中心已形成了系统化的知识管理体系，并建立了知识库平台，大部分企业正在梳理财务共享服务中心的知识管理体系，部分企业暂时无计划建立知识库。

（5）学习管理。学习管理是以完善的培训管理体系和知识管理体系为基础，建立良好的学习环境和学习激励机制，最大程度地激发员工的学习热情，员工自主学习和公司培训双管齐下，将财务共享服务中心打造成学习型组织的一个过程。学习管理机制包括营造学习环境、鼓励员工自主学习、搭建培训体系、建立激励与考核机制。目前，企业认为能够有效提高财务共享服务中心人员学习能力的举措主要有针对不同岗位和层级设计不同的培养计划、搭建支持学习管理的信息系统、以师带徒机制。通过科学的人员管理、持续的知识管理、有效的学习管理，可以保持财务共享服务中心人员的熟练、稳定，对人员的"选育用留"进行体系化的管理，为财务共享服务中心效率和质量的提升奠定重要基础。

（6）流程管理。流程管理是一种以规范化地构造端到端的卓越业务流程为中心，以持续地提高组织业务绩效为目的的系统化方法。流程管理并不是一劳永逸的一次流程变革，而是持续动态优化的过程，通过优化企业的组织架构、设计灵活易变的流程环节、打造面向客户的管理机制等一系列措施，提高企业的运行效率、优化资源利用率、改善人员之间的协作关系，从而降低企业运营成本，提高对客户的需求响应速度，实现更大的价值创造。财务共享服务中心作为企业部分流程管理的"负责人"，通过对财务及前端业务流程的梳理再造和持续改进，推动了公司经营流程的优化和内部治理水平的提升。当下，部分企业已经设立了专人或专门的组织来负责流程管理工作，部分企业形成了相应的项目管理机制，部分企业建立了流程优化机制，当然，也有很多企业尚未形成流程管理体系。

（7）系统管理。信息系统是承载具体工作、规范业务流程、提升运营效率的重要工具。信息系统管理以系统建设原则为基础，通过系统管理组织的支撑，进行系统新建实施、日常运维、优化升级的管理工作，达成系统有效支持财务共享服务中心业务运作的目的。目前，有的公司已经建立了专门的 IT 团队，对财务共享服务中心信息系统及网络安全进行管理和维护，有的企业主动地定期对系统优化需求进行梳理，有的企业也会主动关注新兴技术在财务共享服务中心信息系统上的应用。

（8）质量管理。财务共享服务中心作为运营实体，通过对外部输入进行处理，从而形成服务产品。在这种基于业务处理的运营模式下，财务共享服务中心必须通过质量管理的加强来保障产品输出过程和结果的安全可靠、高效准确。目前，部分成熟企业为了实现对财务共享服务中心更有效的质量管理，采取的有效举措有：针对各岗位具有细化的质量指标体系和可量化的衡量指标，设立专人或专门组织负责质量管理工作；针对每个流程有详细的质量控制点。但是，现在更多的企业尚未形成质量管理相关举措或要求。

（9）标准化管理。标准即如何持续正确地做事。对财务共享服务中心而言，标准化管理是指对业务活动制定通用的和可被重复使用的规则，在一定范围内获得最佳秩序和最大经济效益，包括标准的制定、发布及实施。财务共享服务中心的标准化管理无处不在，贯穿于流程管理、组织管理、质量管理、绩效管理、培训管理、服务管理之中，起到固化流程、提升效率、树立品牌的作用。标准化建设既能为财务共享服务中心提供明确的评价标准，形成完整的流程和程序，也能为员工提供行为规范和标准，保证交付质量，是财务共享服务中心高效运作的基础。目前，部分企业保证标准化工作的主要举措有实现流程标准化、实现岗位标准化、设立专人或专门组织负责标准化管理工作、实现制度标准化等。

（10）绩效管理。绩效管理是用于监控和管理组织绩效的方法、准则、过程和系统的整体组合，它涉及组织管理和运营的方方面面，并以整体一致的形式表现出来。绩效管理内容包括组织绩效和人员绩效，强调组织目标和个人目标的一致性。当下，部分企业对财务共享服务中心的组织绩效进行衡量的标准主要有业务处理时效、业务处理质量、服务满意度、沟通与协作和业务处理成本等。在对员工进行绩效管理方面，目前企业应用的主要方式有：定期对员工绩效进行考核和评价，通过 KPI 考核影响员工薪酬、晋升或轮岗，针对不同岗位设置较为全面的绩效 KPI 指标等。

（11）创新管理。创新管理，即鼓励员工在工作的过程中不断创新，对工作中发现的问题勇于质疑和提出创新性的解决方案。创新管理的关键活动是组织的创新意识及相关人员对新事物的接受程度。对于财务共享服务中心来说，创新指财务共享服务中心为解决问题、实现目标、提高组织价值而利用现有的知识和物质基础，在特定的环境中，改进或创造新的事物，包括战略创新、组织创新、文化创新、制度创新、技术创新、客户创新等要素。

总的来说，目前我国财务共享服务中心的建设和运用还处于提升期，未来财务共享服务中心可通过业务流程的持续优化、信息系统的不断迭代、新兴技术的广泛应用、运营管理的持续改进等逐步提升财务共享服务中心的运营管理水平，达到降低成本、提高效率、加强管控的根本目标，在助力企业进行数字化转型的同时，为企业创造更大的价值。

9.3　中国企业财务共享服务中心面临的挑战

9.3.1　外部挑战

在变化日新月异、颠覆无处不在、格局不断演化的当下，企业无时无刻不面临着挑战。我国企业建立财务共享服务中心面临的外部挑战主要有国家政策的变化、技术及其应用的快速发展和不断加强的监管环境等。

1. 国家政策变化

近年来，随着我国对会计、税务等相关政策的不断调整，财务工作也需要及时调整以及时应对。如电子发票、电子档案等政策的出台，促使发票的开具、交付、流转和会计档案的管理都发生着天翻地覆的变化，财务共享服务中心传统的业务流程和信息系统难以满足新政策下的新要求，必须考虑通过调整优化业务流程、上线新的信息系统等方式来应对政策的变化。

2. 科技发展

新兴技术的崛起不断催生着商业模式的创新，带来了企业间竞争的加剧。诸多企业纷纷开始行动，利用颠覆性的数字力量进行数字化转型以开拓业务创新、强化竞争优势、提升核心竞争力、寻找新的利润增长点。财务共享服务中心在这场"大变革"中需要考虑如何通过引入自动化、智能化的技术工具，助力企业实现端到端的一体化和数字化运营。

3. 监管趋严

随着我国资本市场改革的不断深入、投资者风险意识日益加强，逐渐严格的监管环境和日趋完善的监管体系驱使着企业不断提升经营管理水平、提高风险防范能力、细化内控管理颗粒度。财务共享服务中心需要通过诸多手段（如通过系统内嵌规则设置，实现内部控制全程管理等），帮助企业实现更有效、更智能的风险控制。

4. 疫情影响

2020 年，突如其来的新冠疫情对全社会都产生了巨大冲击和深刻影响。后疫情时代，如何在不确定性环境中提升可持续竞争力成为企业关注的重要问题。为应对不确定性，财务需要更强的韧性、更快速及时的反应能力、更准确的预测风控能力以及自我重塑的管理能力来支持企业的可持续发展。虽然前两年我国各行各业都受到疫情影响，但是财务在这场"战役"中并没有受到严重的打击，其得益于共享服务这种创新的财务管理模式以及新兴技术的持续应用，使得财务可以不断地实现了无纸化、线上化、自动化。但这也同时需要财务共享服务中心管理者更加关注数据的安全和备份，以及面对类似重大应急事件，财务共享服务中心如何帮助企业实现持续性的经营保障。虽然目前我国已经放开管控，但是线上化在我国的发展得到了更多的探索。

5. 全球化战略

面对竞争加剧的全球化市场和复杂多变的经营环境，"面向全球，打造世界一流"成为很多中国企业的目标。随着企业战略布局的调整与重新规划，财务共享服务中心的全球化布局也逐渐被管理者所关注。对于全球化发展的中国企业而言，需面临来自不同国家和地区的会计核算、资金管控、税制税务、语言文化、时差环境、政治政局、网络环境等诸多不同和挑战。而国际环境的变化和不确定性，也影响着财务共享服务中心的海外布局计划。

9.3.2 内部挑战

目前，我国越来越多的企业开始探索建立财务共享服务中心，但是对于集团企业而言，建设财务共享服务中心前后企业会面临如下内部挑战：信息安全存在风险、业务财务融合不够、财务人员素质不高、财务信息化系统不健全、企业风险意识薄弱。

1. 信息安全风险

随着公司发展，经营业务范围逐渐扩大，所产生的财务数据信息量也越来越庞杂。如果共享系统设计不完善，将会降低数据处理效率，影响经营数据在公司内部的传递，对管理层的决策及公司的发展产生不利影响，同时，由于共享系统使用网络服务器存放数据，存在一定的安全风险，在财务共享服务中心运行过程中，如果受到黑客入侵或病毒攻击，很可能造成机密信息泄露，对公司发展造成极为不利的影响。因此，信息安全风险是目前财务共享服务中心运行时面临的首要问题。同时随着信息技术快速发展，财务共享服务中心使用的财务信息化系统也应当定期升级改造。但是如果财务信息化系统更新周期过长，或者公司财务人员对新系统的适应能力较差，可能导致财务共享服务中心的运行效率降低，与企业的发展不相适应，造成公司的市场竞争力难以提升。

2. 业财融合不够

目前，我国很多企业财务共享服务中心还处于起步阶段，在日常运行过程中容易出现单位内部各部门之间信息传递不畅的问题。为了对财务数据进行统一处理，需要加强业财融合，业财融合一直是企业内部管理探索的方向，建设财务共享服务中心对于公司内部业务与财务的融合有很强的促进作用，但是在业财融合的过程中，如果仅建立了完善的财务信息系统，而忽视业务系统建设，将会导致财务决策与业务发展出现较大偏差，无法实现业务和财务的有效融合。在很多企业中，业务工作与财务工作明显分离，财务人员主要负责成本控制，业务人员更加注重战略目标的实现，两者相互独立，降低了公司内部协调性，同时业务和财务相互对立，可能造成两个部门提供重复数据或数据口径不一致，不利于公司管理人员决策。同时，虽然建立财务共享服务中心能够帮助公司节省大量的人工成本，但也会带来一定的运营风险。在财务共享服务中心运行过程中，共享财务人员只能与基层公司进行远程沟通，间接获取经营数据等相关信息，因此数据的真实性无法得到保证。

3. 财务人员素质不高

与传统的财务管理模式相比，建立财务共享服务中心要求财务人员在具备财务基础知识的同时，也要具备一定的信息化处理能力。在财务共享服务中心建立的初期，财务人员的主要工作就是汇总并处理基层公司提交的数据信息，并对数据进行相应的录入审核，这对财务人员的专业素质要求并不高。但是，随着财务共享服务中心建设的推进，对财务人员的专业素质也产生了新的要求，比如在数据核算和监督的基础上深入分析数据，将其对生产经营的影响上报领导，指导公司业务人员进行后续运营，这个过程需要财务人员同业务人员有效地沟通协调，确保公司正确决策。同时，应当制定人才储备机制，确保公司的核心竞争力，帮助财务共享服务中心不断建设发展；为保障公司在市场中保持长期的竞争优势，应当关注到当前大多数公司财务人员所受教育以财务基础知识为主，在管理会计方面的知识储备明显不足，在实际工作中接触其他业务的机会也较少，这就造成部分财务人员的综合素质与财务共享服务中心的要求存在一定差异。部分企业的激励政策不完善，导致财务人员工作积极性不高。很多港口企业采用固定薪酬制度，公司员工与单位签订了长期雇佣合同，员工不主动提出离职，单位通常不会主动辞退员工，员工工作稳定且没有竞争压力和被辞退风险，这导致部分财务人员缺乏工作责任感。同时，一些企业部分工作能力较强的骨干财务人员，因没有取得与自身价值匹配的薪酬，容易出现离职现象。因此，公司落后的薪酬制度不利于财务共享服务中心的运营。

4. 财务信息系统不健全

财务共享服务中心需要通过公司信息系统所收集并整理的数据信息进行相应的账务核算工作，而信息系统涉及采购、生产、仓储、销售等多个环节，由于系统内部逻辑复杂，在实际运行中还存在着一定风险。同时，能够建立财务共享服务中心的企业一般都是大型集团公司，业务复杂，分公司、子公司众多，基层单位能否落实集团指令有不确定性，可能会出现执行滞后的情况，不利于集团公司形成一个整体的闭环系统。同时，财务共享服务中心的运作模式适合公司业务重复性高且流程标准化的企业，财务共享服务中心一般都伴随着资金集中管理，但是由于财务共享服务中心对基层公司业务的熟悉程度不够，当公司经营出现问题时，财务人员由于对经营不熟悉，无法及时有效配置资金，无法发挥资金最大效益。

5. 风险意识薄弱

大部分公司建设财务共享服务中心时建立了风险监控体系。但是系统设计时，无法根据公司现有经营情况预测共享系统运行后可能产生的所有风险，不能对风险进行完全控制，影响风险监控系统正常运行。同时企业往往只重视对员工专业素质的培养，却忽视了对员工风险意识的培养，造成部分员工对公司内部风控制度了解不透彻，在实际操作中未按规章制度执行。部分职员缺乏相关风险防控意识，不了解具体风险防控措施，无法正确应用相应的措施。同时由于业务部门与风险防控部门没有有效衔接，在风险发生时业务部门未能及时与风险防控部门协调进行管控和监督，未能在短时间内解决风险。

9.4 中国企业财务共享服务中心的数字化转型

当前，以大数据、云计算、人工智能、物联网、区块链等为代表的新一代数字技术发展方兴未艾，新一轮科技革命和产业革命席卷全球，数据价值化进程加速推进，技术与经济社会各领域不断融合创新，推动全球步入数字经济新时代。中国政府高度重视数字经济战略布局，明确要全面推进"互联网+"，打造数字经济新优势。数字经济多次被写入我国政府工作报告。全国多个省（自治区、直辖市）等也明确要大力发展数字经济，积极培育数字新业态。2021 年，我国数字经济增加值规模达到 45.5 万亿元，较"十三五"规划初期扩张了一倍多，占 GDP（国内生产总值）比重达到了 39.8%；以 5G、数据中心、工业互联网、人工智能等为代表的新型基础设施建设将进一步激发数字经济的巨大潜力。尤其在此前疫情防控常态化的背景下，我国数字经济的优势进一步凸显，电子政务、远程办公、在线教育、在线医疗等各类线上服务内容呈现"爆发式增长"，展现出不可忽视的发展潜能，数字经济正以蓬勃发展之势驱动全社会各行各业的转型升级。数字化技术的崛起和进步推动着人与物之间实现了广泛互联，催生着"数据爆炸"现象的出现，企业的数据体量开始呈指数级增长，基于数据的新产品、新模式、新服务不断涌现。数据作为数字经济时代的关键生产要素，正在逐渐成为企业最核心的资产，如何解锁数据中的价值是企业竞争的关键。数字化浪潮奔涌袭来，越来越多的企业已经踏上了数字化转型之路。当颠覆成为新常态，当改变成为新趋势，财务部门必须抓住新兴机遇，打造制胜策略，转型成为企业全域数据汇集的中心，将经营数据转化为信息与知识，形成智慧输出，可视化地呈现给企业经营管理者和利益相关者，为企业风险管理、经营预测、战略决策提供服务，成为企业数字化转型决胜的关键赋能引擎。

而财务共享是财务数字化转型的基础，也是必不可少的一步。财务基于共享服务模式完成了信息化再造、流程优化和组织变革。财务共享服务中心天然是企业的数据中心，在新兴技术的布局下，利用算力和算法的支撑，实现企业全域数据的收集、加工、存储、管理、分析和分享，可视化、科学化地为利益相关者提供真正需要的信息，为企业财务数字化转型发力。同样，在"十四五"规划背景下，中国经济朝着国内国际双循环的新格局发展，企业逐步走向精益化管理，借助财务数字化实现财务创新，也成为财务工作"十四五"规划的重要内容，而财务共享服务是规划工作中的核心"抓手"。未来财务共享服务中心可以从"对标世界一流，引领高质量发展"和"激发数据要素潜力，实现数字卓越运营"等方面来加速企业战略转型。

十年前，随着共享服务理念在中国的不断传播与推广，企业通过建设财务共享服务中心实现了财务的工业化革命，完成了财务基础工作的专业化、标准化、流程化和信息化。站在 2024 年，数字化转型"蓄势待发"，成为下一个十年企业财务发展的必然趋势。而实现财务数字化转型，企业需要逐步完成以下变化：财务信息化、财务自动化、财务智能化和财务数字化。

（1）财务信息化。财务信息化是指通过构建覆盖全业务流程的信息系统，实现对财务信息的快速处理和实时共享，促使财务管理逐步从核算型向管理型转变。信息系统的应用可用来支撑财务职能、实现财务循环，承载企业业务与财务交易处理数据，固化财务作业流程，从而完成必要的信息采集、加工、处理和报送。

（2）财务自动化。财务自动化是指利用工具将基于明确规则的、人工重复且耗时的事务性工作进行自动化处理。财务自动化的应用主要包括三个方面：一是集成一体化，典型的应用如 ERP 时代的业务财务一体化；二是 API，即系统与系统之间通过 API 来进行对接，最典型的例子如银企互联；三是 RPA。这三个方面的应用可以极大地促进财务流程的自动化水平。

（3）财务智能化。财务智能化是指利用人工智能技术，为财务提供多个场景的智能化应用，从而简化工作流程，大幅度提升财务工作效率，帮助决策者进行智能判断、策略生成和策略选择。人工智能并非特指某项技术，而是一系列技术的有效组合，其中包括机器视觉、VR（virtual reality，虚拟现实技术）、机器学习、自然语言处理、知识图谱、人机交互等，这些技术在财务领域中的应用可以极大地提高财务的数据采集能力与数据加工能力，使得财务"所见即所得"。

（4）财务数字化。财务数字化是指在整个财务领域内，通过企业内外部数据的及时、广泛采集，借助技术力量，充分挖掘数据价值，打造全新的数字化组织，帮助财务部门实现从企业的"小数据集"转化成大数据中心，为管理者提供深入价值链的业务支持、有效精准的风险控制、数据驱动的决策支持。在整个数字化转型的目标下，财务需要以数据为核心进行经营信息的提炼分析，并实现可视化展示，而不再是仅仅围绕三张报表。未来财务部门需要从业务处理中心和"三张报表中心"转变成"财务+IT+DT"，从而帮助企业洞察真相、高效决策。

数字化时代，什么在变化？似乎一切都在发生着变化。而面对变化，即使没有确切的答案或路径，也并不意味着企业无法迈出面向未来的第一步。企业应不惧困难，勇敢前行，顺应数字化时代的浪潮，借助大数据、云计算、人工智能等前沿技术手段，以战略先行、技术应用、人才支撑、组织重构、数据治理为助推力量，克险化阻，积极打造数字化原生态企业，建立世界一流的财务管理能力，赋能企业以业务创新、科学决策和价值创造。

2005 年，中兴通讯作为第一个建立财务共享服务中心的企业，开创了中国企业建立财务共享服务中心的先河，至今，我国已有超过 1 000 家企业建立了财务共享服务中心。财务共享服务作为一种创新的财务管理模式，通过将财务基础工作标准化、流程化、专业化、信息化，为传统财务部门带来了变革，实现了助力企业降本增效、风险管控、财务转型的目的。

然而，改变无处不在。当全球范围内经济转型的升级态势加剧，当新兴技术趋势打开了竞争新局面，数字经济在国内的发展速度之快令人瞩目，社会生活的方方面面都被影响着。数字化机遇已经显现，如何抓住机遇为自身获取更敏捷的运营能力、更在线化的服务方式、更智能的决策支持、更创新的价值主张，是每一个希望在这场革命中"弯道超车"的企业所必须面对的问题。同样，数字化也给企业财务部门创造了一个全新的"黄金时代"。数字技术的不断迭代和管理模式的不断更新正在彻底改变着财务组织提供财务服务的方式。一方面，CFO 及每一个财务人员的角色都将被重塑；另一方面，RPA、人工智能等技术的应用将驱使财务工作更加自动化、智能化。

未来，财务部门的主要职责将不仅是分析和报告过去的数据，更要把握现在的数据和预测未来的数据，指导企业发展，引领数字化转型。同样，对于财务共享服务中心来说，作为企业天然的数据中心，需要从过去的"一成不变，墨守成规"转变为未来的"人机协同，共创价值"和"数据驱动，助力经营"。所以，我们要向未来的机遇致敬。

无论我国企业目前是如何规划和前行的，通过深入分析后我们都能预见到，这将会是难以想象的巨大机遇。如何以共享服务为基础发力财务数字化转型，又如何以财务数字化转型助推企业数字化革命，将是中国共享服务行业和整个财务领域共同追求的方向。

思考题：

1. 中国财务共享服务中心发展速度如此之快，你认为主要原因有哪些？
2. 除了数字化转型，你认为我国财务共享服务中心还能走什么道路？

参 考 文 献

[1] 陈虎，孙彦丛. 财务共享服务[M]. 大连：东北财经大学出版社，2022.

[2] 陈剑，梅震. 构建财务共享服务中心：管理咨询→系统落地→运营提升[M]. 北京：清华大学出版社，2022.

[3] 新道科技股份有限公司. 财务共享服务业务处理[M]. 北京：高等教育出版社，2021.

[4] 新道科技股份有限公司. 业财一体信息化应用[M]. 北京：高等教育出版社，2021.

附录　财务共享下采销联盟链创新应用虚拟仿真实验项目

实验展示

微课视频